全球中文发展研究

JOURNAL OF GLOBAL CHINESE LANGUAGE DEVELOPMENT

第二辑　　《全球中文发展研究》编委会　编

华东师范大学国际汉语文化学院

匈牙利罗兰大学

丹麦奥胡斯大学全球研究与中国研究学系

联合主办

国家语委研究型基地"华东师范大学全球中文发展研究中心"

资助

华东师范大学出版社

·上海·

图书在版编目（CIP）数据

全球中文发展研究. 第二辑 /《全球中文发展研究
》编委会编. —上海：华东师范大学出版社，2024
ISBN 978 - 7 - 5760 - 5037 - 0

Ⅰ. ①全… Ⅱ. ①全… Ⅲ. ①汉语–对外汉语教学–
研究 Ⅳ. ①H195.3

中国国家版本馆 CIP 数据核字（2024）第 107464 号

全球中文发展研究　　第二辑

《全球中文发展研究》编委会　编
策划编辑　王　焰
责任编辑　孙　莺　朱华华
责任校对　饶欣雨　时东明
装帧设计　卢晓红

出版发行　华东师范大学出版社
社　　　址　上海市中山北路 3663 号　邮编 200062
网　　　址　www. ecnupress. com. cn
电　　　话　021 - 60821666　行政传真 021 - 62572105
客服电话　021 - 62865537　门市（邮购）电话 021 - 62869887
地　　　址　上海市中山北路 3663 号华东师范大学校内先锋路口
网　　　店　http://hdsdcbs. tmall. com

印 刷 者　上海新华印刷有限公司
开　　　本　787 毫米×1092 毫米　1/16
印　　　张　16.5
字　　　数　259 千字
版　　　次　2024 年 7 月第 1 版
印　　　次　2024 年 7 月第 1 次
书　　　号　ISBN 978 - 7 - 5760 - 5037 - 0
定　　　价　68.00 元

出 版 人　王　焰

（如发现本版图书有印订质量问题，请寄回本社客服中心调换或电话 021 - 62865537 联系）

《全球中文发展研究》编委会

目 录

contents

区域国别中文发展研究

学术争鸣

汉学家专栏

卷首语

重视基础理论　鼓励学术争鸣

潘文国*

《全球中文发展研究》第二辑与大家见面了。

本辑设了两个新栏目——"全球中文发展理论研究"和"学术争鸣",这体现了本刊的一些新思路。一个是对基础理论的关注,一个是对学术争鸣的期望。这里稍加展开。

基础理论是学科发展的原动力,可说不言而喻。但在实践中却未必人人如此。尤其对于偏重实践性的学科如对外汉语教学来说认识未必一致。我们一直认为,学科研究按其性质可由高到低分成四个层次,高位层次对低位层次的研究有指导甚至有决定性的影响,而低位层次的发展则受到上位层次发展的制约。这适用于所有学科。① 语言学科的四个层次是:语言哲学/哲学语言学—理论语言学—应用语言学—语言实践。对语言本质等的探讨在第一个层次,普通语言学和具体语言学理论在第二个层次,语言教育理论和翻译理论等在第三个层次,而语言教学法、翻译技巧研究等在第四个层次。第一、二层可概括为理论语言学,第三、四层可概括为应用语言学。2024 年 1 月国务院学位委员会发布的《研究生教育学科专业简介及其学位基本要求(试行版)》里,把原先学科目录里的"语言学及应用语言学"调整为"理论语言学"与"应用语言学"这两个独立的二

＊　潘文国,华东师范大学国际汉语文化学院教授,华东师范大学终身教授,博士生导师。中国英汉语比较研究会名誉会长。

① 参见潘文国:《语言哲学与哲学语言学》,《华东师范大学学报》(哲学社会科学版)2004 年第 3 期,第 100 页。

级学科，体现了这种认识，还体现了对各自研究的重视。根据这一划分，国际中文教育作为一种语言教学，处在第三、四层次的位置。它的发展必然受前两个层次发展的制约。以前对外汉语教学对前两个层次的理论关注不够，一定程度上被制约了发展，借当前推动全球中文发展之机，重提应用语言学背后的理论语言学探索，以从根本上推动这一学科的发展，也是我们创办这个集刊的初心之一。设立"理论研究"栏目，体现了我们这一追求。恰巧，所收的 5 篇文章也从 5 个方面体现了我们的关注。

第一篇是申小龙教授的《论中文的中文性》。申小龙是国内外著名的理论语言学家，他于 20 世纪 80 年代提出的文化语言学主张，一度曾引起轰动，卷起了一股人称"龙旋风"的热潮。多年之后，他于 2019 年又推出了一部 45 万字的新著——《中文的中文性研究》①，集中了他 20 世纪以来对这一理论的新思考。这部书的书名"中文性"很有哲理性，引起了我的兴趣。因此请他能否以此为题，把那本书的观点浓缩在一篇文章里，以使大家了解他的新主张，于是有了这篇文章。这篇文章的最大意义在于它的哲理性。从哲学语言学的立场看，学术研究的真正价值不在于具体结论，而在于研究过程以及在过程中体现的新思路新方法。申小龙的文章常有这样的性质。80 年代为什么会刮起"龙旋风"？就是因为以他为代表的一批学者，在"文化语言学"的旗帜下吹响了对《马氏文通》以来近百年的中国语言学进行"反思"的第一声号角。几十年过去了，"文化语言学"也许许多人已经淡忘，但由此而引起的"反思"精神却在新时期的中国语言学者中扎下了根，其后以"中国特色"为追求的各种语言理论和主张，包括徐通锵和我的"字本位"理论②、冯胜利的韵律语法③、吕必松的"二合机制"④、沈家煊的对言语法⑤，等等，其中几乎都有申小龙理论的影子。如果说 80 年代申小龙主张的

① 申小龙：《中文的中文性研究》（上、下），上海：复旦大学出版社，2019 年。
② 徐通锵：《语言论——语义型语言的结构原理和研究方法》，长春：东北师范大学出版社，1997 年；潘文国：《字本位与汉语研究》，上海：华东师范大学出版社，2002 年；徐通锵（主编）、潘文国（副主编）：《汉语字本位研究丛书》（5 册），济南：山东教育出版社，2008 年。
③ 冯胜利：《汉语的韵律、词法与句法》（修订本），北京：北京大学出版社，2009 年。
④ 吕必松：《汉语语法新解》，北京：北京语言大学出版社，2015 年。
⑤ 沈家煊：《超越主谓结构——对言语法和对言格式》，北京：商务印书馆，2019 年。

关键词是"反思"，那么本文的关键词可以说是"回归"。中文研究从依托外语和洋理论回归到挖掘中文和中国自身的传统。"中文的中文性"这个命题是德国学者布里吉特·欧恩里德（Brigitte Höhenrieder）提出的，是她研究中国文化语言学的一部专著的书名，也是她对申小龙研究思路的一个概括。原文是"*Wie chinesisch ist das Chinesische*"，英文直译是"How Chinese is Chinese"（中文有多中文）。申小龙通过张汝伦教授将它译成"中文的中文性研究"，并以此作为一种标帜，以与百余年来我们习惯的"寻找汉语特点"研究相区别。在他看来，"寻找汉语特点"的研究是以外语和外国语言学为本位的，两者都是从外观中的。前者是先看外国语言里有什么，然后看中文里有没有，如果没有，那就是"汉语的特点"。例如"助字者，华文所独"，以及上百年来罗列的一大堆汉语"特点"。后者是先看在印欧语基础上产生的"普通语言学"或"普遍语法"提到了什么，然后看其在中文里的表现。例如先找到一个"形态"的概念，对照中文得出结论——"汉语缺少严格意义上的形态"，以此作为汉语的"特点"。"中文的中文性"研究希望抛开这两种模式，不以外语或外国理论为参照点，直接从中文自身来研究中文何以成为中文。这个主张确实具有革命性的意义，它必将带来中文研究的新范式和新变化。

"汉语特点研究"以外语和西方语言学为坐标，从外观中；"中文的中文性研究"与之针锋相对，新的范式需要新的坐标，这个新坐标申小龙在这篇文章里没有来得及说，我想替他补充两条，第一条是变由外观中为由中观外，以中文为坐标去观察外语。我曾写过两篇专文讨论这个问题①，这里不展开；第二条变由外观中的平面研究为由古观今的立体研究，这是要补上当今现代汉语研究的一个缺陷：无视古代。说到底，现代的中文是历史发展的结果，其现状和成因从外语和外国语言学中去找是找不到的，只有从中国历史及发展中去找。这是一条寻找"汉语特点"的正路。2021 年 3 月 22 日，习近平总书记在访问武夷山朱熹园时说了一段话："如果没有中华五千年文明，哪里有什么中国特色？如果不是中

---

① 潘文国：《换一种眼光何如？——关于汉英对比研究的宏观思考》，《外语研究》1997年第 1 期，第 1—11 页；潘文国：《寻找自己家里的"竹夫人"——论中西语言学接轨的另一条路径兼谈文章学》，《杭州师范大学学报》（社会科学版）2012 年第 3 期，第93—99 页。

国特色，哪有我们今天这么成功的中国特色社会主义道路？"①指出"中国特色"
要从中国历史上去找。这也适用于中文及"中文性"的研究。

第二篇文章是王菊泉教授的《从对比语言学看全球中文发展：谈谈对外汉
语教学的学科建设》，我把它看成是理论语言学层面的研究。赵元任先生说："什
么是普通语言学？普通语言学是拿世界上的各种语言加以比较研究得出来的结
论。"②我据此提出了"对比语言学就是普通语言学"的命题。以两种语言为对象
是对比，以多种语言为对象是比较，比较和对比的总和就是普通语言学③。对比
和比较是普通语言学的基础，也是基本的方法论。对比语言学的应用主要在三
个领域：语言教学、语际翻译和民族特色语言学的探索。④ 王菊泉从总结国内
外对比语言学发展的历史经验出发，对于二语教学及民族特色语言学探索表现
出特别的关注。针对当前的形势，他特别强调了两个方面：一是对外汉语国别
化原则的提出为汉外对比研究开拓了新的领域，赋予了新的使命；二是汉外对比
研究及其在对外汉语教学中的应用都受制于汉语自身研究的相对滞后，因而必
须加强对汉语自身的研究。这些都很有启示意义。

第三篇文章是国际著名汉学家、汉语教学家白乐桑先生的《再说中文第二语
言文字教育中的分裂问题：国际中文教育史上"缺失之环"——德范克》。"再
说"是针对"初说""曾说"而言的，"分裂"是指汉语教学中只承认"词"的，以及兼
重"字"和"词"的两条教学路子。白乐桑的"初说"见于他的《汉语教材中的文、语
领土之争：是合并，还是自主，抑或分离？》一文，发表于 1997 年。⑤ 这是对外汉
语教学史上的名文。文中他提出了著名的对外汉语教学"面临危机"论，并指出：
"确切地说，无论在语言学和教学理论方面，在教材的编写原则方面甚至在课程

---

① 习近平：《习近平谈治国理政》（第四卷），北京：外文出版社，2022 年，第 315 页。
② 转引自王力：《我的治学经验》，《王力文集》（第 20 卷），济南：山东教育出版社，1991
　年，第 544 页。
③ 其实应称"总体语言学"，参见潘文国：《从总体语言学到对比语言学》，《外语学刊》
　2020 年第 2 期，第 1—7 页。
④ 参见潘文国：《对比语言学的应用》，《中国外语》2020 年第 1 期，第 13 页。
⑤ 白乐桑：《汉语教材中的文、语领土之争：是合并，还是自主，抑或分离？》，《第五届国
　际汉语教学讨论会论文选》，北京：北京大学出版社，1997 年，第 564—567 页。

的设计方面,不承认中国文字的特殊性以及不正确地处理中国文字和语言所特有的关系,正是汉语教学危机的根源。"①他还提出了有"合并"(即字被词占领)和"自主"(字、词均有独立性)两条教学路子。后来他把它发展成"二元论"与"一元论"的对立。如在本文中所说,"从国际中文教学理念来看,中国国内主流是以'词'作为本位的'一元论'中文教学理念;而法国等国则采用'二元论'中文教学理念,'字''词'兼顾,且特别注重'字'这个中文教学的独特单位。"白先生的"初说"与"再说"相隔近 30 年,而他本人编写的二元论教材《启蒙》比这还要早,在1989 年。但他谦虚地认为,他不是二元论的最早开拓者,这一名誉应归之于美国汉学家、语言教学家德范克(John DeFrancis)。他为中国学者和对外汉语界不知道德范克而感到遗憾,希望补上这一"缺失之环"。这就是他写这篇文章的初衷。在这篇文章中,白先生从 6 个方面介绍和概括了德范克二元论教材的特点与优点,对于国际中文教学及教材的编写无疑会有很大的启发。对于这篇文章,我想有三点补充。第一,德范克的教材是他语言教学思想的体现,而他的语言教学思想来源于他的语言观。因此白乐桑这篇文章虽然可以定位在我上面说的第三层次,但追根溯源的话,还可以回到第二乃至第一层次,是根本的语言观或者语言文字观的问题。就德范克而言,白乐桑提到了他在教材之外的三部专著和一部词典。其中我认为最值得中国学者读的是他的《看得见的言语:不同文字系统的同一性》(*Visible Speech: The Diverse Oneness of Writing Systems*)一书。在该书的序言中德范克说:"这是海外汉学家写的关于文字的第一部书,可以纠正以往充塞在汉语研究中错误的汉字观,并由此对总体文字有更清晰的认识。"②我们以前习惯了外国语言学者对文字特别是汉字的批评,像这本书以及

---

① 白乐桑:《汉语教材中的文、语领土之争:是合并,还是自主,抑或分离?》,《第五届国际汉语教学讨论会论文选》,北京:北京大学出版社,1997 年,第 565 页。

② "This book is the first general study of writing by a specialist in Chinese. As such it provides a corrective to the seriously flawed views of the Chinese system of writing that have permeated previous studies and offers a more clear-eyed perspective from which to examine writing in general." John DeFrancis, "Preface", *Visible Speech: The Diverse Oneness of Writing Systems*, Honolulu: University of Hawaii Press, 1989, xi.

法国哲学家德里达(Jacques Derrida)的《论文字学》①、英国语言学家罗伊·哈理斯(Roy Harris)的《文字再思》②等"反思"西方传统文字观的著作非常值得我们一读。第二,所谓"二元论"的语言文字观,追溯起来,其实更早提出的是中国学者郭绍虞。他在1938年就指出:"所以词本位的口语虽有趋于复音的倾向,而在字本位的书面语中,依旧保存着较多的单音语词,这就引起了语词本身的不固定性,这不固定性即是我们所说的弹性作用。"③只是他谈的不是语言教学,而是语言的运用。然而语言教学的目的不正是为了语言的运用吗?第三,许多人以为字本位只是古汉语文言文的事,现代汉语不适用,而当代最有影响的语言学家沈家煊说:"汉语的组织和运行以单音的'字'为基本单位,……古汉语固然以'字'为基本单位,现代汉语依然以单音字为基本单位,尽管双音词已经成为一种强势单位。强势单位不是基本单位,二者不可混淆。"④沈家煊在这里提出了"基本单位"和"强势单位"两个概念,为"二元论"提供了另一种解释。

第四篇是新加坡梁秉赋博士的《中文与华文教育在东南亚的新定位:一个东盟学人的视角》。这篇文章提出了一个近二十年来出现的新问题:中文教育在东南亚的重新定位。传统上我们把海外针对华裔及其子弟的中文学习称为"华文教育",针对非华裔人士的中文学习称之为对外汉语教学。在国内则有相应的对口指导机构,前者是国务院侨办,后者是国家汉办。在21世纪初以前,两者是界线分明的。在东南亚尤其如此,华文教育几乎是华人族裔的专利,非华裔几乎没有学习中文的机会(当然在中国经济腾飞以前也没有这个动力),除非到中国来学习。随着中国经济发展及国际地位的提高,特别是孔子学院走向世界,情况发生了变化。东南亚非华裔人士学习中文的热情空前高涨,而孔子学院的

---

① Jacques Derrida, *Of Grammatology* (*De la Grammotologie*), Trans. Gayatri Chakrarvorty Spivak, Baltimore and London: The John Hopkins University Press, 1976.

② Roy Harris, *Rethinking Writing*, London: Athlone Press, 2000.

③ 郭绍虞:《中国语词之弹性作用》,《照隅室语言文字论集》,上海:上海古籍出版社,1985年,第73页。

④ 沈家煊:《〈繁花〉语言札记 附篇:汉语的韵律和节奏》,南昌:二十一世纪出版集团,2017年,第75、76页。

开设又为他们提供了甚至比当地华校还要好的机会。相较之下，当地华校则由于种种原因在萎缩。最严重的如印尼，在苏哈托时期，由于政府的强制同化政策，华校及华文教育几乎遭到毁灭性的打击。结果出现了当前华文教育与对外汉语教学"你中有我，我中有你"的情况。华校中有非华裔的学生，孔子学院更有大量的华裔学生。甚至在教学质量上华裔也失去了优势。2004 年以前的国际"汉语桥"比赛，东南亚参赛并获奖的多是华裔，而近十年的情况似乎倒过来了。东南亚中文教学究竟如何重新定位，确实是需要认真思考并对待的新课题。梁博士的文章可谓适逢其时。他建议的定位即将两类教学分别定位为"华文教育"与"中文教学"，在一定程度上是对传统的重新认识和回归。

定位问题属于前面所说的第三层次的研究。由于中文教学的实践性质，我们还需要与之配套的第四层次即具体教学计划、教学策略、教师培训等一系列的具体研究。毕竟今天的形势与二十多年前"华文教育"与"对外汉语教学"平行发展时的情况已经有了很大的不同，而且实际上也无法回归到那个时代。本辑所收的另一篇文章，李欣和卢雁玲的《新时代东盟国家本土中文教师职业认同实证分析》在一定程度上是对本文的一个补充。而更需要认识到的是，在新定位下的"华文教育"和"中文教学"实质上是两类不同的教学，需要分开来进行研究。我本人比较关注的是"华文教学的对外汉语化"现象，也就是用完全针对外国人的对外汉语教学教材和方法施之于多少有中文和中华文化背景的学生，很少甚至完全不顾及华文教育本身的特点和优势，东南亚老一辈的华文教育者正在老去，他们的经验没有得到整理和总结；新一代的教师和学生熟悉的只是在西方语言学和语言教学理论影响下的二语教学那一套，而这并不能简单施之于华文教育。这个问题需要认真的对待和研究。

第五篇文章是在读博士生费燕洪的《国际中文教育第三空间理论研究述评》。这篇文章引起我们注意的有两个方面。一个是年轻人的锐气和对新事物的敏感。国际中文教育的理论建设要借鉴和吸收外国理论中于我有用的东西，首先要关注外面的发展。20 世纪下半叶西方在人文社科领域的新理论、新发现层见叠出，进入 21 世纪后似乎放慢了速度，我们的关注度也不如以前了。年轻人为我们提了个醒。另一个方面是这个理论本身。第三空间理论是语言教学界不多的关于文化的理论，所谓"第三空间""诞生于学习者成长起来的文化与被介绍的新文化之间的空隙中"（克拉姆契语，见费文），有点类似于二语教学中的"中介语"，只是"中介语"理论见之于二语学习，"第三空间"见之于跨文化交际。中介语理论在第二语言教学中曾经产生过很大影响，第三空间理论在国际中文教育中能发挥多大作用？我们且拭目以待。一方面保持密切的关注，另一方面其实也不妨在它的启示下关注这一现象，看看能不能创建我们自己的相关理论。这个理论产生还不久，费文对此做了初步介绍，希望能引起相关人士的兴趣。

最后谈谈"学术争鸣"栏目以及本辑的议题。为什么要设立这个栏目？为什么要以"学汉语难/易"作为本次的议题？第一个问题比较好回答。争鸣有利于活跃学术空气、有利于学术研究的深入。20世纪五六十年代的《中国语文》杂志经常展开这样的争论，至今传为佳话。这个传统值得继承发扬。第二个问题就不太好回答了。因为从我的内心来说，觉得这个题目有点像"伪问题"。所谓伪问题有两个特征，一个是真正置身其中的人不会认为是问题。譬如唐代来长安的日本留学生、留学僧，读书吟诗，学得不亦乐乎，从来没人问过难学易学。高本汉要马悦然学的第一本中文书是《春秋左氏传》，从今天看来简直像是有意给他闷头一棍，也没见马悦然说过难。再比如改革开放后很多浙江人涌到欧洲去做生意，哪里有机会去哪里，也不是先问了哪国语言好学而去哪国的。不久之后就跟当地人"无障碍交流"了，他们自己也说不清是怎么学会外语教育家们说不清道不明谁易谁难的各国语言的。我自己也碰到过一件事，那年华东师大二附中请来一个老外当外教，在我儿子班上教英语。那个耶鲁大学的美国男孩一来就与我儿子他们打成一片，半年下来，班上学生的英语未见有多长进，老外的中文口语却越来越溜，甚至能说一口上海话。难不成还是中文好学、英语难学？"伪问题"的第二个特征是不断提起、不断争论，但不会有结论，过段时间又会重提。就好像翻译中"直译好还是意译好"一样，一百多年来不断有人提起，争了半天没有结果。过了几年又有人问了："直译好还是意译好啊？"中文难不难学的问题想来也是如此。那么我们为什么还是要以它为议题来挑起论争呢？这是因为，其一，这是国际中文教育的一个绕不过去的问题，既然不断有人提出，我们就有责任试着解答,哪怕明知不可能有一致的结论。其二,学术论争的真正意义在于过程。有一个平台,提供机会,让不同意见展开交锋,虽然不能立即解决问题,但随着讨论的深入,对问题的了解认识一定会越来越深刻。

这个议题的由来是因为先在网上看到刘英凯教授一篇大文《汉语是世界上最难学的语言,没有之一》,说得斩钉截铁,不容置疑。同时,又发现欧阳贵林先生十多年来坚持不渝地推广他的"和码汉字教学法",并宣称中文是世界上最容易学的文字语言。一个卖矛,一个卖盾,我想两种观点如果碰撞一下,也许会产生意想不到的效果。于是分别跟他们联系,邀请他们分别作"难派"和"易派"的代表。两位先生都非常支持并且非常认真,不但很快寄来初稿,而且在之后的大半年里,反复修改,数易其稿。在约请了二位的同时,我还想起了白乐桑先生的又一句名言,那是在 2005 年世界汉语大会期间,他在接受记者采访时说:"我经常听到中文难这样的说法,很奇怪,说这话的都是你们中国人。"这句话后来不胫而走,影响很大。当然说"都是"也许有例外,例如刘英凯先生文中提到的莫大伟(David Moser)教授就是一个主张"难派"的外国人。但印象中说中文难学的确实多数是中国人,尤其是一些对外汉语教师,这个事实本身也值得思考。因此我又请编辑部同仁约请了两位著名汉学家,德国的朗宓榭(Michael Lackner)教授和埃及的大海(Hassan Ragab)教授,就同一个题目谈谈他们的见解。从他们的文章来看,确如我前面所说,他们从没在意过这个问题,但是仍发表了非常好的看法。两位先生的行文之美,特别是朗宓榭先生成语运用之纯熟,本身就是值得研究的好题目。

从刘和欧阳二文来看,由于出发点不一样,其彼此的针对性和争论性其实并不很强。刘的出发点是对比语言学,尽量从语言的各个层面,以尽量客观的立场,比较中文和外文(以英语为代表)的难易程度。讨论面宽,例证丰富,给了我们很多启示。而欧阳的出发点是语言教学特别是汉字教学。因为谈论中文的难易其实学界有个共识,就是汉语容易汉字难,而汉字难不仅有学的问题,还有教的问题。白乐桑先生说:"几十年前出现的'汉语难学论'和最近几年出现的'汉语易学论',在我看来,都是不值一提的。问题在于以合适于表音文字语言的教学法去教授汉语是否会导致把汉语加以复杂化的结果呢? 在这一问题上笔者的答复是肯定的。"①只要解决了汉字的教学，中文难的问题可能就"思过半"了。网上近来又有些声音建议对外国人可以不教汉字，进行纯拼音教学，这只是对问题的回避。

期望中的正面碰撞其实没有在两位学者的文章中看到。在此我想做点补充，提供更具针对性的两个材料供读者参考。欧阳贵林是从教学角度讲中文"易"的，刘文从整体来说并不针对这个问题。从教学角度讲中文"难"的是刘先生在文中提到的莫大伟，但他只引了中国学者徐书婷对其的采访，其实莫大伟自己的文章《中文为什么这么难》（*Why Chinese is So Damn Hard*）在这个问题上说得更详细、更透彻。这篇文章发表于21世纪初，当然曾引起过争议，现在在知乎上还可以找到全文。另一方面，刘文是从对比语言学角度论证汉语之难的，与之相对的就不是欧阳的文章，而是江苏大学何南林教授的一部书——《横行的英文》②，那是从对比的角度讲英语的各种问题的。有兴趣的不妨找来一读。

总之，这是我们为"学术争鸣"栏目做的尝试。这个问题，我们不做预期结论，作为一个开放性话题，我们希望听到更多的意见，使我们对这个问题有更深刻的认识。

本辑的最后一篇文章是《意大利汉学家白佐良的传奇人生——白龙先生忆父亲》，作为全球中文使用或全球中文发展的主力军之一，我们一直对多少世纪以来为全球中文发展做出重要贡献的汉学家们及其长成的过程感兴趣，在20世纪80年代以前，在中国人没有意识到世界各地的中文教学并提供各种帮助的情况下，汉学家们是如何养成的，尤其是，在一无依傍的情况下，面对与世界上大多数语言格格不入的中文，他们是怎么学会并熟练使用的。了解并借鉴他们的经验，对今后的全球中文发展一定会是个有力的促进。本辑是第一篇，我们期望今后能有更多这类文章。

---

① 白乐桑：《汉语教材中的文、语领土之争：是合并，还是自主，抑或分离？》，《第五届国际汉语教学讨论会论文选》，北京：北京大学出版社，1997年，第567页。
② 何南林：《横行的英文》，济南：齐鲁书社，2006年。

全球中文发展理论研究

论中文的中文性

申小龙*

提要： 在欧洲汉学家的视角里，中国的文化语言学在揭示人类语言的一种新质态。中文的中文性研究和汉语特点研究之不同，在于后者在英语世界提供的"普通语言学"和"普遍语法"基础上谈汉语的特点，而前者不再依附于西方提供的语言学理论，仅仅将其视为一种"地方性知识"。本文探讨了中文意合的文法哲学和中西二元属性，指出西文的横向思维是单向度的线性思维，中文的纵向思维在非线性中实现线性思维。中文从根本上解决了人类语言"言不尽意"的困境，这源于中国文化最古老的智慧。

关键词： 文化语言学；中文的中文性；意合；纵向思维；尚简

　　自 20 世纪八九十年代提出并深入开展文化语言学研究以来，以文化认同为导向的汉语汉字研究揭开了具有中国文化特色的语言学的崭新一页。它不仅在国内引起了巨大的反响，欧洲汉学也从一开始就关注着中文研究的思想解放和文化自觉。在 90 年代初，德国汉学家布里吉特·欧恩里德（Brigitte Höhenrieder）

---

* 申小龙，复旦大学中文系教授、博士生导师，主要研究文化语言学、语法学、语言学理论、语言学史学。

博士为研究中国的文化语言学思潮,在中国各地高校搜遍了八九十年代"文化语言学中国潮"的公开出版的文献(除了各地内部刊印的报纸和学刊外),并且专门到复旦大学对我进行了长时间的访谈。2004 年这位德国汉学家给我寄来她写的一本德文新著,这本书由德国著名的学术出版机构出版,厚达 460 余页。我请熟悉德文的复旦大学哲学系张汝伦教授翻译一下书名,他译为"中文的中文性研究——申小龙与文化语言学"①。

在我们国内的文化语言学研究中,我们对自己的思考给定的范畴是"汉语特点研究",更具体地说,是汉语和汉语学的文化建构的研究。而在欧洲汉学家的视角里,中国的文化语言学在揭示人类语言的一种新质态,而且这是一个动态的过程,一个"正在进行时"。复旦大学德语系的王滨滨教授对我直言,这个书名的德语意思就是"中文有多中文"(How Chinese is Chinese)。显然,中文的中文性研究和汉语特点研究之不同,在于后者着眼于汉语相对于英语的不同,这个不同点可以在英语世界提供的"普通语言学"和"普遍语法"的基础上考察,就像汉语语法研究总是把类似"主谓宾"这样的西方术语视为语法描写的基点,在这个基础上谈汉语的特点;而中文的中文性研究则一空依傍,它不再依附于西方提供的语言学术语,而将西方语言学仅仅视为一种"地方性知识"。

中文的中文性,究竟表现在哪里呢?

一、中西语文的意合与形合

意合和形合,是 20 世纪 80 年代文化语言学提出的两个中西语言比较的范畴。形合的形,是指语言的形态变化。欧洲语言的组合,需要词的形态变化相互配合。汉语没有形态变化,汉语的组合靠的是单位之间的意义联系。

中文的意合,在很大程度上是汉字的意合。汉字是表意字,字形在表意中起很大的作用,是表意的基本依据。当我们谈汉字字形的时候,我们谈的还是字的

---

①   Brigitte Höhenrieder, *Wie chinesisch ist das Chinesische — Shen Xiaolong und die Kulturlinguistik*, Frankfurd am Main: Peter Lang GmbH, 2004.

意义。意合形合是语法单位组合的范畴,而字形是文字的范畴,"形入心通"是汉字理解的方式,不同于拼音文字"声入心通"的理解方式。汉字的字与字的组合,其合理性,不是字形的相互配合,而是字义的相互配合。如果说汉字的组合有时候也会考虑字形配合的问题,例如给"丁宁"都加上口旁,成"叮咛",那也是字形表意的问题,不是词的形态以变化求配合的问题。

汉语意合的问题,我们可以微观地认识,也可以宏观地认识。

(一) 微观认识: 中文的文法哲学

如果说西方语法是一种形合语法,即它通过词形变化和各种连词、介词来表现词语的相互关系,那么汉语语法是一种意合语法。

1. 汉语语法的逻辑底色

所谓意合,首先表现在汉语词的组合在形式上没有特定的要求,而只讲究事理逻辑的通顺。我们通常所说的"搭配不当""主谓不合""动宾不配",大都是事理逻辑问题。汉语的两个词并列组合,其合理性不在两者词形上是否配合,而在事理逻辑上两者是否属于同一等级不相交叉的概念。汉语的两个词的偏正组合,其合理性不在修饰语和中心词在性、数、格的形态上是否一致,而在两者是否存在修饰、限制、补充的关系。

我们把一个个句段组合成句子,如果是叙事,考虑的是先来后到,鱼贯而入,顺藤摸瓜,井然有序;如果是评论,考虑的是提纲挈领,朗若列眉,纵横恣肆,娓娓道来,最终达到事理明白、有条不紊的效果,而无须像英语中的复句那样考虑两个分句中动词的时态、体貌形式是否用对了。王力先生说过一句很有意思的话:"就句子的结构而论,西洋语言是法治的,中国语言是人治的。"[①]王力说的是句子结构,其实汉语的单位组合都有这个特点。"法治"和"人治"的区别,就是形合和意合的区别。

[①] 王力:《中国语法理论》,《王力文集》第一卷,济南:山东教育出版社,1988 年,第35 页。

2. 汉语语法的联想机制

汉语的意合还表现在汉语的组合往往不顾语法上是否合理,巧妙地用几个意义支点引发联想。例如"恢复疲劳""打扫卫生""吃食堂""晒太阳""养病""救火"。这些组合在语法(动宾关系)上说不通,例如"太阳"怎么可以被"晒"这个动作处置呢?可在整体语义上这个组合却是合格及可理解的。它靠什么被理解呢?靠的是联想。

在一定的上下文中,提取意义支点的意会组合会更加生动多样。语法研究中耳熟能详的例子有"一个电话就赶来了""三天假还说不够""两张北京""三个钟头的火车""这种脑袋没地方买帽子""一个红灯,一下子排到崇文门""花生米下酒",等等。这些例子的意义往往要说几句话才能说清,但汉语在表达和理解时只需选几个有代表性的字眼,慢条斯理地把它们合在一起。

当然,说汉语重意会,并不是说汉语没有语法,而是说汉语不屑于讲究形态配合的语法,汉语把重心放在意义的领悟上。洪堡特(Wilhelm von Humboldt)说:"任何语言的语法,总有一部分是明示的,借助于标记或语法规则显示出来的;另一部分是隐藏着的,是假定不借助标记和语法规则可以设想的",而"在汉语里,跟隐藏的语法相比,明示的语法所占的比例是极小的"。[①] 所谓"隐藏""设想"的语法,就是约定俗成的意合法。

为什么意合比形合重要?古人把中文的哲学说得很清楚,"以神为主者,形从而利;以形为制者,神从而害"(《淮南子·原道训》)。因此汉语语法规则的基本依据是意义。即使是语序,也是事理的过程,本质上"归顺"于"得意忘言",即庄子所说的"言者所以在意,得意而忘言"(《庄子·杂篇·外物》)。

3. 汉语语法的虚实样态

由于汉语语法是重意会的,所以只要能够意会,语词安排上就可以"人详我略";每个句读就不必"主谓"俱全,臃肿拗口,而是让句读之间相互成全,左右牵挂,相辅相成,形成极其自觉的互文关系。因此汉语的句子组织往往虚实相间。

[①] 洪堡特:《论语法形式的性质和汉语的特性》,转引自徐志民:《论洪堡特的汉语观》,《名家论学》,上海:复旦大学出版社,1987年。

例如:"他有个女儿,在郊区工作,已经打电话去了,下午就能赶到。"这里每一段都暗换"主语",意思却很清楚。如果把这些"虚"的成分都补上,一个个句段"主谓"俱全,实是实了,却使每个句段都死板笨重了。例如:"他有个女儿。这个女儿在郊区工作。我们已经打电话给这个女儿了。她下午就能赶到。"中国人不会那样说话,那样说话的往往是学中文的西方人,他们习惯了形式主义的西文思维。

我国语法学界争论过"贵宾所到之处受到热烈欢迎""当他醒来之后,觉得右膀子沉重闷胀""通过学习使我提高了认识"之类句子,说它们是缺乏主语的病句。这实际上是用西方语法"实"的眼光来衡量汉语句子,没有考虑到汉语符号思维的习惯就是人详我略、虚实相间。这就是为什么中学语文教学眼里的不少病句,在上下文中其实都是地道中文。

中文的这种习惯很有点像中国戏曲的"实景清而空景现",中国绘画的"计白当黑"。相比较而言,西方语言的句子就像西方的戏剧布景和油画一样,"沟满壕平",填得了无缝隙。这正是两种不同的文化习尚。

4. 汉语语法的流动建构

汉语的意合法则造成了汉语句子组织的虚实相间,而人详我略的句法精神也造成了汉语句子句读简短,音节铿锵,这就为汉语句子格局的流动转折提供了可能。例如:"这屯子还是数老孙头能干,又会赶车,又会骑马,摔跤也摔得漂亮,叭哒一声,掉下地来,又响亮又干脆!"(周立波《暴风骤雨》)西方人的思维习惯和语言规范显然无法解释如此疏落、活泼的语言组织。我国现有的仿自西方的语法体系也只好曲为解释,说这种虚实相间的句子组织是"省略"造成的。也就是说,它们原来是"主谓宾"成分俱全的。布龙菲尔德(Leonard Bloomfield)深刻针砭过这样"走捷径"的语言研究,靠"摆弄像'主语''宾语''谓语'这类术语,来解决问题","根据常识的办法来处理语言问题",而"这类常识,也像许多其它冒牌的常识一样,其实极为肤浅"。[①]

---

① 布龙菲尔德:《语言论》,袁家骅、赵世开、甘世福译,北京:商务印书馆,1980 年,第 1 页。

"省略"其实是用西文语法的静止观点看待中文句子。所谓静止，就是每个句子都是一个以动词为核心的独立、自足的存在。而如果我们换一个中文的动态建构的视角，就会发现汉语句子并不在意一个稳定的核心，它不依靠形式上的树形结构存在，它把自己的重心放在整个句子的表达功能上。在这样一种功能主义的原则下，形式就不再紧张。它依托功能而让自己尽可能简洁，形成"流水句"那样的句法面貌。

问题的实质正如启功先生所问，"汉语的'语法'是什么？"他说："古代文章和诗词作品的句式真是五花八门，没有主语的，没有谓语的，没有宾语的，可谓触目惊心。我回忆小时候学英语语法有一条：一个句子如在主语、谓语、宾语三项中缺少任何一项时，这就不算一个完整的句子。我国古代作者怎么作了这么多未完成的句子呢？真不减于小孩唱的一首儿歌：'两只老虎，两只老虎。跑得快，跑得快。一只没有尾巴，一只没有脑袋。真奇怪，真奇怪'。我努力翻检一些有关古代汉语语法修词的书，得知没有的部分叫作'省略'，但使我困惑不解的是：为什么那么多的省略之后的那些'老虎'，还那么欢蹦乱跳地活着？"[1]启功的疑问反映的正是西文语法的"团块"写实原则在中文语法的"疏通"写意样态面前深深的困惑。而布龙菲尔德早就指出："很多人在开始做语言研究时有困难，并不由于没有掌握方法或成果（这些都是很简单的），而由于普遍流行的经院式教条强加于我们的成见不易摆脱。"[2]

（二）宏观认识：意合的中西性

曾经有学生问我："世界上好像要求刚性语法的语言较多，而讲究得意忘言的语言较少，这是为什么呢？那么还有哪种语言是像汉语一样讲究意合呢？"这个问题让一个一直隐藏在我们的人文科学研究中的二元思维浮出水面。也就是说，百年来中国学术的底层逻辑，是对中西文化相互关系的思考。我们很少关注

---

[1]　启功：《有关文言文中的一些现象、困难和设想》，《北京师范大学学报》（社会科学版）1985年第2期。

[2]　布龙菲尔德：《语言论》，袁家骅、赵世开、甘世福译，北京：商务印书馆，1980年，第2页。

这样的问题：为什么得意忘言的语言较少？还有哪些语言是讲究意合的？因为这些问题都溢出了中西关系的框架。

意合的问题，其实就是减少形式控制的问题，直观地看，也就是某些形式"隐身"而靠意义联想的问题。我的蒙古国博士生娜拉（Narantsatsral Khongorzul）的研究给了我很多启示，同时也提出了更多的思考。

1. 从蒙古语语法看意合

1）汉译蒙古语后的形态消减——意合之征？

娜拉的研究发现，汉语句子中显性的东西，在蒙古语句子中成了隐性的东西。[①]

（1）施事者的显隐

娜拉在汉语文本的蒙古语翻译中发现，汉语动句中的施事者（施事语）在蒙古语转换中，省略的比例很高。我们知道汉语的施事者在文本中经常作为语篇信息延续，意会的可能性很大。然而和蒙古语一比较，才发现蒙古语句子对施事者的意会更常见。娜拉认为，蒙古语句子的理解比汉语更多地依赖语境，具有更强的综合性思维特征。蒙古文化中的人际交流具有游牧文化平等、随和、热情的特点。人与人的关系更密切，默契的信息更多。

（2）话题的显隐

同样的发现还存在于句子的主题语中。主题语是被评论的一个话题，它在结构上比施事语（施事者）更稳定，在功能上比施事语更重要，不容易被省略。然而在蒙古语的转换中，汉语主题语的省略却超过了施事语。这说明蒙古语句子的话题信息延伸能力较汉语强。娜拉发现，在蒙古语的句子中，句内信息越充分（评论的内容越多），对话题（主题语）越熟悉，就越容易省略话题。这种对话题的敏感程度的差异反映了汉蒙语言思维的差异。

（3）动作的显隐

娜拉同样发现，汉语动句中的动作语（动词性述谓），凡涉及"看、听、想、走"

---

① 娜拉：《汉语施事句和主题句的蒙古语转换研究》，博士学位论文，上海：复旦大学，2023 年。

四类的动词,都很容易在蒙古语转换中省略。这些动词在蒙古语句子中具有很强的上下文意会功能,最容易隐身。

(4)评论的显隐

汉语句子以句读段为单位,按时间或事理逻辑顺序铺排,形成流水句的样态;而蒙古语句子没有句读段这样的单位,更倾向于把汉语多个句读段的信息整合在一个句子里,也因此发生句法成分的省略。这是娜拉的又一个发现。

汉语句段在蒙古语转换中的形态整合,主要发生在评论性的述谓中。娜拉认为,蒙古语对汉语动作语的表达,更注重动词的默契,因而会有许多动词隐身的表达;而蒙古语对汉语评论语的表达,更注重句段的整体功能,在句段整合中也会发生句法成分的省略。

2) 汉译蒙古语后的形态增生——形合之征?

如果说以上事实都趋向对蒙古语"意合"特征的肯定,那么某些在汉语句子中没有的东西,在蒙古语句子中却在形式上增生了。

娜拉发现,在汉语动句的蒙古语转换中,会在句尾增生动词。例如汉语一些习惯性的表达,蒙古语需要增生一个动词附在动作语的后面,把动作语变成修饰性的状语,主要是时间状语,使它在结构上附属于后面的动词。一些增生的动词出现在蒙古语句子的句尾,由表示时态的词缀构成,具有过去时和完整结句的意思。这样的动词增生使句子更加完整和清晰,是蒙古人的语言思维习惯。从"意合"的角度看,形式增生显然是一个反向操作。

娜拉的研究得到蒙古国立大学副校长巴达玛宁布教授的热情肯定。娜拉给出了一个出乎我们意料的发现。当我们用"意合"指数观察蒙古语的时候,它呈现的是一个从意合到形合的模糊的光谱。这让我意识到,中文的意合特征建立在中西文化比较的框架内。意合研究几十年提出的各种范畴都具有中西文化的二元性。

2. 意合研究的二元思维

意合和形合是一对关系范畴。它们不是孤立的组合,而是中国文化语言学的整个关系性思维的组成部分。孟华在《中国文化语言学的再认识》一文中曾指出:

文化语言学遵循了一种深刻的关系论思想：不管是肯定还是否定申小龙,自他的文化语言学问世之后,汉语学界不得不在汉语与西方语言、汉语学与西方语言学、现代汉语和古代汉语、传统与现代、东方文化和西方文化等等二元关系格局中重新思考他们的研究对象和研究方法。基于对这些二元格局进行反思的关系论思想,申小龙打通了"五四"新文化运动造成的古代汉语和现代汉语、汉语和汉文化之间的阻隔,建立二者之间的通约关系;同样,他提出了"以神统形/以形摄神""散点透视/焦点透视""文化语言学/科学主义语言学"等等二元对立的范畴。这些二元范畴(学术界可能有不同的称谓或术语形式)已经成为汉语学界基本的学术话语。一些学者使这些对子势不两立,另一些人则让它们展开对话。在这些二元范畴中,无论是通约的融合关系还是不通约的对立关系,所包含的关系论思想都极大地开拓了汉语研究的学术空间和理论张力。①

自 20 世纪 80 年代以来,文化语言学以成系统的中西文化二元对立范畴,不断推进对汉语汉字文化特征的认识。例如：流动型语象—几何型语象、心理时间流—物理空间体、功能型句子—形态型句子、词组铺排—动词核心、动词集结—动词核心、散点透视—焦点透视、意合—形合、功能内聚力—形式内聚力、宽式建构—紧式建构、以神统形—以形摄神、疏通写意—团块写实、形而上—形而下、启示性—描述性、虚实关系的领悟—实有形式的说解、内容上自足—形态上自足、开放单位—封闭单位、发散与静观、弹性与刚性、具象与抽象、时间性与空间性、非线性与线性、动态与静态、主体性与客体性、形入心通与声入心通、感性与理性、人文性与工具性,等等。

从这样一个二元理论思维的视角,我们对意合会有更清晰的认识。

1)"意合"范畴的语言性

"意合"是中西语言比较中特有的一个范畴,具有深刻的语言性。中西语言之外,人类语言的情况要复杂得多。

---

① 孟华：《中国文化语言学的再认识》,《江苏社会科学》2008 年第 5 期,第 183—187 页,转引自申小龙：《中文的中文性研究》,上海：复旦大学出版社,2019 年,序言。

2）"意合"特点的中一西性

文化语言学思考的中文特点,虽然自觉"去西方化",其实却是从西方视角中走出,进入了中西文化"对勘"的视角,即在中西比较中建立起中文本土文化的视角。中文特点的独立性虽然立足于本土文化认同,但文化认同的"观察系"不离中西对视。当我们思考人类语言还有哪些是"意合"的语言,这个思路本身就受限于中西比较的框架,对人类其他语言并不"公平"。

3）"意合"思维的地方性

对中文特点的思考,努力离开西方语言的视角,已殊为不易,却仍然处在一个中西文化比较的宏大叙事中。这个视域,在中国现代文化自省的前提下,是合理的。而一旦逸出了这个视域,将中西比较的范畴复制到人类其他语言,就不具有文化比较的天然合法性。也就是说,"意合"理论的地方性,超出了我们的想象。

从根本上说,将任何外来的理论植入一种语言,都会产生类似蒙古语那样"模糊的光谱"。我们不能把对"模糊光谱"的"修复"视为语言研究的"精密性""科学性"（中国现代语言学正是这样做的）,因为异文化范畴的植入本身已经误解了一种语言。汉语语法学在 20 世纪一直在努力"修复"来自西方语言学的范畴,哪一个成功了？张世禄先生深刻针砭过这个毛病：越对洋框框"增删补缀",汉语语法越繁琐。

4）"意合"的视角谦卑

人类语言的巨大差异,远远超出了囿于中西语言比较的我们的想象。要想获得对一种语言的真实的理解,必须具有使用这种语言的文明的"内部眼光"。这需要与人类语言研究巨大差异相适应的"视角谦卑"。布龙菲尔德曾力主语言研究戒除"先入为主的哲学理论"和"历史知识",他指的就是现成的欧洲语言理论。他认为："人们致力于记录完全陌生的言语形式后,很快便懂得先入为主的哲学理论只能成为工作的障碍","凡是让历史知识影响他的描写工作的人,一定会歪曲他的资料"。① 人类语言的研究须时时怵惕于布龙菲尔德的

---

① 布龙菲尔德：《语言论》,袁家骅、赵世开、甘世福译,北京：商务印书馆,1980 年,第 20—21 页。

告诫：我们认为本应该是具有普遍性的特征，可能在下一种可以研究的语言中就不存在。

5）"意合"的中文哲思

"意合"是中文特有的概念，不属于其他语言。它天然和汉字互为表里。意合的文法和表意的字形拥有共同的文化精神和建构方略。这种精神和构思可以溯源至两千多年前老子的哲思——"有之以为利，无之以为用"。老子的思想当然只在，也只能在中文里得到最好的演绎：形的结构提供了便利和条件，无形的意会才产生感悟的功效，是谓中文之中文性。

二、中西语文的纵向思维与横向思维

中国文化语言学在 20 世纪 80 年代就提出：目前我们所使用的一整套汉语分析的原则、方法、程序，有必要从根本上加以改造，或严格限定其科学价值，以使语言分析越来越接近而不是远离中国人的语文感受。我们认为：从比较来看，西方语言尽管也深埋着人与自然、人与人的关系，但它在结构上是一种可以做客观、静止的形式分析的"形而下"的语言；汉语则是必须联系交际人的主体意识、语言环境、句子表达功能作动态的意念分析的一种"形而上"的语言。"形而下"和"形而上"只是一个相对的区别，一种比喻，说得具体一些，我们可以说西文是横向思维，中文是纵向思维。前者是单向度的线性思维，后者在非线性中实现线性思维。

语言都是线性的，但中文对线性的形式十分敏感。古人认为"言不尽意""意在言外"，非线性才是中文的舒适区。文言文就是这种注重"纵向"理解深度的书面语。而五四新文化运动以后，白话文登上了大雅之堂。在欧化语法的影响下，现代汉语书面语开始注重"横向"句法扩展。一个文言文的句子，翻译成白话文，字面的线性长度就增加了不少。在这个意义上我们可以说，文言文的思考是纵向的，白话文的思考是横向的，相对而言。

纵向和横向最大的不同，是纵向思维充分利用了汉字形音义的各种可能性，它是汉字性的思维;而横向思维是去汉字的西文思维——它眼里的汉字只是一堆记音符号,这样的符号越简单越好,简化字、拼音化都是这样产生的。横向思维打着口语化的旗号,它心里只有横行。

纵向思维是中文的优秀传统,其具体表现如下。

1. 意象领悟

文言文的每一个字,都有很强的意象性。意象的领悟,是在语境自省中完成的。而语境的深度,是纵向的。哲学家张汝伦在其新著《中庸前传》一书中,谈到中国传统哲学的话语都具有象的特征,以象立言,这与以亚里士多德和康德哲学为典型的西方哲学的言说方式明显不同。后者一般以概念为要素,严格遵照逻辑原理形成一般陈述与判断,继而组成理论体系。张汝伦说的其实就是语言。①

中西哲学这样的区别,是"字"和"词"的区别。这两个符号,在中西互译中都不可译——中文没有"word",西文没有"字"。

2. 互文会意

文言文的意义单位,只靠单字是远远不够的。大量新的概念,因音节形式有限,造字也不赶趟,须采用字组的形式来表征。而所用的字组,又依然要能引起语境的纵向思考,因而形式必须简洁,言简才能意赅,音律也须好听。于是,双字意合成了最佳选择。

意合中的两个字,它们各有自己的意象。它们在一起,两个意义支点之间触发各种联想,形成一种"多方意会"的深度思考。在意会中,两个字不断发生互文阐释的作用,互相补充,互为支撑,形成一个内涵丰富的意义单位。

须要指出的是,中文的"意合"不是西方语言意义上的"组合"。组合是有规矩的,即按既定的结构关系来组织,所以西方语言的词组,我们一定能分析出既定的结构模式来,例如动宾、主谓、偏正等。而中文字与字的意合,没有先在的结构模式。字组的构成,其本质就是意合。读者靠多方意会才把两个貌似不相干

---

① 张汝伦:《〈中庸〉研究(第一卷)·〈中庸〉前传》,上海:上海人民出版社,2023 年,第416 页。

的字联系起来,形成一个意义单位。

我们用西方语言的词组结构模式,也可以套在中文字组上,分析两个字之间的结构关系,但这样的套用只是把中文字组关系"强摁"在西方词组关系一张张小椅子上(此处用萨丕尔对语言类型的比喻),它遮蔽了中文字组关系的意合本质。

当我们说"钢刀"和"泥刀"都是"偏正结构"的时候,也许我们已经有点不好意思——"钢刀"是钢制的刀,"泥刀"好像不是泥制的刀啊;而当我们继续说"马刀"和"牛刀"也是"偏正结构"的时候,我们还好意思吗? ——"牛刀"是宰牛的刀,"马刀"是宰马的刀吗?

在现代语法学的研究中,有一句名言——"动宾关系是说不完的",其实偏正关系也是说不完的。而之所以"说不完",就是因为西方词与词组合所用的线性逻辑,无法理解中文字与字相遇的非线性逻辑:

前者是"基于规则"的,后者是基于联想的;

前者是形式主义的,后者是功能主义的;

前者是"形合",后者是"神合";

前者是"组合",后者是"意合"。

关键就在于,"word"是概念,而"字"是象。正如张汝伦在《〈中庸〉前传》中所说,象的理解原则上是向各个方向开放的,而概念的主要功能是规定与区分,所以它本质上是封闭的。[①]

强扭的瓜不甜。当初莱布尼兹说汉语是"组义语言",现在我们明白了:他说的并非汉语的"横向"组合,而是汉语的"纵向"意合。

3. 句读呼吸

文言文的句读段("句",又称"音句"),是中国古代语文传统的一个重要概念,是中文句法分析和理解的立足点。这样一个基础性的中文概念,在我国现代语法学知识体系中却无立锥之地(直到我在硕士论文《〈左传〉主题句研究》、博士

[①] 张汝伦:《〈中庸〉研究(第一卷)·〈中庸〉前传》,上海:上海人民出版社,2023年,第416页。

论文《〈左传〉句型研究》中回归中文句型的句读本体)。

原来,句读的分析和西方语法的分析格格不入。句读是一个文气的概念,而句法(syntax)是一个形式的概念;句读是一个动态的概念,而"syntax"是一个静态的概念;句读是一个功能的概念,它流动出一个功能格局,而"syntax"是一个形类的概念,它只管"层层二分";句读是一个事理的概念,它按照认知的自然有序过程鱼贯而入,娓娓道来,而"syntax"是一套先验的逻辑系统,它将言谈内容分出主次,纲举目张,壁垒分明,不容喧宾夺主;句读是一个呼吸的概念,它紧贴人的意向和情感,而"syntax"是一套冷峻的规则,它不苟言笑,规则森严。中文的流水句样态,正是在句读段的流畅呼吸中建构的。

西方人在说话的时候也需要换气,这和中文句读段之间的换气很不一样。西方语言的句法形态是形式自足的,它不考虑人的呼吸,你们爱吸不吸,与它无关。而中文的句法形态本质上是文气的运行,气韵的组织就是句法的组织。所以句读段是中文句子格局的自然单位。这就是我为什么说汉语句子是句读本体,逻辑(事理)铺排,意尽为界的。① 20 世纪 90 年代中国台湾召开本土心理学研讨会,会议召集人台湾大学杨国枢教授邀请我去,我发言的题目就是"气的思维与气的语言"。记得当时台湾地区的同行吴信凤博士刚留美回来,她对我说:"你的论文语言流畅,这样的论文我们都不会写了,我们的论文都是格式化的。"她说的其实就是中西语言和文化不同的思维方式。

句读有了呼吸,意义何在呢? 句读段是中文句子脉络中一个在形式和意义上都相对完整的句段,它的建构从一开始就得到"呼吸"的支持。也就是说,句读段的流动建构依托于上下文中的联想,而这样的联想在很大程度上是发生在呼吸过程中的——句法中任何"慢下来"的处置,包括骈语和停顿,都会让人"浮想联翩"。这就是中文句法何以虚实相间,长短相宜,骈散自如。

由此,中文的句读呼吸,是在线性序列中融入非线性思维,拓展纵向的语境深度。我常说中文句法的特征是时间性,它顺从自然,承先启后,不像西文句法的空间性那样先验而严紧。而在中文的传统和现代之间,我们看到传统中文的

---

① 参见申小龙:《中国句型文化》,长春:东北师范大学出版社,1988 年。

横向维度充满了纵向的景深度,所以总能够言简意赅,顿挫自如,绝不像现代白话那样只在线性的复杂化中予取予求,甚至以繁冗晦涩为傲。中文的流畅,充满了智慧。

在我的文化语言学课堂教学中,曾有学生很敏锐地注意到一个问题,"在古代语文中,汉字'焱'比'炎'看起来更热一点,而现代则可以用多音节来表示'很炎热',不再用单纯以字形来表示"。也就是说,古代汉语利用字形可以表达的意象,到了现代汉语,只能用"多音节"来表达了。我们作一个"粗暴"的比喻,文言文是"竖"行的,白话文是"横"行的。

其实文言文的确是竖着写的,而白话文的确是横着写的,因此,竖行和横行,是文言文与白话文,亦即传统中文和现代中文,相互关系的一个巨大隐喻。质言之,文言文是纵向思维,白话文是横向思维。这样的语文变革离不开现代语言学的理论"建构",正如潘文国一针见血指出的,中国语言学"现代化"的本质,"其实是以语法中心取代了文字中心"。①

现代汉语和古代汉语很大的不同,是古代汉语能够充分利用汉字形音义的各种可能性来表达和理解,而现代汉语在使用白话文和汉字简化后,利用汉字形音义各种可能性来表达变得越来越困难,甚至越来越不受待见,转而向欧洲语言学习,用词的单一线性组合来表意。这样做的结果是语言结构的繁复化,语义表达的平面化,单字失去了弹性,意会的空间越来越小,不再充分利用上下文和语境的暗示。于是我们看到,现代汉语的表达趋向平直复杂,现代汉语的思维趋向工具理性。

当然,依然有很好地继承了中文优秀传统的作家,他们将现代汉语写得流畅自然,充满了非线性智慧,严歌苓就是其中一位,但这已是另一个话题了。

俞敏先生曾经说:"'他有一个大鼻子'看似汉语,却非汉语。汉语只说'他大鼻子'。而说'一个人有鼻子'是废话,说'有一个'是更没用的废话。"②俞敏其实是要求中文的言说使用字思维、象思维、非线性思维。

---

① 潘文国:《字本位与汉语研究》,上海:华东师范大学出版社,2002 年,第 5 页。
② 俞敏:《汉语的句子》,《中国语文》1957 年第 7 期,第 7—11 页。

三、中西语文的简与繁

中文，当我们自然表达的时候，一定有许多未尽之意，而这些未尽之意是可以神而明之的。因为中文的自然表达，一定是适应题旨情境的。中文言说的"预设"就是听话人的默契。听话人的默契来自对整个情境（包括对话双方角色关系）的体验和理解。而在书面语中，这样的默契建立在整个文本（上下文、语篇、全书）的理解上，更建立在与这个文本相关的其他文本的"互文"上。当我们想尽可能把未尽之意说清楚的时候，一定越说越不清楚。所以，中文表达要适可而止，点到即止。

在我们用汉语和汉字说话时，我们就进入了中文思维。而中文思维的底蕴是它的修辞哲学。也就是说，什么样的表达是美的？

（一）中文之美在诚

大家都很熟悉"修辞立其诚"，这是中文从《周易》开始就订立的修辞原则。"诚"在道德层面比较容易理解，就是诚恳、诚实、诚信、真诚。古人云："言而当，知也。"（《荀子·非十二子》）这个"当"，就是合于道德修养的标准。修辞和修身养性是一体的。但"诚"在语言层面就不那么好理解了。不过我们从古人说的什么样的语言不是"诚"，可以体会一二。

1. "言"和"德"没有必然联系

孔子说："有德者必有言，有言者不必有德。"（《论语·宪问》）前一个"言"字，是立足"诚"之言；后一个"言"字，是可能游离于"诚"之言。两千多年前的古人就已经"君子耻有其辞而无其德"（《礼记·表记》）。"言"与"德"是有可能分离的，说话人会言不由衷，这就带来一个问题：怎么知道一个人的言辞是真诚的呢？中国古人给出了一个十分简单而犀利的修辞尺度——尚简。

2. "言"和"德"此长彼消

在中国古代哲人眼里,言辞的修饰和品德的修养,非但没有必然联系,而且往往可能是反向的联系。我们从老子的断言就可以明白这一点:

> 信言不美,美言不信。善者不辩,辩者不善。(老子·八十一章)
>
> 知者不言,言者不知。(老子·五十六章)

这里说的"美""辩""知",都是言辞修饰的概念和目标,而老子把一切单向度的"文饰"统统否定了。在他看来,追求文饰,是舍本求末,必然失去诚信。这就涉及中国文化对语言的看法。

(二) 中文之妙在线性和非线性的平衡

1. 言简意赅——平衡言意矛盾的中国方案

语言当然很重要。对于个人来说,"人之所以为人者,言也。人而不能言,何以为人"(《春秋穀梁传》);对于社会来说,"鼓天下之动者存乎辞"(《周易·系辞上》)。但语言的重要,是因为它具有强大的表意功能,而这一功能又隐藏着巨大的危险。中国文化从一开始就意识到,语言的线性形式,对于意义的表达和理解,既是便利,又是阻碍。线性的形式,将丰富的意义扁平化,单向度化,而意义本身,却不完全是线性的,说话的深意更在非线性处。

语言让意义澄明,但澄明的代价是意义在语言形式的束缚下走样,甚至异化。也就是说,辞越修,离诚信越远。要让语言发挥最佳的表意功能,就要平衡线性之言和非线性之意的矛盾。中文找到了平衡言意矛盾最好的方法——使之言简意赅。亦即限制语言的线性形式,让它为非线性的联想打开大门。不单靠语言形式去表达和理解,而是巧借语言形式去深度融入情境,体验全部意涵。"单靠"和"巧借"的区别在于,前者用线性逻辑制造了(框死了)意义,而后者"只是大自然的搬运工",它并不满足于条理意义,它明白许多意义不可条理,因此它更重视语言和情境的交融,给表达和理解更大的空间——超语言的空间。

在"巧借"的意义上，语言只是理解的一块"跳板"。中文要做的就是让人借助跳板，纵身一跃，融入情境，在丰富的联想中感悟，所以中文充满了弹性。中文是不是因此不精确了？恰恰相反，情境中的感悟是最真切的理解。而那些需要现代语言形式精确表达的内容，中文乐于用欧化的形式熟练表达。中文编码的这种包容性，西文难望项背。

2. 骈散自如——线性与非线性融合建构的中国文法

中文不仅努力限制形式的僭越，对张大语言形式局限性的举动（为求精确而横向扩展复杂化）充满警惕，而且更有意思的是，中文希望在自身形式的建构上融线性与非线性于一体，由此创造出一种虚实相间、骈散自如、以神统形的文法。

虚实相间就是在中文字与字、句段与句段之间，留有充分的意会空间。我们常说的中文的意合、中文句子组织流动的"里里拉拉"，都是虚实相间的形态。以神统形，就是在以大观小的思维方式中，将中文的单位和组织放在整体功能和情境中去理解，避免以形害义。换句话说，中文的形式不是最重要的，中文的功能才决定一切。这两者都从引入外部情境和上下文功能格局来解决中文形式的言意矛盾。而中文"意犹未已"又匠心独运，在线性的形式中直接嵌入非线性的形式，让中文的节奏"一张一弛"，频现诗意。

所谓"张"，就是线性形式的紧张。而所谓"弛"，就是非线性形式的松弛。它的具体表现，一是名词性的述谓，二是节奏齐整的骈语，其中最常用的是四字格。两者常常结合在一起。我们来看一个句子：

> 戏接着往下走，小菲纵身一跳，从舞台上跳到台下，身轻如燕。
>
> ——严歌苓《一个女人的史诗》

整个事件是一个连贯的动作，中文却在线性表达"从舞台上跳到台下"的前后，用了两个四字格，极富想象地描写了动作的形态和神态。"纵身一跳"和"身轻如燕"，它们是"述谓"吗？当然是，但它们不是线性述谓，而是非线性述谓。整个四字格是名词性的意象,在我们的眼前如电影镜头的定格,栩栩如生。全句骈散相衔,长短呼应,鱼贯而出,节奏明快。

中文创造了一种融线性与非线性于一体的句法形式,从根本上解决了人类语言"言不尽意"的困境。这源于中国文化最古老的智慧——汉字从一开始就是非线性的。中文的节律骈散自如,线性思维和非线性思维相辅相成,浑然一体,于是中文的句子气韵生动,"一片宫商"。

(三) 中西语言的对话: 简 vs 繁

学习过西方语言的我们,都深受西文的"繁"之虐。西文之繁,是西方文化的修辞哲学决定的。在亚里士多德眼里,修辞的形式技巧已经独立于话语内容而成为一种本体论。"口吻"比内容更本质。亚里士多德的《修辞学》对这一点毫不掩饰,作者认为写下来的语言的效果,更多地取决于文体,而不是思想内容。妥当的用法可以使人们相信你所描写的故事是真实的。因为当你把事情描写得就像人们所做的那样时,人们会得出一个错误的结论:你是信得过的。因此,不管你说的故事究竟是不是真的,他们都会把它当成真的。而且,一个充满了感情的演说者,常常使听众和他一起感动,哪怕他所说的什么内容都没有。例如演说者说:"谁不知道这件事呢?"或者,"这是人人都知道的",听的人就会以不知为耻,承认自己和大家一样,都知道这件事情。

这种"修辞立其术"的修辞哲学,与中文的"修辞立其诚",与中文的"君子耻有其辞而无其德",与中文的"信言不美,美言不信",天差地别。西文信奉形式可以包揽一切甚至制造出不存在的内容,而中文的原则是决不允许形式曲解甚至掩饰内容。从亚里士多德的修辞哲学看,中西双方其实都识破了语言形式对意义的僭越,却采取了完全不同的言说策略。这就是中文何以从远古的形态丰富,最终走上了"尚简"的发展道路。

中文之"简",已经是一种境界,如古人所言,"凡文笔老则简,意真则简,辞切则简,理当则简,味淡则简,气蕴则简,品贵则简,神远而含藏不尽则简,故简为文章尽境"(刘大櫆《论文偶记》)。这样一来,语言就不再僭越意义,不再是意义唯一的"代言人",转而成为意义的触发机制,积极促成意义的最大化,实现中文理解的最高境界——神而明之。

实际上,当我们用汉字书写的时候,这样的修辞模式就"自启"了。每一个表意汉字都在润物细无声地启示书写者:走言简意赅之道。

结　语

中文的中文性,是现代语言学在一个多世纪对汉语特点的探索中,从深刻的文化认同生发的本土语言观。和它相联系的,是两千年中国语文研究传统在创造性转化中形成的中国特色的语言理论和方法。在西方语言学大一统的学术背景下,无数前辈语言学家,用自己的辛勤探索,为中文的中文性研究注入了真知灼见,展现出极其可贵的文化自觉和自信,展现出富有想象力的中文研究新天地。在这样的基础上,中文的中文性研究将从根本上丰富人类对语言文字的认识,为构建具有"人类命运共同体"意义的普通语言学理论做出独特的贡献。

The Chineseness of the Chinese Language

SHEN Xiaolong

Fudan University

Abstract

From the perspective of European sinologists, cultural linguistics in China reveals a new qualitative state of human language. The difference between the study of the Chineseness of the Chinese Language and the study of the Chinese characteristics lies in that the latter discusses the characteristics of Chinese language on the basis of "general linguistics" and "universal grammar" provided by the English world, while the former no longer depends on the linguistic theories provided by the West, but regards it as a kind of "local knowledge". This paper discusses the philosophical grammar of parataxis in Chinese and binary attributes of China and the west. It points out that Western horizontal thinking is linear thinking in one dimension, while Chinese vertical thinking realizes linear thinking in non-linearity. Chinese has fundamentally solved the dilemma of human language, thanks to the most ancient wisdom of the Chinese culture.

Keywords

cultural linguistics; Chineseness of Chinese; parataxis; vertical thinking; advocate simplicity

从对比语言学看全球中文发展：
谈对外汉语教学的学科建设[*]

王菊泉^{**}

提要： 在全球中文发展的进程中，对外汉语教学扮演着举足轻重的角色，其学科建设已经引起了学界同仁的高度重视。本文以对比语言学的学科建设为视角，从学科性质、汉外对比和汉语本体研究三个方面谈谈对外汉语教学的学科建设问题。

关键词： 学科建设；对外汉语教学；对比语言学；学科性质和名称；汉外对比；汉语本体研究

引　言

在整个世界处于百年来未有之大变局的背景下，随着中国综合国力的大幅提升以及国际影响力的显著增强，全球中文发展已经成为一种不可逆转的趋势。在全球中文发展的进程中，对外汉语教学扮演着举足轻重的角色，因而其学科建设已经引起了学界同仁的高度重视。本文以对比语言学的学科建设为视角，谈

* 　本文初稿曾蒙史有为先生提出宝贵意见，深受教益，谨致诚挚谢意。

** 　王菊泉，上海海事大学外国语学院教授，研究方向为英汉对比与翻译。

谈对外汉语教学的学科建设问题。本文主体为一二两节，第一节概述对比语言学的发展史，其中包括对比语言学在我国的形成和发展；第二节主要从对比语言学学科建设中存在的问题出发，提出笔者对对外汉语教学学科建设的几点思考。第三节为余言，补充主体部分未能覆盖但值得提出的一些内容。需要说明的是，在汉语国际化的大趋势下，以外国人为主要对象的汉语教学除了传统的"对外汉语教学"这一名称之外，还出现了"国际汉语教学／教育""国际中文教学／教育"等众多名称，至今未能统一。为行文方便和避免混淆，本文使用对外汉语教学泛指海内外对外国人进行的把汉语作为外语或第二语言的教学，以区别于狭义的"对外汉语教学"，比如专指"主要着眼于在中国开展的汉语作为第二语言的教学"。

一、对比语言学发展史概述

1. 起源

对比语言学起源于西方。但在其起源问题上，学界至今还未取得共识。概括说来，有双源头说、三源头说和单源头说三种观点。双源头（twin starting-point）说认为，对比语言学有两个主要源头，一是欧洲，一是美国。这个双源头与 19 世纪末、20 世纪初欧洲的对比型共时语言分析以及 20 世纪 40 年代美国的现代对比分析都有关联。①

另有三源头说。如菲西克（Jacek Fisiak）明确提出，对比语言学有三个起源。② 第一个是博杜恩·德·库尔特内（Baudouin de Courtenay）的斯拉夫语比较语法。此书主张进行共时的语言比较研究，而且可以不考虑语言的亲属关系。第二个是索绪尔（Ferdinand de Saussure）于 19 世纪末、20 世纪初建立起的共时

---

① Kari Sajavaara，"Contrastive Linguistics Past and Present and a Communicative Approach"，in Jacek Fisiak（ed.），*Contrastive Linguistics and The Language Teacher*，Oxford：Pergamon Press，1981，p. 34.

② 菲西克：《对比语言学的当今趋向》，顾明华译，杭州大学外语系课题组编：《语言对比研究》，上海：上海外语教育出版社，1991 年，第 14 页。

语言学。第三个便是以弗里斯（Charles C. Fries）①和拉多（Robert Lado）②为标志的美国现代对比分析。此外，戚雨村③和崔卫④也持三源头说。他们认同欧美这个双源头，但还主张把俄国和苏联也列为一个源头。

单源头说由潘文国、谭慧敏⑤提出。他们在研究了大量文献的基础上，重新梳理了西方对比语言学史，提出近代以来的西方对比语言学应该从德国语言哲学家洪堡特（Wilhelm von Humboldt）开始，从而不仅把对比语言学的起源时间前推了大半个世纪，还使多源头变成了单源头。

2. 对比分析法的兴衰

美国对比分析理论是应二战期间外语速成的需要而提出来的。在 20 世纪四十年代至五十年代初的十余年间，由弗里斯提出，拉多具体实践的这一外语教学理论可谓如日中天。该理论认为，通过系统比较学习者所学外语及文化和他的母语及文化，即可对外语学习中会造成困难和不会造成困难的那些格式做出预测和进行描写；学习外语主要也就是了解外语和母语的不同之处。⑥ 这一理论提出以后，对比分析教学法受到了广大外语教师的热烈追捧，同时也进一步激发了学界的研究热情。

但是，由于对比分析法以行为主义心理学和结构主义语言学为理论基础，而在实践上又过分强调了外语教学中母语干扰的因素，过分强调了它对于外语教学的功效，所以，随着 20 世纪 50 年代认知心理学和乔姆斯基（Avram Noam Chomsky）的转换生成语言学的兴起，对比分析理论便遭到来自各方的种种责难和批评，不久便由盛转衰。到了 60 年代末，其地位已一落千丈，跌入了低谷。

---

① Charles C. Fries，*Teaching and Learning English as a Foreign Language*，Ann Arbor：University of Michigan Press，1945.
② Robert Lado，*Linguistics across Cultures*，Ann Arbor：University of Michigan Press，1957.
③ 戚雨村：《语言·文化·对比》，《外语研究》1992 年第 2 期。
④ 崔卫：《俄语语言对比研究新景观》，《外语与外语教学》2012 年第 1 期。
⑤ 潘文国、谭慧敏：《对比语言学：历史与哲学思考》，上海：上海教育出版社，2006 年。
⑥ Robert Lado，*Linguistics across Cultures*，Ann Arbor：University of Michigan Press，1957.

3. 东山再起

与美国的情况形成对照，在整个 20 世纪六七十年代，欧洲国家的对比研究非但未因对比分析的衰落而受影响，反而纷纷建立起了各自的对比研究中心。这些机构积极开展英语与多种东西欧语言之间的对比研究。① 以波—英对比研究中心为例。该中心传承了欧洲历来重视理论研究的传统，特别注重语言对比理论和方法的研究，中心负责人菲西克和骨干成员克尔采斯佐斯基（Tomasz P. Krzeszowski）等人都为对比语言学的建设和发展做出了巨大贡献。

1980 年，詹姆斯（Carl James）《对比分析》（*Contrastive Analysis*）出版。此书标志着对比语言学在世界范围内的复苏。此后，对比语言学不断完善母语迁移和干扰等核心概念，并与语言类型学成功对话，不但在概念层面上取得了明显进展，而且还为研发学习者语料库和翻译语料库做出了积极的贡献。不少对对比分析的批评，到头来反而使它变得更为完善。②

对比语言学除了因与语言类型学成功对话而取得发展之外，还有一项可以认为是该学科近三十年来最重要的进展，那就是它与语料库语言学的结合。这一结合不仅促进了对比语言学自身的复兴和发展，而且还极大地推动了外语教学。学习者语料库（learner corpora）的研发为二语习得领域的量化研究提供了新的途径，也为利用语料库进行课堂教学提供了新的方式。20 世纪 90 年代以来，随着语料库语言学的快速发展，研究者开始利用大量真实的数字化语料进行对比研究，开发了多种跨语言对比研究的语料库。这些新颖的电子资源的开发利用有力地推动了对比语言学的重新定位，促进了这一学科的快速发展。艾杰默（Karin Aijmer）和刘易斯（Diana Lewis）甚至认为，当代对比语言学已演变成一种"新型的、以语言使用为基础的对比研究方法"，也即"'新'对比分析"，或者说"'新'对比语言学"。③ 在基于语料库的对比研究中，对比词语学（Contrastive

---

① Jacek Fisiak，"Some Introductory Notes Concerning Contrastive Linguistics"，in Jacek Fisiak（ed.），*Contrastive Linguistics and the Language Teacher*，Oxford：Pergamon Press，1981，pp. 1–11.

② Christian Mair，"Contrastive Analysis in Linguistics"，Oxford Bibliographies，22 Feb. 2018. DOI：10.1093/OBO/9780199772810–0214.

③ Karin Aijmer & Diana Lewis，"Introduction"，in Karin Aijmer & Diana Lewis（eds.），*Contrastive Analysis of Discourse-pragmatic Aspects of Linguistic Genres*，Cham：Springer，2017，pp. 1–9.

Lexis)的发展尤其引人注目，已经成为对比语言学关注的焦点。①

4. 中国对比语言学的兴起

对比语言学作为一门学科在我国的出现只是改革开放以后的事。1977 年 5 月，吕叔湘先生在北京语言学院发表了《通过对比研究语法》的著名演讲②，迅即掀起了我国汉外对比研究的热潮，并推动了我国对比语言学的诞生。四十多年来，我国的语言对比研究取得了长足的进步，在对比语言学的理论建设和探索汉外语言的本质异同等方面都取得了可观的成就。③ 但是，一方面由于对比语言学本身的理论基础还比较薄弱，学界对学科的性质和定位等基本问题的看法、对可比性和对比基础等核心概念的理解，都还存在着较严重的分歧，另一方面也由于汉语研究（尤其是语法研究）本身的滞后，所以，尽管几十年来我国的汉外对比研究已经取得了不少成绩，却也还面临着不少的困难。以英汉对比为例，由于汉语语法研究中的词、词类、句子成分、句子等几个基本问题还没有得到很好解决，英汉对比在对比基础（Tertium Comparationis / TC）问题上就受到了严重的制约。早期的以传统语法为框架的英汉语法对比，研究者多以"印欧语眼光"看汉语，习惯于用英语套汉语，把两种语言中相同的语法项目名称默认为对比基础，然后"捉对儿"进行比较。这样的比较，由于缺乏一个可靠的对比基础，往往难以触及两种语言的本质异同。进入 90 年代以后，随着国外各种语言理论和方法的不断引入，我国汉外对比出现了理论和方法多元化的局面，上述状况才有所改观。尤其是进入 21 世纪

---

① Bengt Altenberg & Sylviane Granger，"Recent Trends in Cross-linguistic Lexical Studies"，in Bengt Altenberg & Sylviane Granger（eds.），*Lexis in Contrast*：*Corpus-based Approaches*，Amsterdam/Philadelphia：John Benjamins Publishing Company，2002，pp. 3 - 48.

María de los Ángeles Gómez González & Susana M. Doval-Suárez，"On Contrastive Linguistics：Trends，Challenges and Problems"，in Christopher S. Butler，María de los Ángeles Gómez González & Susana M. Doval-Suárez（eds.），*The Dynamics of Language Use*，Amsterdam/Philadelphia：John Benjamins Publishing Company，2005，pp. 19 - 45.

② 吕叔湘：《通过对比研究语法》，《语言教学与研究》1992 年第 2 期。

③ 王菊泉：《汉外对比大有可为——纪念吕叔湘先生〈通过对比研究语法〉发表 40 周年》，《外语与外语教学》2017 年第 5 期。

以来,众多的研究者以广义的功能语言学为描写和分析框架,主要从意义/功能出发进行对比,使得对比基础有了进一步的加强。但是,一方面由于意义本身难以捉摸,另一方面更由于意义与形式紧密相连,难以割裂,汉语语法研究中的几个"老大难"问题仍然是汉语与以英语为代表的印欧语之间开展深入对比的"瓶颈"和"拦路虎"。

5. 学科建设

即使从 20 世纪四五十年代的美国对比分析理论算起,对比语言学发展至今也已有八十年左右的历史。八十年来,世界范围内不少学者致力于对比语言学的学科理论建设,并取得了不少成就。如菲西克①作为过去几十年间西方对比语言学界最具影响力的学者之一,为对比语言学的理论建设做出了极其重要的贡献。另如克尔采斯佐斯基长期致力于语言对比的共同对比基础(TC)的研究,引人注目。② 再如身兼翻译理论家和对比语言学家的芬兰知名学者切斯特曼(Andrew Chesterman)专为语言对比提出了一种以功能主义为理论框架的综合性理论模式,即"对比功能分析"(Contrastive Functional Analysis / CFA)。③ 此外,值得提出的是,作为一门学科,我国的对比语言学虽然起步较晚,但由于对比研究特

---

① 菲西克的主要论著有：Jacek Fisiak,"Introduction", in Jacek Fisiak (ed.), *Theoretical Issues in Contrastive Linguistics*, Amsterdam/Philadelphia：John Benjamins Publishing Company,1980,pp. 1‑4.

　Jacek Fisiak,"Some Introductory Notes Concerning Contrastive Linguistics", in Jacek Fisiak (ed.), *Contrastive Linguistics and the Language Teacher*, Oxford：Pergamon Press,1981,pp. 1‑11.

　Jacek Fisiak (ed.), *Contrastive Linguistics: Prospects and Problems*, Berlin/New York：Mouton de Gruyter,1984.

　Jacek Fisiak,"On the Present Status of Some Metatheoretical and Theoretical Issues in Contrastive Linguistics", in Jacek Fisiak (ed.), *Further Insights into Contrastive Analysis*, Amsterdam/Philadelphia：John Benjamins Publishing Company,1990,pp. 3‑22.

② Tomasz P. Krzeszowski,"Tertium Comparationis", in Jacek Fisiak (ed.), *Contrastive Linguistics: Prospects and Problems*, Berlin/New York：Mouton de Gruyter,1984,pp. 301‑312.

　Tomasz P. Krzeszowski, *Contrasting Languages：The Scope of Contrastive Linguistics*, Berlin/New York：Mouton de Gruyter,1990.

③ Andrew Chesterman, *Functional Contrastive Analysis*, Amsterdam/Philadelphia：John Benjamins Publishing Company,1998.

别为中国所需要以及百年来的积累,最近几十年来取得的成果却令人刮目相看。如潘文国和谭慧敏《对比语言学:历史与哲学思考》一书不仅重新梳理了西方对比语言学史,提出了对比语言学的单源头说,书的后半部分还集中讨论了对比研究的哲学基础、学科性质、学科的定义、学科的目标和范围等学科本体论方面的基本问题,提出了一系列新颖的观点。① 此书出版后,中外学界多有好评。如库尔泰什(Svetlana Kurteš)认为此书(英文版)"是对比语言学学科史方面迄今为止最详尽、最深刻的一部著作"。② 但是,从总体上来说,对比语言学的学科建设还相当薄弱,突出表现在学界对学科的性质、定义、分类以及研究方法等学科建设的基本问题还存在着严重的分歧。又如,对比基础是语言对比的核心概念,但学界对于究竟什么是 TC 却又难以取得一致。有的说它是"语际比较的基础""可比性的标准"或者"常量"③,有的说它是比较对象的"共同参照平台"(common platform of reference)④,有的说它是"衡量的标准"(criterion of measurement)⑤,如此等等。总之,时至今日,这一概念"仍同以往一样地模糊"。⑥ 造成 TC 概念模糊的原因是多方面的,主要原因之一就在于对比语言学至今没有成熟的学科理论,首先就是没有公认的 TC 理论;所有语际对比分析的参照平台,都取决于对比分析所采用的特定的理论模式以及特定的分析层面。于是,一方面,各个语言层面上的对比分析使用着各不相同的 TC;另一方面,在这些对比分析中,又很少明确交代采用了什么 TC,或者交代选用某种 TC 的理由是什么。由于学科建设的种种问题,对比语言学在语言学诸学科中只能扮演着"灰姑娘"的角色。⑦

---

① 潘文国、谭慧敏:《对比语言学:历史与哲学思考》,上海:上海教育出版社,2006 年。

② Svetlana Kurteš, "Review: Contrastive Linguistics: Pan & Tham (2007)", *Linguist List*, 2008. Retrieved from http://www.linguistlist.org/issues/19/19-1288.html. Accessed on 24 June 2006.

③ Carl James:《对比分析》,青岛:青岛出版社,2005 年,第 13、64、166 页。

④ Tomasz P. Krzeszowski, *Contrasting Languages: The Scope of Contrastive Linguistics*, Berlin/New York: Mouton de Gruyter, 1990, p. 15.

⑤ Kasia M. Jaszczolt, "On Translating 'What Is Said': Tertium Comparationis in Contrastive Semantics and Pragmatics", *Meaning Through Language Contrast*, 2003, Vol. 2, pp. 441–462.

⑥ Tomasz P. Krzeszowski, *Contrasting Languages: The Scope of Contrastive Linguistics*, Berlin/New York: Mouton de Gruyter, 1990, p. 15.

⑦ ibid.

二、对比语言学对对外汉语教学学科建设的几点启示

1. 明确学科的性质

学科性质是指学科本身所具有的、区别于其他学科的特征。性质不明确，学科就难以获得独立的学科地位，也就难以取得发展。而任何学科性质也不是一开始就十分明确的，而是会随着人类知识体系的发展和完善而逐步明确起来的。

即使从 20 世纪 50 年代算起，对比语言学作为一门学科也已有 80 年左右的历史。但由于研究者不同的语言观以及从事语言对比的目的多有不同等原因，时至今日，学界对其性质的认识还存在着重大分歧。主要有以下三种不同观点：一种以拉多①和詹姆斯②为代表，把对比语言学主要视为应用语言学的一个分支；一种以菲西克③和许余龙④为代表，认为对比语言学是语言学的一个独立的分支学科，兼有理论语言学和应用语言学的性质；再一种就是以潘文国、谭慧敏⑤为代表，认为对比语言学和普通语言学处于同一个层级，是平起平坐的关系，或者说是相互等同的关系。这三种观点中，前两种观点虽有分歧，但还都把对比语言学视为语言学或其分支学科的一个分支，而后一种观点则干脆认为对比语言学就是普通语言学。由于学科性质的不确定，也就缺乏学科自己的理论，对比描写和分析语言事实上就不得不依赖别的语言学理论，对比语言学扮演的"灰姑娘"角色一时也难以改变。

学科性质的不明确首先反映在对学科的命名上。对比语言学的名称是"很

---

① Robert Lado，*Linguistics across Cultures*，Ann Arbor：University of Michigan Press，1957.

② Carl James：《对比分析》，青岛：青岛出版社，2005 年。

③ Jacek Fisiak，"Some Introductory Notes Concerning Contrastive Linguistics"，in Jacek Fisiak（ed.），*Contrastive Linguistics and the Language Teacher*，Oxford：Pergamon Press，1981，pp. 1 - 11.

④ 许余龙：《对比语言学》，上海：上海外语教育出版社，2010 年。

⑤ 潘文国、谭慧敏：《对比语言学：历史与哲学思考》，上海：上海教育出版社，2006 年。

不幸的"的一个。① 在对比语言学史上,常见的名称就有对比语言学(contrastive linguistics)、"对比分析"(contrastive analysis / CA)和"对比研究"(contrastive study)等三个。这三个名称在文献中交替使用,而意义上并无本质差别。但是,一方面,不同的人在使用时会有不同的倾向(如有些学者宁可使用"对比分析"或"对比研究"的名称);另一方面,在不同的场合下,三个名称又是各有所宜。一般说来,对比语言学为通用名称,宜作为学科名称来使用。对比分析在字面上有研究方法的含义;而由于历史原因,多指应用性语言对比研究,尤其是为外语教学服务的对比研究。比较而言,对比研究的含义最广,同时包括了语言内和语言外(如文化学、人种学、符号学等)维度的对比研究。②

对学科性质的不同看法必然还会体现在对学科的不同定义上。多少年来,不少学者都试图给对比语言学下一个明确的、能够广为接受的定义。但由于学科性质的不明确,他们的定义更多反映的是定义者自己的观点,反映出他们在学科定位、研究目的、偏重理论还是应用、重在求同还是求异,以及共时和历时取向等重大问题上的不同或不完全相同的看法。如菲西克③和许余龙④的定义虽然都把对比语言学视为语言学的一个独立的分支学科,兼有理论语言学和应用语言学的性质,但许余龙的定义明确语言对比要"描述它们之间的异同,特别是其中的不同之处",而菲西克只是一般地提出对比语言学的"目的在于确定相互之间的异同点"。又如潘文国、谭慧敏在定义中明确提出,"对比语言学是在哲学语言学指导下的一门语言学学科",其宗旨是,"对两种或两种以上的语言或方言进

---

① Jacek Fisiak, "Some Introductory Notes Concerning Contrastive Linguistics", in Jacek Fisiak (ed.), *Contrastive Linguistics and the Language Teacher*, Oxford: Pergamon Press, 1981, pp. 1 - 11.

② María de los Ángeles Gómez González & Susana M. Doval-Suárez, "On Contrastive Linguistics: Trends, Challenges and Problems", in Christopher S. Butler, María de los Ángeles Gómez González & Susana M. Doval-Suárez (eds.), *The Dynamics of Language Use*, Amsterdam/Philadelphia: John Benjamins Publishing Company, 2005, pp. 19 - 45.

③ Jacek Fisiak, "Some Introductory Notes Concerning Contrastive Linguistics", in Jacek Fisiak (ed.), *Contrastive Linguistics and the Language Teacher*, Oxford: Pergamon Press, 1981, p. 1.

④ 许余龙:《对比语言学》,上海:上海外语教育出版社,2010 年,第 27 页。

行对比研究，描述其中的异同特别是相异点，并从人类语言及其精神活动关系的角度进行解释，以推动普通语言学的建设和发展，促进不同文化、文明的交流和理解，促进全人类和谐相处"。① 再如加斯特（Volker Gast）给对比语言学下了狭义和广义的两个定义。按照其狭义的定义，对比语言学是比较语言学的一个分支，以"社会文化关系密切的"成对语言为研究对象。按照其广义的定义，对比语言学有时也指几种（而不必限于一对）语言之间的比较研究，而且也不限于社会文化关系密切的语言。按此定义，对比语言学是语言类型学的一个特例，并以其小样本和高精度（granularity）而有别于其他类别的类型学研究。②

在对外汉语教学的学科性质问题上，学界的分歧虽然不像对比语言学那样严重，但在与学科性质紧密相关的名称问题上却名目繁多，间接反映出学科的性质还不够明确。首先是"对外汉语教学"和"国际汉语教学"。从时间上看，"对外汉语教学"是传统名称，最起码在 1983 年成立的"中国教育学会对外汉语教学研究会"上就正式提出了，而"国际汉语教学"至少可以追溯到 1985 年召开的第一届国际汉语教学讨论会。③ "对外汉语教学"一般是指作为外语或第二语言的汉语教学④，其对象是外国人，而且主要是指来华在汉语语言文化的环境下接受汉语教学的外国人。但是，21 世纪以来，对外汉语教学已不仅指在中国本土上进行的对外国人的汉语教学，还涵盖了所有的汉语作为第二语言/外语的教学。⑤ 在这样的背景下，"国际汉语教学"便成了当今更为常见的名称，"泛指海内外把汉语作为外语或第二语言的教学"。⑥ 但是，这一名称是否就可以被认为是学界

---

① 潘文国、谭慧敏：《对比语言学：历史与哲学思考》，上海：上海教育出版社，2006 年，第 252—253 页。

② Volker Gast, "Contrastive Linguistics: Theories and Methods", ResearchGate, 2012, p. 1. Retrieved from http://dx.doi.org/.

③ 李泉：《国际汉语教学：事业与学科》，《语言教育》2013 年第 1 期。

④ 张德鑫：《对外汉语教学五十年——世纪之交的回眸与思考》，《语言文字应用》2000 年第 1 期，第 49 页。

⑤ 赵金铭：《"十五"期间对外汉语学科建设研究》，赵金铭主编：《对外汉语教学的全方位探索：对外汉语研究学术讨论会论文集》，北京：商务印书馆，2005 年，第 16 页。

⑥ 历时地看，对外汉语教学开始时主要是指作为外语或第二语言的汉语教学，后来随着国际汉语教学的名称的出现，两个名称的所指便有了一定区别，即"对外汉语教学主要着眼于在中国开展的汉语作为第二语言的教学，国际汉语教学主要着眼于在世界范围内开展的汉语作为外语的教学。"参见李泉：《国际汉语教学：事业与学科》，《语言教育》2013 年第 1 期。

公认的学科名称了呢，那也未必。因为，也还有"汉语作为二语/外语教学""国际汉语教育""国际中文教学/教育""（大）华语教学/教育"等众多名称参与竞争。其中，如果套用已为国际上所公认的"英语作为二语/外语教学"（TESL / TEFL）的名称，考虑到"与国际接轨"，那"汉语作为二语/外语教学"的名称应该是合理的选择。而如果着眼于汉语作为外语教学的学历教育，则"国际汉语教育"作为学科的名称可能更顺当些。[①] 再就是"国际中文教学/教育"的名称也很有竞争力。事实上，由于汉字作为载体在传承汉语言文化中的独特作用，无论是在国内还是国际上，都存在着是使用"汉语"还是"中文"的争议。如果着眼点在于把汉语看成世界诸多语言中的一种，那就使用"汉语"比较合适。而如果侧重汉语言文字的概念，有意突出汉字和书面语的重要性，那使用"中文"的名称则明显优于"汉语"。此外，如果需要涵盖海外华人聚居地（如东南亚、北美、大洋洲等地）中汉语/中文的使用情况，则学科的名称或许称为"（大）华语教学/教育"更为可取。

从根本上来说，学科的名称取决于学科的内涵和外延。这可用"国际中文教育"这一名称使用中出现的纠葛来说明。如前所述，较之"对外汉语教学"，"国际汉语教学"是目前更为常见的名称。但如果着眼于汉语作为外语教学的学历教育，则"国际汉语教育"可能更为合适。事实上，国际汉语教育已于 2013 年被正式列为国家的专业目录。但是，随着国际中文教育大会（2019 年 12 月，长沙）的成功举办，"国际中文教育"作为一个正式名称已开始广泛使用。[②] 于是，"国际汉语教育"又增添了一个与之分庭抗礼的"劲敌"。不仅如此，如同国际汉语教育没有限于学历教育一样，国际中文教育也没有专指学历教育。郭熙、林瑀欢认为："现在学界出现了一种倾向，甚至正在形成一种趋势，即把'国际中文教育'等同于传统上说的'对外汉语教学'或后来的'汉语国际教育'，这显然降低了国际中文教育事业的定位，对于实现国际中文教育事业的宏伟目标、高效率高质量精准对标发展是不利的。"他们进一步提出把"国际中文教育"作为统摄概念，并且定义为："中文在全球的传播与传承工作，它包括国内的对外汉语教学、海外的国

---

① 李泉：《关于建立国际汉语教育学科的构想》，《世界汉语教学》2009 年第 3 期。
② 郭熙、林瑀欢：《明确"国际中文教育"的内涵和外延》，中国社会科学网，2021 年 3 月 16 日，https：//www.cssn.cn/skgz/bwyc/202208/t20220803_5461761.shtml。

际中文教学和海外华文教育。"①我们认为，两位作者的上述观点，以及就国际中文教育的内涵和外延提出的具体定义，对于对外汉语教学学科性质和名称的确定，对于国际中文的传播和发展无疑具有启示意义，值得国家有关部门和学界重视。

2. 汉外对比是题中之义

拉多肇始了对比语言学史上的现代对比分析时代。② 如前所述，拉多提出的对比分析教学法受到了广大外语教师的热烈追捧。一时间，对比分析理论可谓如日中天，似乎该理论一举解决了外语学习中的母语干扰问题。但是，人们很快发现，影响外语学习效果的因素极其复杂，对比分析把外语学习中的困难和错误主要(甚至全部)归咎于母语的干扰，显然是把复杂的问题简单化了。于是，学界主流的观点也发生了变化，认为对比分析法的预测能力和实际功效极其有限，而应该让位于基于认知心理学和普遍语法理论提出的偏误分析(error analysis)和过渡语(或称"中介语"，interlanguage)等二语习得理论。在这种舆论氛围下，对比分析理论于 20 世纪 60 年代末由盛转衰，跌入了低谷。但是，对比分析法并没有像一些批评者所指望的那样从此退出舞台，而是在经过一段时间的沉寂之后，又恢复了生机。詹姆斯即世界范围内对比语言学开始复苏的象征。作者坚持认为，尽管行为主义心理学已经被认知心理学替代，但是对比分析的理论基石仍然是迁移理论。③ 詹姆斯更是把对比分析和偏误分析视为两种共存互补的理论，认为对比分析/偏误分析具有自我修复的韧性，具有良好的发展前景。④ 如前所述，20 世纪 80 年代以后，对比语言学不断完善母语迁移和干扰等概念，在概念层面上取得了明显进展，比原来更为完善了。一些研究者对对比分析的核

---

① 郭熙、林瑀欢：《明确"国际中文教育"的内涵和外延》，中国社会科学网，2021 年 3 月 16 日，https：//www.cssn.cn/skgz/bwyc/202208/t20220803_5461761.shtml。

② Carl James：《对比分析》，青岛：青岛出版社，2005 年，第 8 页。

③ 同上书，第 11—25 页。

④ Carl James，"Don't Shoot my Dodo：On the Resilience of Contrastive and Error Analysis"，*International Review of Applied Linguistics in Language Teaching*，1994，Vol 32，No. 3，pp. 179‒200.

心概念——迁移和干扰,下了更为容易识别的定义。例如,奥德林(Terence Odlin)把迁移界定为"由其他任何先前已经(或许尚未完全)习得之语言与目的语之间的异同点所产生的影响"。[①] 埃利斯(Rod Ellis)在奥德林定义的基础上又做了改进,认为迁移现象有的可以量化,有的则体现为一般倾向或概率。[②] 奥德林基于前人以及他本人对不同母语的英语学习者过渡语的研究,得出了关于迁移的如下七点结论:(1)迁移发生于语言的所有子系统;(2)在非正式和正式语境中都会发生迁移;(3)迁移不但发生在成人中,也发生在儿童中;(4)语言亲缘关系的远近是影响迁移的一个因素;(5)语言类型因素会影响到迁移的可能性;(6)迁移有时会涉及异常结构(指类型上不普通的结构现象,如介词滞留);(7)非结构性因素(指某些个体差异,如语言熟练程度和读写能力)会影响到迁移的可能性。[③] 此外,随着外语学习理论的发展,研究者已不再满足于对迁移表层现象的分类和描述,而转向对迁移产生的深层机制做出解释。值得注意的一个新动向是,已有研究者从语言相对论的角度来考察二语习得过程中的迁移问题。例如,奥德林[④]、斯洛宾(Dan I. Slobin)[⑤]、贾维斯(Scott Jarvis)[⑥]、埃利斯[⑦]等都从人类的认知、概念层面挖掘语言迁移的本质,从而大大拓展了迁移研究的范畴和研究者的视野。

尽管几十年来外语学习理论在不断翻新,但是无论哪种理论,偏误分析也

---

① Terence Odlin:《语言迁移——语言学习的语际影响》,上海:上海外语教育出版社,2001年,第27页。

② Rod Ellis, *The Study of Second Language Acquisition*(*2nd edition*),Shanghai:Shanghai Foreign Language Teaching Press,2013,p. 351.

③ Terence Odlin:《语言迁移——语言学习的语际影响》,上海:上海外语教育出版社,2001年,第152—153页。

④ Terence Odlin, "Crosslinguistic Influence and Conceptual Transfer:What are the Concepts?", *Annual Review of Applied Linguistics*,2005,Vol. 25,pp. 3‐25.

⑤ Dan I. Slobin, "From 'Thought and Language' to 'Thinking for Speaking'", in John J. Gumperz & Stephen C. Levinson(eds.),*Rethinking Linguistic Relativity*,Cambridge:Cambridge University Press,1996,pp. 70‐96.

⑥ Scott Jarvis, "Conceptual Transfer:Crosslinguistic Effects in Categorization and Construal", *Bilingualism:Language and Cognition*,2011,Vol. 14,pp. 1‐8.

⑦ Rod Ellis, *The Study of Second Language Acquisition*(*2nd edition*),Shanghai:Shanghai Foreign Language Teaching Press,2013,pp. 366‐379,957.

好，过渡语也好，哪种理论也都无法否认迁移和母语干扰的客观存在，无法否认母语的干扰对于外语学习的重大影响。不少学者对此都有深刻的认识。例如，埃利斯认为，"迁移理论很可能也是关于外语习得的一般理论，因为一语的作用很难从影响习得发展的其他因素中分离出来"，他还指出，"现有确凿证据表明，一语是影响二语习得的一个主要因素"。① 又如潘文国把母语对于二语学习者的干扰和负迁移描述为"如影随形的存在"和"困扰外语教师挥之不去的梦魇"。② 梅尔（Christian Mair）也认为，"根据语言组织的水平以及学习者熟练程度的变化，二语习得过程中一语的干扰仍然是应用语言学和二语习得研究的一个明显的理所当然的假设。"③当然，毋庸讳言，历史的教训也值得记取，我们不能把一语的干扰因素强调过了头，因为"把迁移视为外语学习过程中唯一重要的因素无疑是很危险的，虽然一点也不比把它视为可以忽略的因素更危险"。④

对比分析理论的大起大落，以及世界范围内对比语言学的复苏并取得重要进展的历史，同样影响着我国的对外汉语教学界。1977 年，吕叔湘先生在北京语言学院发表了题为"通过对比研究语法"的著名演讲之后，我国对外汉语教学界迅即形成了汉英对比的热潮。随后一段时间内，不少知名学者和广大一线教师都积极参与，发表了大量偏重教学应用的汉英对比论文。这些论文不但涵盖了语音、词语、语法、语用等各个层面，有的还深入思维层面。其中尤以语法对比的文章影响最大，诸如陈刚《试论"着"的用法及其与英语进行式的比较》⑤、王还《英语和汉语的被动句》⑥、赵世开、沈家煊《汉语"了"字跟英语相应的说法》⑦、

---

① Rod Ellis，*The Study of Second Language Acquisition*，Shanghai：Shanghai Foreign Language Teaching Press，1999，pp. 335–345.

② 潘文国：《外语教学的发展呼唤强化对比研究》，《外语与外语教学》2017 年第 5 期。

③ Christian Mair，"Contrastive Analysis in Linguistics"，Oxford Bibliographies，22 Feb. 2018. DOI：10.1093/OBO/9780199772810-0214.

④ Terence Odlin：《语言迁移——语言学习的语际影响》，上海：上海外语教育出版社，2001 年，第 151 页。

⑤ 陈刚：《试论"着"的用法及其与英语进行式的比较》，《中国语文》1980 年第 1 期。

⑥ 王还：《英语和汉语的被动句》，《中国语文》1983 年第 6 期。

⑦ 赵世开、沈家煊：《汉语"了"字跟英语相应的说法》，《语言研究》1984 年第 1 期。

汤廷池《"原则及参数语法"与英华对比分析》①、胡明扬《汉语和英语的完成态》②、鲁健骥《"它"和"it"的对比》③等,影响所及,还扩大到了外语学界。此外,还出版了一批专著、教材和论文集,如王还《门外偶得集》④、王还主编《汉英对比论文集》⑤、熊文华《汉英应用对比概论》⑥、潘文国《汉英语对比纲要》⑦等。以上这些论著都对我国的对外汉语教学起到了积极的推动作用。

尤其是进入 21 世纪以后,随着对比分析理论的跌入低谷,以及各种二语习得理论的兴起,对外汉语教学界汉外对比研究的热情逐步消退,对比分析教学法也淡出了对外汉语教学的课堂。有观点认为,"汉外对比在教学中只能作渗透性、点拨性运用"。⑧ 但是,即使在上述背景下,仍不乏研究者和一线教师坚持对比分析的基本精神和方法,积极从事着对外汉语教学的理论探讨和具体的汉外对比研究。如邓守信基于教学语法和对比分析的迁移理论等提出了对外汉语语法点难易度评定的五项原则,即:(1)结构越复杂,困难度越高;(2)语义越复杂,语法点的困难度越高;(3)跨语言差距越大,困难度越高;(4)越不易类化者,困难度越高;(5)语用功能越强,困难度越高。⑨ 再如邓守信又进一步探讨"语法难易度"与跨语言差距的关系,并提出了两个假设:一是语言间的句法结构差距越大,对学习者而言,其结构的困难度越高;二是语言间的语义结构差距越大,对学习者而言,其结构的困难度越高。⑩ 以上"开拓性的研究,将汉语语法点难易

---

① 汤廷池:《"原则及参数语法"与英华对比分析》,《世界汉语教学》1990 年第 1—4 期;汤廷池:《"原则及参数语法"与英华对比分析(续完)》,《世界汉语教学》1993 年第 3 期。
② 胡明扬:《汉语和英语的完成态》,《语言教学与研究》1995 年第 1 期。
③ 鲁健骥:《"它"和"it"的对比》,《中国语文》1995 年第 5 期。
④ 王还:《门外偶得集》,北京:北京语言学院出版社,1987 年。
⑤ 王还主编:《汉英对比论文集》,北京:北京语言学院出版社,1993 年。
⑥ 熊文华:《汉英应用对比概论》,北京:北京语言大学出版社,1997 年。
⑦ 潘文国:《汉英语对比纲要》,北京:北京语言大学出版社,1997。
⑧ 卢福波:《语法教学的基本原则与操作方法》,《语言教学与研究》2008 年第 2 期。
⑨ 邓守信:《对外汉语语法点难易度的评定》,国家汉办教学处编:《对外汉语教学语法探索》,北京:中国社会科学出版社,2002 年,第 102—111 页。
⑩ 邓守信:《对比分析与语法教学》,中国人民大学对外语言文化学院编:《汉语研究与应用》(第二辑),北京:中国社会科学出版社,2004 年,第 49—59 页。

度的确定从经验型推向理据型,并且在研究思路和角度上提供了示范"。① 汉外对比方面,如陈晨运用对比分析方法对中高级汉语水平英语母语者的汉语作文在篇章衔接手段使用上的偏误进行定性定量分析,归纳了他们在使用语法衔接手段方面因受母语负迁移影响而出现的偏误。② 又如吴庄采用诱导产出和语法判断任务法考察了 34 名母语为英语的中、高级汉语学习者在习得汉语有定性表达手段中受母语负迁移影响的情况。③

对比语言学因对比分析理论跌入低谷而沉寂无闻,未几又东山再起并取得重要进展的历史,无疑为对外汉语教学的学科建设提供了十分重要的启示。这个启示就是,汉外对比昨日是,今后仍然是对外汉语教学的要素,因而也仍然是对外汉语教学学科建设的题中之义。

关于汉外对比对于对外汉语教学的重要性,王力、吕叔湘等前辈语言学家早有明确的论述。如王力先生曾反复强调对外汉语教学要"用一种比较的方法"④,并明确指出:"对外汉语教学,我认为最有效的方法就是中外语言的比较教学。要突出难点。所谓难点,就是中国人看来容易,外国人学起来困难的地方。无论在语音、语法、词汇三方面,汉语都有自己的民族特点。这些特点往往就是难点。必须让学生突破难点"⑤,"我们在教现代汉语时,要注意我们这个语言跟外语有什么不同"⑥。

但是,正如史有为指出的那样,"我们对教材教法的认识有一个过程,最初肯定是确立教学的'一般性'原则,尽可能通用于多个教学对象,以此区别于母语教学。深入实践之后,就会面临'国别性',会承认不同母语背景的'针对性'"。⑦

① 李泉:《对外汉语语法教学研究综观》,《语言文字应用》2007 年第 4 期,第 73 页。
② 陈晨:《英语国家学生中高级汉语篇章衔接考察》,《汉语学习》2005 年第 1 期。
③ 吴庄:《英语母语者习得汉语有定性表达手段的研究》,《语言教学与研究》2017 年第 6 期。
④ 王力先生在《语言教学与研究》创刊五周年座谈会(1984 年 6 月)上的讲话。
⑤ 王力先生在第一届国际汉语教学研究会(1985 年 8 月)上的讲话。
⑥ 王力先生在中国教育学会对外汉语教学研究会成立大会暨第一次学术讨论会(1983 年 6 月)上的讲话。方人:《王力先生和对外汉语教学》,《世界汉语教学》1991 年第 1 期。
⑦ 史有为:《新学科是怎样炼成的?——序〈施光亨文集〉》,中文知行,2023 年 5 月 3 日,https://mp.weixin.qq.com/s/PL6xcwssDaEi5zMOGTUpGA。

基于王力先生最初提出的语言"比较"的思路，施光亨根据现有的"教材没有或没有充分体现对外汉语教学的特点"，没有或"不大可能注意到学习者不同母语之间的区别"的状况，明确提出需要改变习惯模式，在中间插入"汉外比较"一个要素，即改成"对外汉语教学＝［汉语语言规则＋汉外比较］＋二语言教学法"的模式。① 而插入的汉外比较要素实际上也就体现了对外汉语教学的"国别化"原则，就是要重视学习者不同母语之间的区别，开展汉语同学习者母语的之间的对比研究。②

从对外汉语教材的通用到国别的变化开启了对外汉语教学的新模式。进入21 世纪以来，对外汉语教材的国别化已经成为一种趋势，市场上已经出现了多种对外汉语的国别教材，如北大版《对韩汉语口语教程》《泰国人学汉语》等。另如邢志群《国别化·对英汉语教学法：汉英对比分析》专门探讨对以英语为母语者的汉语教学理念。此书把对比分析和跨语言干扰视为"两个二语教学中最重要的原则"，并把它们"贯穿到汉语教学的各个环节（语音、语法、语篇、语言文化）"。③

对外汉语"国别化"原则的提出实际上也体现了对外汉语教学界学科理论意识的觉醒。④ 从对比语言学复苏后在母语迁移和干扰等概念层面上取得的进展情况来看，对外汉语教学学科建设要取得进展，就有必要加强汉外对比的理论研究，充分发挥汉外对比在汉语教学中的作用。除了恰当处理对比分析理论和其他外语学习理论的关系之外，最关键的就是要牢牢抓住母语干扰这一对比分析的核心概念，重视学习者不同母语之间的区别，深入开展汉语同学习者母语之间的对比研究，找出不同背景者汉语学习过程中的母语干扰因素，并将研究成果应用到课程设计、教材编写、课堂教学，以及练习和测试等汉语教学的各个环节中

---

① 施光亨：《关于对外汉语教学的可持续发展》，张德鑫主编：《对外汉语教学：回眸与思考》，北京：外语教学与研究出版社，2000 年，第 167—179 页。
② 史有为：《新学科是怎样炼成的？——序〈施光亨文集〉》，中文知行，2023 年 5 月 3日，https://mp.weixin.qq.com/s/PL6xcwssDaEi5zMOGTUpGA。
③ 邢志群：《国别化：对英汉语教学法——汉英对比分析》，北京：北京大学出版社，2011 年。
④ 史有为：《新学科是怎样炼成的？——序〈施光亨文集〉》，中文知行，2023 年 5 月 3日，https://mp.weixin.qq.com/s/PL6xcwssDaEi5zMOGTUpGA。

去。总之，对外汉语教学中如何使用对比分析法，得根据教学对象的母语背景、学习目的、教学环境、学习水平以及具体课型等各种因素综合考虑，这是对外汉语教学学科建设中一个值得深入探索的课题。

3. 加强对汉语自身的研究

前文提到，尽管几十年来我国的对比语言学在学科建设方面取得了不少成绩，但一方面由于对比语言学至今没有自己的成熟的学科理论，首先是没有公认的对比基础理论；另一方面也由于汉语研究还相对滞后，语法研究中的词、词类、句子成分、句子等基本问题还没有得到很好解决，一个公认有效的汉语语法体系还没有建立起来，这两方面的原因叠加起来，使得汉外对比往往难以找到一种可靠的对比基础。目前，从形式出发的汉外对比的通行做法，实际上仍然是把相同的语法术语作为对比基础。但是，"某个 TC 的跨语言适用性或者普遍适用性，绝对不是仅仅因为同一个语法术语在传统上既用来描述语言 A 的某个语言现象，也用来描述 B 的某个语言现象所能保证"。① "如果你没有几分自信，说自己已能正确识别每一种语言中的'主语'范畴，而且进行了主语的跨语言比较，那你也就无法跨语言地对主语的概念作出概括"。② 以汉英主语的对比为例。由于学界在汉语主语确定上的不同观点和多重标准，汉英主语的对比，一般都只是从"主语"这个名称出发，实际上也就是把主语的名称作为对比基础（TC），而回避对汉英主语的可比性从概念上进行深究。如刘宓庆虽然明确提出，就汉英对比而言，所谓"中间比较项"应该叫做"中间比较手段"（tertium means），而"这个手段就是功能"。③ 但是，书中在进行汉英主语对比的时候，首先就回避了主语何以能够作为汉英两种语言共有的语法范畴进行比较的问题。而他所谓的把功能

---

① Carsten Breul，"On the Foundations of the Contrastive Study of Information Structure"，in Carsten Breul & Edward Göbbel（eds.），*Comparative and Contrastive Studies of Information Structure*，Amsterdam/Philadelphia：John Benjamins Publishing Company，2010，p. 288

② 威廉·克罗夫特：《语言类型学与普遍语法特征》，北京：外语教学与研究出版社，2000 年，第 11 页。

③ 刘宓庆：《新编汉英对比与翻译》，北京：中国对外翻译出版公司，2006 年，第 51 页。

作为"中间比较手段"，实际上也不过是以英语主语的概念为参照，然后讨论英语主语的"功能"如何重要，汉语主语的"功能"如何没有英语那样重要，汉语主语"最普遍、最本质的特征……只是被陈述的话题"，等等。① 纵观作者的对比，与其说是把功能作为"中间比较手段"，还不如说主要是以英语为参照来谈汉语，因而得出的结论也就难以令人信服。由此可见，由于缺乏一个明确的 TC，汉英主语的对比就很难取得突破性进展。从而可以推断，如果汉语语法研究中的几个基本问题不能得到很好的解决，很大程度从形式出发的汉外对比也就很难摆脱目前的困境。

汉语语法研究的滞后同样制约着汉外对比分析法在对外汉语教学中的应用。例如，语法教学中，由于汉语语法研究至今没有就汉语主宾语的划分达成共识，汉语主语、宾语的划分便是十分让人头痛的事。你告诉学生"台上坐着主席团"是一句存现句，可以套用英语的倒装句式来分析，即"主席团"是"后置"主语，"坐着"是谓语，"台上"是前置的"处所状语"（与"On the platform were sitting the members of the presidium."比较）；也可以按照位置先后的标准来划分，即位于动词前的"台上"是主语，动词后的"主席团"是宾语。这样的分析，实际上变成了潘文国所批评的"贴标签的游戏"②，对于学习者了解和使用这种句式的使用规律并没有多大实际意义。因为汉语的存现句的使用与英语倒装句各有其使用规律，二者不能等量齐观，上述分析实有比附之嫌；而按照位置先后的标准来划分，"干脆倒是干脆，只是有一个缺点：'主语'和'宾语'成了两个毫无意义的名称"。③ 而且，好问的学生还会追问，按照施受关系或位置先后来划分主宾语，"主席团"可以分别划为主语和宾语，那像"书出版了""信写好了"这样的句子中，是把"书"和"信"分析为主语还是宾语呢？

上述列举的一些情况表明，无论是汉外对比的深入进行，还是汉外对比分析在对外汉语教学中的具体应用都还受制于汉语传统研究目前的水平。这就意味

① 刘宓庆：《新编汉英对比与翻译》，北京：中国对外翻译出版公司，2006 年，第 83—111 页。
② 潘文国：《换一种眼光何如？——关于汉英对比研究的宏观思考》，《外语研究》1997 年第 1 期。
③ 吕叔湘：《汉语语法分析问题》，北京：商务印书馆，1979 年，第 71 页。

着,无论是汉外对比研究,还是对外汉语教学,都有必要加强对汉语自身的研究。这也进一步提示我们,加强对汉语自身的研究乃是对外汉语教学学科建设的重要内容。在这一点上,对外汉语界的同仁都有切身的体会。如方人提出,"对外汉语教学深深植根于对汉语自身的研究中,汉语研究成果是对外汉语教学的坚实基础之一。……一个称职的、胜任的对外汉语教师,他们不能满足于背诵现成的结论;除了其它必要的理论知识、方法和经验外,必须具备比较广博的汉语知识和研究能力,才能得心应手地、游刃有余地完成对外汉语教学任务,也才能在教学中检验汉语研究的成果,发现新问题,解决新问题,促进对外汉语教学的不断发展,丰富汉语语言学的宝库。"①

事实上,对外汉语教师从事汉语自身的研究有着教本族人汉语的同行不能替代的有利条件。他们最了解那些在本族人看来容易,甚至是"习焉不察"的,而外国人学起来困难的地方,最了解外国学生学习的难点或者容易出现的偏误,包括那些汉族人意想不到的偏误。他们所了解的那些问题也正是隐藏着汉语结构规律、组合规律和应用规律的地方,是汉语研究最有用的课题。正是由于这一缘故,吕叔湘先生 1984 年就曾指出:"教外国学生汉语对我们的启发比教汉族学生更大,更容易推动我们的研究工作。"②

综上所述,对外汉语界的学者和一线教师固然要注重对外汉语教学的实践性,"从汉语作为外语或第二语言教学的角度来进行研究"③,但考虑到百年来汉语传统研究目前的水平,从提高教学效果着眼,从加强学科建设着眼,还很有必要加强对汉语自身的研究。金立鑫指出:"教师和教材是一般人很容易看到的表层平面。而教学法和汉语语言体系的解释才是教师和教材的灵魂。……如果没有好的汉语语言系统的理论解释就不可能有好的教学效

---

① 方人:《王力先生和对外汉语教学》,《世界汉语教学》1991 年第 1 期。
② 吕必松:《对外汉语教学学科理论建设的现状和面临的问题》,《语言文字应用》1999 年第 4 期,第 5 页。
③ 刘珣:《追随对外汉语教学事业 60 年——试论对外汉语教学事业和学科的发展》,《国际中文教育》(中英文)2021 年第 4 期。

果。"①我们认为:"好的汉语语言系统的理论解释"来自对汉语的结构规律、组合规律和应用规律的熟悉和掌握。对外汉语教师要做到这一点,仅仅借用汉语研究现成的成果是不够的,还得紧密结合自己的教学实践,亲身参与对汉语自身的研究。

《马氏文通》问世一百多年来,通过几代学人的艰苦探索和不懈努力,汉语语法研究取得了巨大的成绩。但是,我们也不能不看到,"从百年来的汉语语法史看,许多基本问题没有解决,而且历经讨论巍然如故","词、词类、句子成分、句子这四个基本概念是传统语法方法论的基础,也是当代一些语法理论的出发点",而"反观汉语语法研究,情况完全不同,传统语法的四大台柱——词、词类、主宾语、句子——一直难以确立"。② 事实上,词、词类、句子成分、句子等几个基本问题已成为汉语语法研究中的"老大难"问题。与此同时,中国语言学界在解决汉语语法研究的几个基本问题上的努力也从未停息过。其中,一批学者坚持在现行语言学理论框架之内深入探索,在以往研究的基础上不断深化、细化。另有一批学者则突破现行语言学理论框架,对现行汉语研究的理论体系进行深刻反思,努力探索汉语研究的革新之路,提出了若干革新的观点或理论。如徐通锵③和潘文国④的汉语字本位理论,杨成凯的汉语语法元理论分析⑤、史有为的"第一设置说"⑥、沈家煊的"名动包含说"⑦,以及沈家煊的"超越主谓结构"⑧等。值得注意的是,不同观点之间已经开始激烈碰撞和交锋,如陆俭明先生在首届语言学学术争鸣与理论创新研讨会(2023 年 4 月 15 日)上对沈家煊先生提出的"名动包含

① 金立鑫:《试论汉语国际推广的国家策略和学科策略》,《华东师范大学学报》(哲学社会科学版)2006 年第 4 期。
② 杨成凯:《汉语语法理论研究》,沈阳:辽宁教育出版社,1996 年,弁言、396、398 页。
③ 徐通锵:《语言论——语义型语言的结构原理和研究方法》,北京:商务印书馆,1997/2014 年。
④ 潘文国:《字本位与汉语研究》,上海:华东师范大学出版社,2002 年。
⑤ 杨成凯:《汉语语法理论研究》,沈阳:辽宁教育出版社,1996 年。
⑥ 史有为:《第一设置与汉语的实词》,潘文国主编:《英汉对比与翻译》(第二辑),上海:上海外语教育出版社,2014 年,第 40—70 页。
⑦ 沈家煊:《名词和动词》,北京:商务印书馆,2016 年。
⑧ 沈家煊:《超越主谓结构》,北京:商务印书馆,2019 年。

说"提出了尖锐的批评，而后者也在那次研讨会上对前者的批评做出了集中回应。① 我们认为，以上争论和交锋已经打破了国内学术研究缺乏批判和争鸣氛围的现状，非常有利于学术的进步，尤其能促进汉语语法研究中几个"老大难"问题的深入探索。对外汉语界的广大同仁要亲身参与对汉语自身的研究，正可关注这种不同观点的交流和讨论，以便从中得到启发，获得灵感，找到合适的研究课题；更不妨结合对外汉语教学的实践，积极参与这种不同观点的交流和讨论，为建设和发展汉语语言学做出贡献。

三、余　　论

2022 年 11 月，随着由国家语委参与共建的研究型基地"全球中文发展研究中心"在华东师范大学成立，"全球中文发展"的概念横空出世。这一概念显然有着比"对外汉语教学""国际汉语教育"或"国际中文教育"等名称远为丰富的内涵，因为它传递的理念是，"我们关心中文学，更要关心中文用，教的目的是为了用，在国际上怎么用，如何扩大中文在国际上的用途。……由关心'学中文'到关心'用中文'"，也就是"中文由'学习目的语'向'学习工具'发展以及整合中文资源"。② 而全球中文发展的宗旨则是为了服务于党的二十大提出的"增强中华文明传播力影响力。……讲好中国故事、传播好中国声音，……推动中华文化更好走向世界"的目标任务。

对外汉语教学在全球中文发展中扮演着举足轻重的角色。我们认为，为了让对外汉语教学更好地服务于全球中文发展，有必要加强对外汉语教学的学科

---

① 陆俭明：《谈谈现代汉语词类问题——顺便说说所谓名动分立和名动包含之说》，首届语言学学术争鸣与理论创新研讨会，2023 年 4 月 15 日。
　沈家煊：《为什么说汉语的动词也是名词——分歧在哪里》，首届语言学学术争鸣与理论创新研讨会，2023 年 4 月 15 日。

② 此处引用华东师范大学校长钱旭红的讲话，可参见记者陈静的报道《"全球中文发展研究中心"在上海揭牌》，中国新闻网，2022 年 11 月 19 日，https://www.chinanews.com/gn/2022/11-19/9898160.shtml。

建设。本文以对比语言学的学科建设为视角，从学科性质、汉外对比以及加强汉语自身研究三个方面讨论了对外汉语教学的学科建设问题。限于篇幅，文章主要从对比语言学学科建设中存在的问题出发展开讨论，而略去了其他可供对外汉语教学学科建设参考和借鉴的内容。例如，上文提到，对比语言学在过去几十年中取得的最重要的进展是与语料库语言学的结合。这一结合不仅促进了对比语言学自身的复兴和发展，而且还极大地推动了外语教学，尤其是学习者语料库（learner corpora）的研发，为二语习得领域的量化研究提供了新的途径，也为利用语料库进行课堂教学提供了新的方式。又如，语言对比和翻译研究好比是一对孪生兄弟，如影随形，难分难离。事实上，两者之间存在着很强的互补性。最近三十多年来，对比研究和翻译研究都因使用了语料库方法而得到了很大的发展。在此背景下，有学者提出，有必要重新审视对比研究和翻译研究两门学科的关系，并主张把翻译对等作为基于语料库的对比分析的对比基础。这样，对比分析就可以为翻译研究在广泛的范围内提供基本数据，而运用语料库方法的翻译研究也可以为对比语言学在各个方面提供新的语言事实。[①] 我们认为，无论是从加强对外汉语教学的量化研究以及优化对外汉语课堂教学的方式考虑，还是从提高汉外翻译水平、讲好中国故事、传播好中国声音，从而扩大中文在国际上的用途着眼，以上两个方面都是对外汉语教学学科建设值得借鉴的重要内容。

任何学科的建设和发展都不可能一蹴而就，都需要经历一个漫长而艰难的过程。对比语言学如此，对外汉语教学也不例外。展望未来，相信对外汉语教学的学科建设在过去几十年已经取得了不少成果和经验的基础上，在海内外同仁的积极参与下，一定能够更上一层楼，取得更为显赫的成就。

---

①   Noelia Ramón García, "Mapping Meaning onto Form: A Corpus-based Contrastive Study of Nominal Modification in English and Spanish", 王菊泉选编：《语言对比》，上海：上海外语教育出版社，2019 年，第 341—368 页。

The Disciplinary Construction of Teaching Chinese as a Foreign Language as Seen from Contrastive Linguistics

WANG Juquan

College of Foreign Languages，Shanghai Maritime University

Abstract

In the course of global development of the Chinese language，Teaching Chinese as a Foreign Language plays a decisive role. Naturally，its disciplinary construction has drawn due attention from all those working in the field. This paper，in the perspective of contrastive linguistics，addresses three issues concerned：namely，discipline nature and its naming，comparison between Chinese and foreign languages，and studies of the Chinese language itself.

Keywords

disciplinary construction；teaching Chinese as a foreign language；contrastive linguistics；nature and naming of discipline；contrastive studies of Chinese and foreign languages；studies of the Chinese language itself

再说中文第二语言文字教育中的分裂问题：国际中文教育史上"缺失之环"——德范克 [*]

[法] 白乐桑 [**]

提要： 美国中文教育家约翰·德范克编写的系列中文教材作为中文教育学科"二元论"教材代表，在国际中文教育历史上曾占有重要地位。然而，在中国主流的"一元论"教学观念下，德范克成为了国际中文教育史上的"缺失之环"。本文以德范克系列教材为研究对象，深入挖掘其中蕴含的"二元论"中文教学观，包括"语""文"分进、以"字"作为最小教学单位之一、以"字频"作为选字标准、注重"字"的构词能力、注重"字"和"词"的复现率及提供"字"的助记办法这六点。通过对这些"二元论"观点的分析，旨在弥补中国国内对德范克贡献的认知空白，为"二元论"在国际中文教学领域的应用提供研究范例。

关键词： 德范克；德范克系列教材；中文教材；二元论；国际中文教育

---

[*] 湖南师范大学罗恬颖硕士对此文做了专业而细致的审校和整理工作，特此感谢！

[**] 白乐桑（Joël Bellassen），法国巴黎东方语言文化学院中文系教授，欧洲首位汉语教学法博士学导师，法国汉语教师协会创始人及荣誉会长，法国国民教育部首任汉语总督学，欧洲汉语教学协会会长。

献　词

谨以此文献给尊敬的潘文国教授

潘文国教授的学术成就享誉世界，卓越不凡。在汉语语言学的教学与研究领域里，他是我崇敬的师长。我特别钦佩的是他的探索精神，和他关于中国文字本质的深入思考。本人认为国际中文教育的范式有待彻底改变，而改变的基点在于我们必须对汉字的独特性有清楚认识，同时认可它多维度的性质。在这一根基问题上，潘文国先生功不可没。他对汉字独特性的深入研究，使整个汉语语言学和教学法领域的学者都受到启发。潘文国先生认为，汉语的基本单位是"字"，汉字是汉语之魂。他精辟地论述了汉字的多元观，认为汉字应"满足四个条件，即天然单位、民族认识世界的基本单位、语言各平面研究的交汇点、语法上承上启下的枢纽位置"。① 他深刻意识到中文的独特性以及它与中文教育之间的关系。他说"一百年来，我们是在用教外语的方式教母语"，他还认为"汉语与印欧语言判别的起点在字和词上，由此造成了不同的语言研究发展史和不同的语言教学法的传统。如果不想清楚这一点，还是指望继续沿着西方语言理论和语言教学法模式，以为可以解决汉语教学碰到的问题，恐怕是要落空的。"

在我眼里，潘文国先生是一位严格意义上的知识分子。他思想开放，视野广阔，勇于独立思考，他坚持"强调'求异'的研究方向"②。潘文国先生的著作反映了他是一位多语主义学者，一直重视语言的比较，并强调语言哲学视角的重要性。

在 1985 年第一个基础教育中汉字门槛的发布后，我提出了"门槛阶段"作为现代语言教学法基本概念应用于汉字本身必要性的观点。后来我又提出关于

---

① 潘文国：《"字"与 Word 的对应性（上）》，《暨南大学华文学院学报》2001 年第 3 期，第 42 页。
② 王骏：《字本位与对外汉语教学》，上海：上海交通大学出版社，2009 年。

"汉字门槛"，以及 1997 年首次提出的"中文作为第二文字教学论"的建议，甚至包括法国教育部 2002 年首次发布的汉字能力的思考理念，都与潘文国先生的思路相吻合。

一、引言：德范克非凡的汉语人生

约翰·德范克（John DeFrancis，1911—2009）是美国著名中文教育家、中文教材编写者、中文词典编纂者，夏威夷大学荣誉教授。1933 年他从耶鲁大学毕业并获得经济学学士学位，随后以商业活动为目的，开启了在中国为期三年的中文学习和冒险之旅。1935 年他跟随成吉思汗的足迹穿越蒙古和中国西北部，这段探险经历后来被详细记录成《追寻成吉思汗足迹》（*In the Footsteps of Genghis Khan*，1993）一书。"在语言传播与二语习得过程中，'距离'不仅是一个地理概念，更是一个特殊而重要的语言指标"[1]，从德范克的汉语学习之路来看，反映了其追求"远距离"的个人特征。

1936 年德范克结束三年的中国之旅回到美国（直到 1982 年才再次访问中国），随后进入主修中文的研究生阶段。同年成为耶鲁大学创建的中国研究计划的第一位博士研究生[2]，后转入哥伦比亚大学攻读汉学博士课程，并于 1948 年获得哥伦比亚大学博士学位。其博士论文《民族主义与中国的语言改革》（*Nationalism and Language Reform in China*，1950）由普林斯顿大学出版社出版，该书"为约翰后来所有关于汉语的书籍和文章奠定了基调"[3]，在首版后多次再版，至今仍被很多研究者参考。

1947 年德范克担任约翰霍普金斯（Johns Hopkins University）大学国际关系学院的助理教授，在接下来的三十年里他在美国多所大学任教，专注于汉语研

---

① 白乐桑、宇璐：《法国中文传播中语言距离与中文学习动机——基于史实的考察和实证分析》，《国际汉语教育史研究》2020 年第 2 期，第 1—12 页。

② Victor H. Mair，"John DeFrancis，August 31，1911，January 2，2009"，*Journal of Chinese Linguistics*，2009，Vol. 37，No. 1，pp. 184‑186.

③ ibid.

究。1961 年底被西东大学（Seton Hall University）远东研究院院长（the Institute of Far Eastern Studies）祖炳明（John B. Tsu, 1924—2005）聘为中文研究教授①，并着手编写了本文重点关注的德范克系列教材（The DeFrancis textbook series）。1966 至 1976 年在夏威夷大学（University of Hawaii）担任中文教授，1966 至 1978 年任《中文教师协会学术杂志》（Journal of the Chinese Language Teachers Association）副主编。②

德范克在汉语领域取得丰硕的研究成果，著有几十部关于中国语言文字的专著和数十篇相关论文。他主要专注于中文教学和汉语社会学研究，下文将重点介绍德范克在国际中文教育中做出的重大贡献——编写系列中文教材及其"二元论"的中文教学观。其次，在汉语社会学研究上，他的代表性著作有《中国语言：事实与幻想》（The Chinese Language: Fact and Fantasy, 1984）、《看得见的言语：不同文字系统的同一性》（Visible Speech: The Diverse Oneness of Writing Systems, 1989）等。此外，德范克晚年的重要项目是主编《ABC 汉英词典》。

二、德范克教材及其教学观在中国的接受

德范克编写的系列中文教材是其对国际中文教育最大的贡献，这套教材在 20 世纪七八十年代对美国和其他国家的汉语教学领域产生了巨大影响。③ 是当时美国主流的中文学习课本，备受西方汉学者的推崇。在法国，德范克系列教材也受到了认可，早在 20 世纪 70 年代就被著名法国中文教育家戴千里（Patrick Destenay, 1938—1982）引进为法国普罗旺斯大学（The Université de Provence

---

① 陈东东：《汉语在美国的传播历史——纪念美国中文教学界三位巨匠》，《汉语国际传播研究》2013 年第 2 期，第 16—27、187—188 页。
② 参见 https://wenlin.com/zh-hans/jdf。
③ Victor H. Mair, "John DeFrancis, August 31, 1911 - January 2, 2009", Journal of Chinese Linguistics, 2009, Vol. 37, No. 1, pp. 184 - 186.

in Aix-en-Provence)中文系的主教材，德范克在教材第二版的致谢部分特意提及；①到了 80 年代，德范克系列中文教材在法国的反响变得更大。这充分体现了德范克系列教材在国际范围内的受欢迎程度，及其在多元文化和多语言环境中的适用性。

中国国内对德范克教材及其教学观的接受与国外相反，学术界和教育界的相关研究寥寥无几。以"德范克"（及同义词"狄佛朗西斯"）作为主题词，检索知网发现仅有 14 篇文献②，其中只有 6 篇涉及德范克教材的研究，其他文献主要关注德范克编写的《ABC 汉英词典》；且这 14 篇中均未见详细研究的硕博学位论文，只有篇幅较短、内容较为浅显的期刊文献。德范克教材的实际影响力与中国国内学术界反馈的非对称性，成为国际中文教育的盲点及非对称现象之一。

国际中文教育在中国国内和国外呈现出如下显著的非对称现象。首先，从学科诞生角度看，汉语二语教育作为正式教学活动，1814 年便在法国开始了，以法国汉学家雷慕沙(Jean-Pierre Abel-Rémusat，1788—1832)1814 年受命主持法兰西公学院(Collège de France)的第一个汉学讲席"汉·鞑靼·满族语言和文学讲座"(Langues et littératures chinoises et tartares mandchoues)为标志。且法国早在 1958 年开始了中学阶段的汉语课程，1968 年纳入高考；相较之下，中国国内对外汉语教学学科的建设则起步较晚，直到 1978 年吕必松首次提出将对外国人的汉语教学作为学科来建设。其次，从国际中文教学理念来看，中国国内主流是以"词"作为本位的"一元论"中文教学理念；而法国等国则采用"二元论"中文教学理念，"字""词"兼顾，且特别注重"字"这个中文教学的独特单位。最后，在对"二元论"教材的认知和研究方面，中国国内几乎只知道白乐桑(Joël Bellassen，1950—)的《汉语语言文字启蒙》(*Méthode d'Initiation à la Langue et à l'Ecriture Chinoises*，1989)，但更早出版的德范克系列教材在中国学术界处于边缘地位，甚至默默无闻，与其在美国及其他国家中文教育领域的巨大影响形成鲜明对比。

---

① John DeFrancis，*Beginning Chinese Reader*，New Haven/Connecticut：Yale University Press，1966，p. 11.
② 检索日期：2024 年 1 月 18 日。

德范克系列教材在中国学术界研究非常少，以下对仅有的 6 篇德范克教材研究的文献进行简单综述。最早关注到德范克的文章可追溯到 1980 年，鲁健骥翻译的《美国汉语教学综述》①提到美国使用最广的基础汉语教材是德范克的《初级汉语课本》（*Beginning Chinese*），但该文并未深入探讨德范克系列教材。首次对德范克教材进行详细研究的是盛炎，他指出德范克教材受到当时美国结构主义语言学的影响，并总结出了德范克教材重视口语、字词复现率高、练习量大等四个主要特点；然后，盛炎过于简单地将德范克教材的编写原则归结为结构主义，未充分理解德范克注重汉语及中文教学的独特性。② 随后几十年，对德范克教材的研究主要集中于在美教师，其中陈东东的研究③较为详细，她任职的西东大学是德范克当时编写中文教材的所在地，拥有丰富的一手资料；但她仅从德范克教材对生字和生词处理角度来验证其教学理念的优势，未从更宏观的维度分析德范克的"二元论"中文教学观。此外，中国本土学者王蕾延续陈东东的研究思路④，但同样是从字词复现率等维度评估德范克阅读教材，并未对"二元论"中文教学观进行综合性分析。

从上文对德范克教材研究的综述来看，德范克教材及教学观在中国学术界并没有受到应有的重视。在德范克著作的接受方面，注意力主要集中在结构主义语言学对其教材编写的影响，使之将教材划分为拼音本和汉字本两版；并强调德范克教材对练习的重视，使得整套教材呈现出较高的字词比和复现率。然后，目前尚无研究深入认识到中国国内主流的北语模式，而只是把汉字当成口头语言的书写符号，反而是德范克将"字"视作独立于"词"的表意单位、构"词"单位和具有一定频率的单位。这也表明中国国内研究对于德范克的"二元论"中文教学观存在一定的盲点，未能充分认识他对语言和文字之间特殊关系的关注。因此，

① 理查德·T. 汤姆逊、鲁健骥：《美国汉语教学综述》，《语言教学与研究》1980 年第 4 期，第 12—20 页。
② 盛炎：《评狄佛朗西斯的汉语教材》，《世界汉语教学》1989 年第 2 期，第 121—127 页。
③ 陈东东：《汉语在美国的传播历史——纪念美国中文教学界三位巨匠》，《汉语国际传播研究》2013 年第 2 期，第 16—27、187—188 页。
④ 王蕾：《德范克系列阅读教材字词复现率及文本难度考察——兼议汉语教材评估中科学性的衡量》，《汉语国际教育学报》2020 年第 1 期，第 132—146 页。

我们有必要深入研究德范克教材所反映的"二元论"中文教学观,以恢复德范克在国际中文教材历史上应有的地位,以期更全面地理解其对国际中文教育的历史性贡献。

三、德范克教材反映的"二元论"中文教学观

德范克系列教材的雏形可追溯到他在耶鲁大学任教期间参与编写的《初级汉语课本》(*Beginning Chinese*,1946)。该教材最初创作于1943至1944年间,以布龙菲尔德(Leonard Bloomfield,1887—1949)的"听说法"(Audiolingual Method)为理论基础,采用耶鲁拼音来替代汉字,是"美国第一套使用汉语拼音的教材"①。1961年,祖炳明所在的西东大学远东研究院为德范克编写中文教材提供充分的资助。在此背景下,德范克以1946年版的《初级汉语》为蓝本,逐步发展出一套9册的系列中文教材(表1)。

表1　德范克系列中文教材

会话系列 CONVERSATION SERIES	《初级汉语课本》(简称 BC) (*Beginning Chinese*,1963)	《初级汉语课本汉字本》(简称 CTBC) (*Character Text for Beginning Chinese*,1964)
	《中级汉语课本》(简称 IC) (*Intermediate Chinese*,1964)	《中级汉语课本汉字本》(简称 CTIC) (*Character Text for Intermediate Chinese*,1965)
	《高级汉语课本》(简称 AC) (*Advanced Chinese*,1966)	《高级汉语课本汉字本》(简称 CTAC) (*Character Text for Advanced Chinese*,1966)
阅读系列 READING SERIES	《初级汉语阅读》(简称 BCR) (*Beginning Chinese Reader*,1966)	
	《中级汉语阅读》(简称 ICR) (*Intermediate Chinese Reader*,1967)	
	《高级汉语阅读》(简称 ACR) (*Advanced Chinese Reader*,1968)	

---

① 盛炎:《评狄佛朗西斯的汉语教材》,《世界汉语教学》1989年第2期,第121—127页。

上表显示，德范克系列中文教材分为"会话"和"阅读"两大系列。其中，"会话系列"进一步细分为拼音本（Transcription Version）和汉字本（Character Version）；"阅读系列"则是"会话系列"的配套读本，在内容编排上两者有密切关联。总体而言，有机衔接的 9 册德范克系列中文教材为学生提供了全面、渐进、实用的学习体验，有助于培养学生综合运用汉语的能力。

国际中文教学"二元论"即承认中文教学包含"字"和"词"这两个最小单位，在这一教学理念下，"字"主导书面语言（"文"），而"词"支配口头语言（"语"），"字""词"兼顾、"语""文"分进。德范克系列教材作为一套典型的"二元论"教材，从多个方面充分体现了这一中文教学理念，下文将从六大方面详细论述。

1. "语""文"分进，以"语"促"文"

德范克在 20 世纪 40 年代开始编写《初级汉语课本》，当时美国汉语教学普遍采用"听说法"教学。德范克以"听说法"代表人物布龙菲尔德提出的"口语先于文字，口语跟文字分开教学"等理论为教材编写的原则[①]，在会话系列（Conversation Series）教材中明确设计了"语"和"文"两个版本，即拼音本和汉字本。例如 BC 全部采用拼音编写，而 CTBC 则全部用汉字编写。这两个版本的内容同步对应、互为补充，为学生提供了灵活选择的学习路径。

在 BCR 的第一版前言中，德范克明确提出了编写该教材的第一个理念——"语""文"分进、以"语"促"文"。他认为更有效的阅读是——在开始学习阅读前就掌握了口语，通过口头训练来促进阅读能力的提高。这一理念源于他与一语学习者的对比研究[②]，他发现汉语母语者在学习阅读之前已经充分掌握了口语。例如，学龄前儿童在学会阅读之前先学会了使用口语进行交际，这为后续的书面语学习奠定了基础。在该书导读"中文阅读问题"（Problems in Reading Chinese）的第二小节"掌握语言"（Command of the Language）部分，他总结了当时大部分专家的观点，即最快、最有效地实现良好中文阅读目标的方法是——首

---

① 盛炎：《评狄佛朗西斯的汉语教材》，《世界汉语教学》1989 年第 2 期，第 121—127 页。
② John DeFrancis，*Beginning Chinese Reader*，New Haven/Connecticut：Yale University Press，1966，p. 26.

先学习一定数量的口语。因此,他强调了中文的"阅读学习应该在口语学习之后"①这一重要观点。

基于"语""文"分进、以"语"促"文"的理念,初级阶段的三本教材学习顺序的设计是:(1)先学习 BC,确保口语基础的牢固,学生就能够在阅读之前建立起对语言基本结构和语音的熟悉度;(2)将 CTBC 作为自学教材,通过 BC 的口语学习后学生能够更深入地理解词汇、语法等语言结构,再自主学习同样内容的汉字版教材,加快汉字学习速度,就能更好地应对汉语书面表达;(3)BC 和 BCR 互相对应、互为补充来学习,下图(图 1)展示了 BC、BCR、CTBC 这三套教材内容之间的对应关系,三套教材按照一定的顺序互相配合学习,有助于学生更好地理解和运用所学的汉语知识,全面提升学生的语言技能。

BCR	and	CTBC	after	BC		BCR	and	CTBC	after	BC
1-3						13-18		13		13
4		1		1		19-24		14		14
5-6		2		2		25-30		15		15
		3		3		31-36		16		16
7		4		4		37-42		17		17
8		5		5				18		18
		6		6		43		19		19
9		7		7		44		20		20
10		8		8		45		21		21
		9		9		46		22		22
11-12		10		10		47-48		23		23
		11		11				24		24
		12		12						

图 1　BC、BCR、CTBC 这三套教材课文内容之间的对应关系

2. 以"字"作为最小教学单位之一,"字""词"兼顾

BCR 教材的课文体例体现了德范克以"字"作为最小教学单位之一的原则,

---

① John DeFrancis, *Beginning Chinese Reader*, New Haven/Connecticut: Yale University Press,1966,p. 27.

注重"字""词"兼顾的"二元论"教学理念。常规课文的体例是：生字（New Characters）—组合词（Special Combinations）—练习（Exercises），每一课都采用先列出生字的形式。以第 5 课为例（图 2），该课开头以毛笔字形式展示了"白""高""先""生""不""是""中""美""英""国"这 10 个生字，并为每个生字提供拼音和基础英文释义。随后的组合词板块列出了 4 个新词，"中国""美国""英国""先生"（图 3），是根据上文学习的生字组合而来，同样给出每个词的拼音和基础释义。

Lesson 5

1. 白 bái (1) white；(2) (a surname)
2. 高 gāo (1) tall, high；(2) (a surname)
3. 先 xiān* first
4. 生 shēng (1) give birth to；(2) be born；(3) (suffix used in terms referring to scholars)
5. 不 bù not, no
6. 是 shì be, is, are
7. 中 zhōng* middle
8. 美 měi beautiful
9. 英 yīng* brave
10. 國 guó country, nation
11. 馬 mǎ (a surname；see lesson 3)
12. 毛 máo (a surname；see lesson 2)
13. 田 tián (a surname；see lesson 3)

图 2　BCR 第 5 课的第一部分"生字"

Lesson 5

Special Combinations

1. 中國　Zhōngguo　China
2. 美國　Měiguo　America, the United States
3. 英國　Yīngguo　England
4. 先生　xiānsheng　(1) gentleman；(2) teacher；(3) Sir；(4) Mr.

图 3　BCR 第 5 课的第二部分"组合词"

德范克在编写教材时重视汉字，不只是将其视为记录语言的书写符号，而是具有丰富内涵的最小教学单位之一。他不仅在每一课的开头列出汉字，还在附录中系统地汇总了与汉字相关的知识，包括有关汉字书写的内容（如笔顺、笔画等），以及整本教材涉及的所有生字的笔顺表等。这是承认了国际中文教学中"字"也是最小教学单位之一，与当前国际中文教学主流的"词本位"理念不同，德范克的教学理念显示出了超越时代的特质。通过这种教材设计方式，学习者在学习每个生字的同时，也能够了解这些字如何组合成实际应用中的词汇，从而更全面地理解"字"和"词"之间的关系。这种"字""词"兼顾的教学方式有助于学生更好地掌握汉字和词汇，为进一步的中文学习打下坚实的基础。

3. 以"字频"作为选字标准

德范克将汉字当成严格意义上的语言教学单位，根据"字频"在 BCR 教材中选择了 400 个生字进行教学（图 4）。这里的"字频"计算并非主观猜测，而是"基于中国一般文学作品中出现的汉字的真实统计"[1]。关于"字频"的统计，德范克主要参考了中国最早的汉字字量科学研究——《语体文应用字汇》(1928)。《字汇》由中国著名儿童教育家陈鹤琴(1892—1982)主编，主要为基础阶段的汉语教学服务，曾作为陶行知、朱经农编写《平民千字课》的用字依据。[2]《字汇》对初级阶段的幼儿、小学语文课文编写具有建设性意义，客观上促进了中国识字教育的

---

[1]　John DeFrancis，*Beginning Chinese Reader*，New Haven/Connecticut：Yale University Press，1966，p. 20.

[2]　陈鹤琴：《语体文应用字汇》，《语料库语言学》2014 年第 1 期，第 94—102、113 页。

发展。此外，它的影响也远超过儿童教育领域，《字汇》出版 60 年后还成为中国国家语委发布的《现代汉语常用字表》(1988)的统计数据来源之一。[①] 按照近百年后的最新汉字评估标准《国际中文教育中文水平等级标准》(GF0025 - 2021)，德范克在 BCR 中选择的 400 字中有 384 个属于最常用的初等汉字（即一级/二级/三级汉字），占比高达 96％，可见德范克参考的《字汇》在今天仍不过时。

BCR400字表-按课文顺序排序																					
L1	人	刀	力	口	土	大	女	子	小	山	L25	半	点	钟	必	得	跟	事	业	往	宝
L2	工	心	手	日	月	木	毛	水	火	牛	L26	别	才	当	应	该	每	差	更	教	朝
L3	田	目	见	角	言	车	长	门	马	鱼	L27	病	贵	姓	吃	饭	馆	或	者	谈	代
L4	我	你	他	们	好	都	很	也	吗	呢	L28	定	告	诉	如	果	飞	机	意	思	价
L5	白	高	先	生	不	是	中	美	英	国	L29	客	气	喜	欢	问	简	单	票	员	元
L7	一	二	三	四	五	六	七	八	九	十	L31	把	出	进	回	内	拿	但	远	只	册
L8	书	钱	文	多	少	这	那	本	块	的	L32	作	做	直	真	跑	快	慢	错	录	版
L9	会	说	话	没	有	还	就	两	什	么	L33	借	介	绍	始	完	朋	友	共	音	社
L10	能	想	要	看	念	学	买	卖	太	姐	L34	老	忘	希	望	极	级	而	且	听	编
L11	比	写	字	典	地	图	几	个	张	外	L35	父	母	亲	男	孩	子	妹	岁	功	著
L13	些	为	所	以	虽	然	可	了	儿	报	L37	等	像	些	怎	样	句	房	公	园	纪
L14	家	校	城	边	在	上	下	里	头	海	L38	分	黑	红	位	左	右	府	久	治	
L15	店	远	近	东	西	南	北	离	湖	河	L39	电	影	奇	怪	昨	认	识	站	久	治
L16	从	到	来	去	走	坐	船	路	里	华	L40	拜	访	星	期	与	趣	信	将	够	理
L17	第	次	号	条	今	明	天	年	又	民	L41	王	找	毕	住	旅	行	和	结	婚	论
L19	用	给	对	过	最	前	后	时	候	初	L43	随	便	件	历	史	除	特	着	故	数
L20	方	法	研	究	语	百	千	万	开	主	L44	提	题	演	部	打	院	刚	起	全	种
L21	懂	书	活	叫	请	问	谁	现	名	古	L45	计	觉	较	算	验	汉	自	己	练	习
L22	早	晚	难	容	易	再	知	道	原	省	L46	处	短	发	关	声	同	于	越	注	正
L23	科	课	考	试	已	经	表	常	夫	系	L47	记	轻	重	平	安	带	化	京	面	让

图 4　BCR 根据字频选出的 400 字表

《字汇》所参考的"一般文学作品"包括当时的六大类出版物：儿童著作、新闻报纸、杂志、小学生课外著作、古今小说及其他杂类著作（包括《圣经》等）。陈鹤琴和其助手 9 人历经数年手动搜集了 55 万多字符的语料，并从中提取出 4 261 个不同的汉字，得出"汉字的排序与相对频率成反比"的结论。德范克正是以此结论为教材选字依据，他注意到《字汇》中最常用 400 个汉字占所有"一般文学作品"语料字符的 73.1％，这个数据成为他在初级汉语教材中选择 400 个高频汉字的理论依据。

---

① 陈原：《系统整理汉字的一个里程碑——谈常用字表的制定》，《语文学习》1989 年第 3 期，第 2—3 页。

德范克将《字汇》中的汉字字频数据用图表归纳（图 5），并以"阅读系列"的三本教材包含的汉字量与陈鹤琴的统计对照（图 6）。德范克提到每一个选入系列中文教材中的汉字都与《字汇》进行了核对，但从下图（图 6）明显看出所占比例和《字汇》有出入——BCR 中包含的 400 个汉字占陈鹤琴统计的全部语料字符的 68.2%，ICR 和 ACR 也分别使用 400 个不同的汉字，但所占比例提高到了85% 和 90%，这是因为他并非机械地照搬《字汇》。德范克认为《字汇》是完全根据中文母语者的阅读习惯制定的，而作为西方汉语教材的编写者，他综合考虑了西方汉语学习者的阅读问题。比如，他提到在文言文阅读中使用频率高的字，对

number of different characters	order of frequency	per cent of total text	cumulative per cent of total text
400	1- 400	73.1	73.1
400	401- 800	12.4	85.5
400	801-1200	5.8	91.3
400	1201-1600	3.3	94.6
400	1601-2000	1.9	96.5
400	2001-2400	1.0	97.5
2319	2401-4719	2.5	100.0

图 5　BCR 前言部分归纳出的《字汇》中的字频

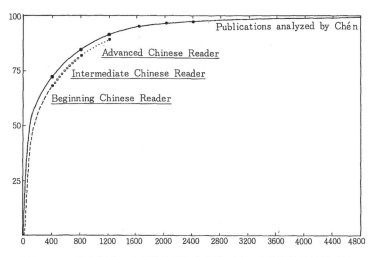

图 6　BCR 前言部分三本阅读教材和陈鹤琴《字汇》中的统计的数据对照

于欧美学生来说属于高阶汉语，应该放在后面来学；一些中文相对低频的字，如作为书的单位的"编"（edit）、"册"（volume）、"部"（part）等，当时的西方汉语学习者很感兴趣，因此优先选择这些"低频"汉字编入 BCR 中。①

"二元论"教材以"字频"作为选字标准也符合外语教学中的"经济原则"，有助于提高学生学习效率。选择这些高频汉字作为学习重点，能够确保学生首先掌握最基础、最常用的汉字，为更高层次的语言学习打下坚实基础。

4. 注重"字"的构词能力

尽管德范克在 BCR 中仅选择了 400 个有限的生字，但通过这些生字的灵活组合，整本教材涵盖了 1 250 个不同的组合词。这就是德范克编写 BCR 教材的一个突出的特点——应用了汉字的"可变性原则"（the permutability principle），即汉字能以多种不同的方式组合成复合词。以周健的研究来形象说明"可变性原则"②，他通过对"牛""猪""羊""鸡"4 个字与"公""母""肉"3 个字进行组合排列，用 7 个汉字构成了约 20 个不同的组合词，但在英文中则需要 20 个不同的单词。德范克在整套教材的编写中巧妙应用汉字的"可变性原则"，在高频"字"的基础上变化出更多的"词"，实现了选"字"在先、构"词"在后的"二元论"教学理念，通过有限的生字学习更多的汉语组合词。

上文提到 BCR 每篇常规课文都遵循"生字—组合词—练习"的体例，每课所列出的组合词都限制在同一课或前几课所介绍的生字组成。以第 8 课为例，该课有"文""本""多""少"等 10 个生字（图 7），随后的组合词有"多少""日本""日文""中文""英文"这 5 个（图 8）。可见，"多少"这一组合词是由同一课文中的生字复合而成；而"日文""日本"是由第 3 课的生字"日"和本课的生字"文""本"组合而成；"中文""英文"则是由第 5 课的生字"中""英"组合本课生字"文"而成的复合词。这种组合方式巧妙地利用了已经学过的生字，强调了生字的复现和构

---

① John DeFrancis，*Beginning Chinese Reader*，New Haven/Connecticut：Yale University Press，1966，p. 20.

② 周健：《分析字词关系　改进字词教学》，《语言文字应用》2010 年第 1 期，第 97—105 页。

词应用,有助于学生更深入地理解和掌握这些汉字。

Lesson 8

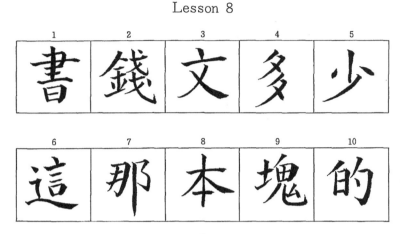

图 7　BCR 第 8 课的生字

Lesson 8　　　　　　　　Special Combinations

1. 多少？ duōshao？　how many？how much？
2. 日本　Rìběn　　　Japan
3. 日文　Rìwén　　　Japanese (language and literature)
4. 中文　Zhōngwén　Chinese (language and literature)
5. 英文　Yǐngwén　　English (language and literature)

图 8　BCR 第 8 课的组合词

德范克之所以如此注重"字"的构词能力,源于他注意到西方汉语学习者在阅读中文时的难点之一——掌握单个汉字丰富的用法和含义。只有充分掌握了,学生才能理解中文文本的组合词,进而领悟句意及整段文本的意思,这正是熟练阅读中文的基础能力。因此,德范克在中文教学中贯彻"经济原则",即在学习有限但最常用的汉字基础上,深入掌握汉字在不同组合词和语境中的用法,从而帮助学生建立阅读语感,提高汉语阅读水平。在编写教材时,德范克首先系统地梳理了所学汉字的所有可能组合词,但在实际编写时,他只选择了其中最重要、最常用的几个,体现了德范克在教学设计中不仅关注"字频"而且注意"词频"的理念。

为了验证德范克系列教材的编写采用"二元论"的优势,将其三套阅读教材与美国主流的"一元论"系列教材《中文听说读写》（*Integrated Chinese*）①进行对比，比较维度包括生字量、组合词量、字词比及总字量。其中德范克教材的数据来自三套阅读系列教材的前言，《中文听说读写》四套教材的数据则参考了"国际中文教学指南"平台的教材评价工具。② 对比数据如下表（表 2）所示，从表中可清晰看出，"一元论"教材的组合词量、字词比都显著低于"二元论"教材。这是由于"一元论"教材以单一的"词"为本位，导致"字"处于从属地位，使得汉字的利用率相对较低。相反，"二元论"教材注重高频字、强调"字"的构词能力，用有限的生字学习更多的生词，使得字词比更高，实现了以"字"带"词"的高效汉语学习，更符合国际中文教学的"经济原则"。

表 2　德范克阅读系列教材和《中文听说读写》系列教材的字词量对比

德范克阅读系列教材	BCR	ICR	ACR		德范克全套教材总数据
生字量	400	400	400		1 200
组合词量	1 250	2 500	3 000		6 750
字词比	1∶3.1	1∶6.3	1∶7.5		1∶5.6
总字量	120 000	200 000	200 000		320 000
《中文听说读写》系列教材	IC Level 1 Part I	IC Level 1 Part II	IC Level 2 Part I	IC Level 2 Part II	《中文听说读写》全套教材总数据
生字量	378	593	711	955	2 637
组合词量	454	574	932	1 350	3 310
字词比	1∶1.2	1∶0.97	1∶1.3	1∶1.4	1∶1.3
总字量	2 495	4 137	6 193	9 508	22 333

　　德范克阅读教材的字词比也得到了科学依据的支持，张卫国的研究证明了

① 《中文听说读写》（*Integrated Chinese*）四套教材的缩写为：IC Level 1 Part I、IC Level 1 Part II、IC Level 2 Part I、IC Level 2 Part II。
② "国际教学指南"的教材评价工具平台网址为：http：//www. cltguides. com/user/analysis！ input. action。

1∶7左右的字词比能够达到令人满意的阅读理解水平。① 德范克编写的三套不同阶段的阅读教材字词比分别是1∶3.1、1∶6.3、1∶7.5,全套阅读教材总计约用1 200个汉字组成了近7 000个不同的组合词,字词比高达1∶5.6。比起主流的"一元论"教材,作为"二元论"教材代表的德范克系列教材更加接近合理的字词比数值,更有助于提高学生阅读理解能力。

5. 注重"字"和"词"的复现率

通过观察上表(表2),还可以发现BCR生字虽然只有400个,但总汉字量却达到了120 000个,德范克系列阅读教材的总汉字量均显著高于"一元论"教材《中文听说读写》,可以从侧面证明德范克非常注重"字"和"词"的复现率。德范克通过教材中大量的练习来实现复现率,BCR每篇课文中的练习部分包含了五大类型——中文例句、对话、叙述、英文例句、其他类型(诸如组合练习和"陷阱题"等)。② 这些练习的设计旨在复习和巩固学生在本课和前几课中学到的生字和组合词,从而进一步提高他们的阅读能力。

为确保复现率的实施,德范克为单个汉字和组合词设计了一套机械化程序(Mechanical Procedures),以保证充分的重复和复习。单个汉字的复现率采用以下5个程序:(1)生字在本课中复现5次(叙述练习中复现3次、例句练习中复现1次、对话练习中复现1次);(2)生字在下一课中复现2次;(3)生字在间隔1~2课后复现1次;(4)生字在单元最后一课中复现1次;(5)生字在之后的单元中前半部分和后半部分各复现1次。组合词的复现率也采用5个程序:(1)生词在本课中复现3次(在例句练习、对话练习、叙述练习中各复现1次);(2)生词在下一课中复现1次;(3)生词在间隔1~2课后复现1次;(4)生词在单元最后一课中复现1次;(5)根据组合词的重要性和难度在后续课中间隔出现。汇总来看,作为"二元论"教材代表的BCR,教材中每个生字至少复现11

---

① 张卫国:《阅读:覆盖率、识读率和字词比》,《语言文字应用》2006年第3期,第102—109页。
② John DeFrancis, *Beginning Chinese Reader*, New Haven/Connecticut: Yale University Press, 1966, p. 18.

次，组合词至少复现 6 次。

在德范克的教材体系中，复现率不仅体现在单一教材内部，还涉及不同类型教材之间的复现情况。以 BCR 和 CTBC 为例，BCR 中包含了 400 个生字，而 CTBC 则有 494 个生字，其中有 367 个生字是在两本教材都出现的。如果学习者按照建议的学习顺序先学习会话系列的 CTBC，然后再学习阅读系列的 BCR，那么在后面学习的 BCR 中至少会复现前面学过的 367 个生字。这种设计意味着学习者在不同类型的教材中会遇到相同的生字，从而加强对这些汉字的记忆和理解。这种跨教材的复现设计有助于学习者更全面地掌握汉字，并在不同语境下运用所学内容，提高语言综合应用能力。

6. 提供"字"的助记办法

德范克在 BCR 的前言中批判当时的中文教学采用灌输式方法——尽可能在一开始就教很多生字，他认为这就是"阅读教学无法像当时二战以来口语教学取得巨大进步的主要原因"①。他认为正确的阅读教学方法是教授有限的汉字，这样学生才能更好记住；并通过少量的汉字展开更广泛的阅读训练，促进生字的复习和巩固。因此，德范克在每课中只列出 10 个生字，并采用上文提到的五大类练习方法加强记忆。德范克采用"字量少"＋"复现率"来帮助学生有效地记忆汉字，这种"少量多次"的教学方法更符合零起点汉语学习者的记忆策略。同样的"二元论"教材《汉语语言文字启蒙》也强调通过控制每篇课文包含的新汉字数量，以"字量少"的教材编排，来提高学生的汉字记忆效果。

除了控制汉字数量和提高复现率外，德范克系列教材还通过提供丰富的汉字助记内容来帮助学生更好地记忆和掌握汉字。这些助记内容包括以下两方面。（1）附录部分的汉字汇总知识：在教材的附录部分，德范克提供了丰富的汉字汇总知识，包括简单介绍汉字的书写规范、将每课的生字根据笔画顺序制作成方格练习表、根据汉字笔画顺序汇总 400 个汉字等。通过这些汇总知识，学生可以更系统地了解汉字的书写结构，有助于记忆和理解。（2）助记辅助工具：德范

---

① John DeFrancis, *Beginning Chinese Reader*, New Haven/Connecticut：Yale University Press，1966，p. 16.

克教材还提供了多种助记辅助工具，包括覆盖所有生字的汉字"闪现卡"（Flashcards）、用于书写每个生字的练习册（Practice Sheets）、课文音频（Recordings）等。这些工具可以帮助学生通过不同的感官方式学习汉字，加强记忆和发音的印象。①

四、余论：德范克是国际中文教育的"缺失之环"

国际中文教学的本体问题就是"一元论"还是"二元论"的问题。汉语二语教学到底是单一地以"词"为最小教学单位，还是以"字"和"词"两者为最小教学单位，这就是"一元论"和"二元论"问题，是不能回避的本体问题。自从 20 世纪 80 年代中文作为第二语言的学科化以来，由于在本体问题上存在着彻底的分歧，该学科一直处于"大分裂"的状态。出现了两条截然相反的教学路子，一条是"一元论"的路子（只承认汉语中有一个最小的教学单位，即"词"，像其他印欧语言一样）。另一条是"二元论"的路子，提出中文教学的独特性在于其双重的性质，一方面是"字"，支配着书面语言；另一方面是"词"，支配着口头语言。

在国际中文教育的"大分裂"背景下，国际中文教育学科的重要人物德范克被掩盖了。德范克作为"二元论"中文教学观的先驱人物，在中国国内主流的"一元论"教学观下，成为了国际中文教育历史上的一个真正的"缺失之环"。因此，本文主要探讨了德范克教材系列的编写原则和教学理论，从"语""文"分进、以"字"作为最小教学单位之一、以"字频"作为选字标准、注重"字"的构词能力、注重"字"和"词"的复现率及提供"字"的助记办法这六大点，分析出德范克教材中系统的"二元论"教学理论。希望通过本文的研究，能让中国学界对德范克教材在国际中文教育领域的重要性有更清晰的认识，同时也为当前中国国内中文教育的发展提供一些启示。

---

① John DeFrancis, *Beginning Chinese Reader*, New Haven/Connecticut：Yale University Press，1966，p. 33.

The Schism in Teaching of Chinese as a Second Language: The "Missing Ring" in the History of International Chinese Language Education — John De Francis

Joël BELLASSEN

Institut National des Langues et Civilisations Orientales

Abstract

The series of Chinese textbooks authored by American Chinese educator John De Francis, as a representative of "dualistic" teaching materials in the field of Chinese language education, once held significant importance in the history of international Chinese education. However, under the mainstream Chinese teaching ideology of "monism", De Francis has become a missing link in the history of international Chinese education. This paper takes De Francis's textbook series as the subject of study, delving into the embedded "dualistic" concept of Chinese language instruction, including the division between "language" and "text", the utilization of "characters" as one of the smallest teaching units, the use of "character frequency" as a criterion for word selection, the emphasis on the word formation ability of characters, and the emphasis on the recurrence rate of characters and words, as well as providing mnemonic devices for characters. Through an analysis of these "dualistic" perspectives, the aim is to fill the knowledge gap regarding De Francis's contributions in China and provide a research example for the application of "dualism" in the international Chinese language teaching domain.

Keywords

De Francis; De Francis Series; Chinese textbook; dualism; international Chinese language education

中文与华文教育在东南亚的新定位：
一个东盟学人的视角

［新］梁秉赋＊

提要：本文提出一个观察：在过去二十余年里，中文在东南亚的定位有了很大的改变，它已经从主要只在华裔社群内部通行使用的一个族裔语言，发展成为本区域各族各界人士所热衷于学习和掌握的一门跨族群的语言。催生这一变化的主因，是东盟与中国日益紧密的经贸联系；而缔造这一变化的推手，则是在东南亚迅速发展的孔子学院。为因应这一发展，本论文主张：东南亚原有的以当地华裔子弟为教学与教育对象的华校，可继续称之为"华文教育"体系；而以东南亚各族裔人士为教学对象的孔子学院，则宜将之称为"中文教学"体系。

关键词：华语；华校；华文教育；中文教学；汉办；孔子学院；东南亚

＊ 梁秉赋，博士，新加坡南洋理工大学孔子学院院长。

引　言

　　东南亚的华文教育，指的是在 20 世纪初叶出现于当地，以有别于私塾教习的华校为载体的一种现代教育体系。华校在初始时，以闽、潮、粤、客、琼等方言授课；其后（20 世纪 20 至 50 年代之间）则改以当地华裔祖籍国的"国语"为教学媒介语，来教导现代学科知识。与此同时，它也侧重于对学生进行有关中国语言、文化、历史知识的教授，以及华族的思想和价值观之灌输。[①] 也就是说，东南亚的华文教育，主要是以当地华侨及华人子弟为教学对象的教育体系。因为华文教育曾在当地有过相当程度的普及发展，规范化的中文（Mandarin），或新加坡和马来西亚两地所通称的华文，遂成为散居东南亚各地的华人之共同语，是地位凌驾于所有华族方言之上的最通用的华族语言。

　　在 19、20 世纪之交的殖民地时代，从华南地区有组织、大规模地引进华人（苦力、匠人、商贾）到东南亚来是受当地政府鼓励的，因为这有助于促进经济发展。这一持续了一个世纪以上的历史进程，使东南亚境内繁衍出或大或小的华族社群。在后殖民地时代，东南亚的华侨也因为落地生根，成为了各自所居的主权国家的国民。作为华族通用语的华文，也因而被当地的主流社会承认或视为各自国家内部的一种族裔语言（ethnic or communal language）。这也意味着，中文在东南亚的传习与使用，向来基本上亦仅局限于华裔社群内部而已。

　　然而在过去二十余年的时间里，中文在东南亚的定位发生了很大的改变。它已经不仅是一种族群语言而已，而是在多个东南亚国家境内开始为各族各界人士所热衷于掌握的一种语言。也就是说，在现今的东南亚，中文已开始逐渐成为一种跨族群的语言，甚至有机会发展成为仅次于英文的一门重要外语。这一变化是如何形成的？东南亚华裔，包括新加坡和马来西亚的华文教育界，对这一可能的

---

① 梁秉赋：《新加坡华文教育研究》，北京：北京语言大学出版社，2020 年，第 1 页；梁秉赋：《开智启蒙、薪尽火传：从华文教育到华文教学》，柯木林主编：《新加坡华人通史》，新加坡：新加坡宗乡会馆联合总会，2015 年，第 416 页。

发展应有怎样的立场？这也许是我们应该加以思考的。退一步说，我们对这一正在发展中的势态，或许至少亦是应该加以留意的。本文拟对此做些观察和思考。

一、华文在 20 世纪的东南亚

马来亚大学教育学教授梅森（Frederic Mason），在他出版于 1954 年的一本书中曾如此写道：

> 在这个国度的乡村和城镇里，到处都可见到华校。在新加坡，人们能见到如华侨中学那样拥有令人惊叹的建筑群的华校；或者在爬上一座店屋的梯级后，见到八十名孩童挤在一两间课室里头上课的华校；又或者在一条从主干公路叉入乡间的蜿蜒的红泥路尽头的村落中，见到一间亚答盖顶泥地木屋的华校。在马来亚联邦，华校也一样遍布各地。有些在新村里头，其余的则在华人大量聚居的如槟城那样的城市里。①

梅森教授所描述的，虽然是英属马来亚的情况，其实同样的景观亦可见于东南亚各地，如荷属东印度（印尼）、菲律宾和中印半岛。由于这些散布各处的华校皆以华文为其教学用语，华文也因此以华校为据点传衍于东南亚各地。但诚如这位英籍教授所点明的，这些华校主要是供华裔子弟以其族群的共同语来接受教育的学校。虽然华校里也有一些非华族的孩子就读，但他们的人数是很少的。因此，过去华文在东南亚的流通和使用，基本上限于华族社群内部，而没有扩及华族以外的当地社会。

即使这样，华校在东南亚蓬勃发展的势头也仅维持到 20 世纪中叶而已。从 20 世纪五六十年代开始，除了新、马以外，以华文为主要教学媒介语的华校，在大多数东南亚国家都难以为继。二战结束以后，东南亚各国因致力于去殖民地

---

① Frederic Mason, *The Schools of Malaya*, Singapore：Donald Moore，1957，p. 11.

化而力推教育国家化。这一发展，遂使以教育华裔子弟维系其族群语言和文化为宗旨的华校，在汲汲于经营新兴国族建构之社会工程的主政者眼中，显得与时代大势凿枘难容。华校因而被迫转型或关闭，曾经一度在东南亚各地开枝散叶的纯华校，在 20 世纪下半叶的大多数东南亚国家之中，已不复存在。比如印度尼西亚境内在 1957 年共有 1 800 所华校，学生 42.5 万名，但 1966 年印尼政府不再允许华校合法运作，仅让华人在家庭里或佛堂中开办华文补习班，直到 1999 年才正式允准国内的学校开办华文选修课。① 类似的情况也出现在菲律宾、泰国等中南半岛国家当中。

新加坡和马来西亚以外的东南亚华裔的一两代人，因而无法再如过去那样，通过华校那样的正规教育，让其子弟有系统地学习华文。因此，到了 20 世纪末叶，华文在东南亚的使用范围，已经萎缩至仅限于较年长一辈、曾接受过华文教育的华裔人士当中。这样的情景，甚至有可能使原本还在华裔群体之中通行，仅作为大部分东南亚国家的一种社区或族群语言而存在的中文，也难以为继。

然而，进入 21 世纪以后，这一情况却有了很大的改变。

二、中文在 21 世纪的东南亚

步入 21 世纪以后，有体制、具规范（systemic and institutional）的中文教学，又重新开始在东南亚出现。不过，它与 20 世纪通过以华校为据点，来教授中文及传承中华文化的局面却有着一个很大的不同点。那就是，这一波新的教导与学习中文的热潮的传播范围，并不再仅限于东南亚华裔社群内部，而是扩及各国境内的所有族裔社群。具体而言，这指的是通过以孔子学院及孔子课堂为据点，以当地社会各界人士为教学对象的中文教学。孔子学院的设立，为东南亚各国境内有意学习中文的华裔与非华裔的各族群人士，提供了一个高效的平台，让他们得以通过体系完整的课程来掌握中文。截至 2023 年 10 月，在东南亚境内的

---

① 唐根基、叶俊杰：《印尼高校中文专业现状、问题及发展研究》，《全球华语》2023 年第 1 期，第 160—161 页。

10 个国家之中,共设有 39 所孔子学院及 17 所孔子课堂。①

世界第一所孔子学院于 2004 年设立于韩国的首都首尔。到了 2014 年,已有 475 所孔子学院相继成立于全球的 126 个国家境内②,而在 2005 年至 2019 年间,即有 40 所孔子学院在东南亚各国境内先后设立起来。③ 孔子学院的教学对象,是一个非常多元的群体。它的学生或学员,除了在籍学生以外,尚包括政府部门的官员,以及政治领袖和社会各界人士。根据孔院及汉办的网页 2020 年 11 月的信息显示,菲律宾大学(The Confucius Institute at the University of the Philippines)的孔子学院,便为该国总统办公室、外交部、移民局、港务局的官员,以及工商业各行会组织的人员开办中文课程;印尼阿拉扎大学的孔子学院(The Pusat Bahasa Mandarin at University of Al Azhar Indonesia),也为该国国防部、贸工部、警察总部和机场管理局的官员,开办中文学习班;而马来亚大学孔子学院(The Kong Zi Institute, Universiti Malaya)的学员,即包括该国海空边境管理局的官员;泰国农业大学的孔子学院(The Confucius Institute at Kasetsart University),为该国上议院的议员,以及国防部、商业部、审计署、税务局和总理办公室的高级官员教授中文;柬埔寨皇家学院的孔子学院(The Confucius Institute at the Royal Academy of Cambodia),则教导该国国防部人员及武装部队的成员学习中文。

除了教学对象有别以外,孔子学院和过去的华校在教学目标上也有极大差异。从前的华校,是以教导华族子弟掌握母语,培养学生继承本族文化与价值观为其根本的教学目标的。然而,孔子学院的中文课程,则主要旨于让学生或学员

---

① 东帝汶设有 1 所孔子课堂,越南有 1 所孔院,老挝有 2 所孔院,柬埔寨有 3 所孔院,缅甸有 3 所孔子课堂,新加坡有 2 所孔院 1 所孔子课堂,菲律宾有 5 所孔院,马来西亚有 5 所孔院 1 所孔子课堂,印度尼西亚有 8 所孔院,泰国有 13 所孔院 11 所孔子课堂。只有文莱至今还未设有孔子学院或课堂。此据中国国际中文教育基金会网站(https://www.cief.org.cn)所载之信息整理于 2023 年 10 月 7 日。

② Confucius Institutes, *Confucius Institute Annual Development Report* 2014, Beijing: Confucius Institute Headquarters (Hanban), 2014, p. 2.

③ See Peng Fu NEO, "Confucius Institute in Southeast Asia: An Overview", in Suryadinata Leo & Benjamin Loh (eds.), *Rising China and New Chinese Migrants in Southeast Asia*, Singapore: ISEAS - Yusof Ishak Institute, 2022, pp. 49 - 67.

掌握一门具有实用价值的语言，以拓展其就业机会、发展其业务，或习得一门专业技术。换句话说，孔子学院所提供的中文课程，基本上是以实用或功利为导向的。经查各国汉办网站，比如老挝国立大学孔子学院（The Confucius Institute at the National University of Laos），及泰国孔敬大学孔子学院（The Confucius Institute at Khon Kaen University）的中文课程当中，便有特别以铁路交通（尤其是高速铁路）的管理与运营为轴心的中文课程，在培养学员掌握中文的同时，也让他们掌握了得以投身铁路交通这一专业领域的就业能力。而马来亚大学孔子学院所提供的中文课程，即包括"中文＋执法"（Mandarin ＋ law enforcement），"中文＋法律服务"（Mandarin ＋ legal services），"中文＋商业"（Mandarin ＋ commerce），以及"机场与港口海关专业中文"（Mandarin for air & sea customs）。这类所谓的"中文＋"课程涵盖范围甚广的一些就业领域，是一种以实用为导向而设计出来的中文课程。由此可见，孔子学院的课程主要还是以培养学员的就业能力，或强化其专业能力为教学目标来教导中文的。这正是它有别于过去华校之以华族语言与文化之传承为鹄的之处。也正因为这样，这一波的中文传播方得以越出族裔的藩篱，使中文成为东南亚各国境内，各族裔人士都有兴趣及意愿来学习的一种语文。①

其实，除了孔子学院以外，不少东南亚国家也已经把中文纳入其国家教育体系之中，使中文成为学校的一门选修课，让学生得以在接受基础教育的阶段，就有机会开始学习中文。比如菲律宾政府在 2011 年便把中文作为一门选修课纳入其教育体系之中，让学生得以自由选修，这一举措得到相当积极的反应。该国红溪礼示大学孔院及汉办的网页 2020 年 11 月的信息显示，到了 2019 年，菲律宾全国已有 93 所公立中学共 1.1 万名学生选择修读中文。马来西亚政府同样也在 2011 年，将中文（Bahasa Cina）作为一门选修课，列入该国以马来文为教学媒介语的国立小学（国小）的课程之中（KSSR，Kurikulum Standard Sekolah

---

① 关于东南亚区域内的孔子学院与中文教学的较具体论析，参见 Peng Fu Neo，"Confucius Institutes in Southeast Asia：An Overview"，in Leo Suryadinata & Benjamin Loh（eds.），*Rising China and New Chinese Migrants in Southeast Asia*，Singapore：ISEAS‐Yusof Ishak Institute，2022，pp. 49‐67。

Rendah)。到底在这些马来文小学之中,有多少非华族家长会鼓励他们的孩子选修中文,本文未能找到确凿的数据。不过,我们或许可以用另一组数据来作参照,以了解马来西亚的非华族家长在这方面的意愿。根据马来西亚华校董事联合会总会(董总)整理的数据,在华文小学里就读的非华族学生,在 2012 年已有 8.1 万名之多。其实,自 20 世纪 80 年代末以来,进入华文小学就读的非华族小孩的人数,即一直呈现增长势头。在 1989 年,全国华文小学里的非华族学童已达学生总数的 3.05%或 17 309 名,1994 年升至 5.52%或 32 203 名,1999 年则又增至 10.66%或 65 000 名。[①] 这一数据应该足以证明,在马来西亚的非华族家长当中,有相当大的一个群体有意愿让他们的孩子从小学阶段就开始学习中文。有越来越多非华族家长选择将他们的孩子送入华校的这一趋势,可能正是促使马国政府决定在马来文小学中,开放学生选修中文的原因。印尼在 2000 年废除 1967 年颁布的针对华文教育的禁令之后,该国的许多私立与官办学校随即开始提供中文作为选修课。作为一个拥有 38 个省份、近 3 亿人口的大国,印度尼西亚幅员广大,人口众多,其大学以下的中文学习者之人数实在难以准确把握。但我们仍可从它在高校所开设的中文专业课程之架构上,管窥中文在印尼的传播情况。至 2022 年 6 月,印尼全国共有 29 所大学开设 31 个中文专业课程。[②] 据悉,这些课程一般需要每一级的学生人数至少达到 50 人方可开班。如果是这样,那我们从作为金字塔顶端的高等教育阶段的学生人数,即可粗略估计其基盘规模之大小,从而证明中文在印尼的传播也是有一定的规模的。

此外,尚可留意的一点是东南亚学生选择到中国留学深造,近二十年来也渐渐形成一种趋势,使之发展成为一个颇具规模的群体。中国的北京大学和清华大学,早在约十几二十年前既已颇有针对性地给马来西亚华文独立中学的优秀生颁发奖学金,鼓励他们到北大清华深造。但那毕竟还是局限于华族社群的举措。更值得我们关注的是,东南亚各国的孔子学院通过颁发年度奖学金,鼓励当

---

① 马来西亚华校董事联合会总会:《董总 60 年会庆特刊:1954—2014》,吉隆坡:马来西亚华校董事联合会总会出版社,2014 年,第 1301 页。参见马来西亚华校董事联合会总会网页:http://www.djz.edu.my。

② 唐根基、叶俊杰:《印尼高校中文专业现状、问题及发展研究》,《全球华语》2023 年第 1 期,第 159 页。

地青年到中国留学的常规措施。因为这一奖学金制度惠及的不仅是华裔还有当地所有族裔社群的学生。截至 2019 年,本区域内的孔子学院网络,把 40 所东南亚的大学或机构,与中国的 34 所大学结为合作院校。这些孔子学院每一年都会颁发奖学金(一般为每院每年 20 份),让所在地的学生到它们所属的中方合作大学去深造。这些奖学金对许多东南亚学子具有很大的吸引力,因为对发展中国家的青年来说,这可能是让他们得以出国留学的唯一机会。经查各国汉办网站,比如设立于泰国第一学府朱拉隆功大学里的孔子学院,便是该校与北京大学合办的一所孔院,它在 2008 至 2018 年间,就颁发了总共 200 余份奖学金给当地的泰国学生到北京大学留学。据统计,在 2020 年就有近 500 名来自泰国的留学生在北京大学就读各类本科与研究生课程,他们共占北大外国学生总数的 7%。其实,与东南亚各国合作共建孔子学院的那几十所中国大学,除了北大、厦大、中山等顶尖大学之外,也包括地方重点大学,如广西民族大学、海南师范大学、西北大学、河北水利水电大学、江西九江学院、大理大学和温州大学等。孔子学院的奖学金,让这些学府能够吸纳更多外国学生到来,有助于它们促进自身的开放化、国际化发展。如果我们换一个角度,从东南亚视角来看,这其实也让有志于深造的本区域各族裔青年的足迹,得以遍及中国各地的学府。以前瞻性的眼光来看,它未来所将营造的校友网络,对拉近和加深中国与东南亚两地之间的联系,必将发挥重大的作用。

鉴于菲律宾、马来西亚及印度尼西亚的这些发展,让我们看到中文在今日的东南亚,其传播范围已经跨出囿于华校、华族的旧时藩篱。也就是说,中文已经成为一个跨族群的语文,一门为不同族裔所学习和使用着的语文。

三、观 察 与 思 考

如果本文所做的观察是准确的,那中文在东南亚国家内部,可能正从一种族群语言发展成为跨族裔的一门重要外语。值得追问的是,形成这一发展的动力是从何而来的?

　　既然中文在东南亚的这一新定位，主要是借助散布于各国境内的孔子学院或孔子课堂而促成的，可知中文的这一波传播乃是由域外（而不是本土原有的）中文教学机构或组织（如华校）来助力完成的。那孔子学院又是由什么因素催生的呢？

　　孔子学院的成立，主要是经济因素使然。过去二十年以来，中国已经和所有东南亚国家发展出极为紧密的经贸联系。这一经济动因，便是造成中文在东南亚的传统定位发生根本变化的原因。亚细安（ASEAN，Association of South East Asian Nations）官网上所载的资料显示，中国自 2009 年以来即成为由十个东南亚国家所组成的这一国际组织的最大贸易伙伴。到了 2019 年，中国与亚细安的双边贸易额更已高达 5 079 亿美元（USD 507.9 billion），占后者总贸易额的 18%。从中国流入亚细安的直接外汇投资（Foreign Direct Investment），在 2019 年也达到 91 亿美元，占后者 FDI 总数的 5.7%，这亦使中国成为亚细安的第四大 FDI 来源国。① 而据彭博社最新的报道，亚细安目前已经超越欧盟和美国，成为中国最大的出口市场。过去 12 个月中（据 2023 年 9 月推算），中国向这十国的平均月度出口金额，已经飙升至近 6 000 亿美元。② 如此紧密的经贸联系，自然使东南亚各国迫切需要培养更多能掌握中文（尤其是实用型中文）的人才。而此中之关键便是，这一教导中文的时代需求，是必须以东南亚各族裔为教学对象的外语教学，而并非针对华裔的母语教育。所以，它需要通过一个以外语教学为专业导向的机构——孔子学院加以落实。

　　中国与亚细安双边经贸联系的紧密化，为东南亚各国的各族裔人士创造了无限机遇，让人们意识到学习、掌握中文所可能带来的实惠与机遇。由此可知，这二十余年以来，华文在本区域中的历史定位之改变，主要还是基于其经

---

① "ASEAN-China Economic Relation：Overview"，see ASEAN website：https：// asean. org/our-communities/economic-community/integration-with-global-economy/ asean-china-economic-relation/. Accessed on 7 September 2023.

② Claire Jiao，"China's Largest Export Market is Now Much Closer to Home"，*Bloomberg*，5 Sep. 2023. see https：//www. bloomberg. com/news/articles/2023-09-05/china-s-largest-export-market-is-now-much-closer-to-home ♯ xj4y7vzkg. Accessed on 7 September 2023.

济性的实用或实际价值而引发的。但对新、马华文教育界而言，也许就如何应对中文在东南亚的新定位的这一大课题，可以把注意力先聚焦于几个层面作思考。

首先，新、马华文教育界对孔子学院和传统华校在新形势下的各自定位，可能应有准确的认知。既然目前东南亚已经在华校以外有了另一个有组织、具规范的传播与教授中文的教学体系，那我们实有必要让各界（特别是当地的非华裔社群）清楚地了解华校与孔子学院各自的职能与宗旨。即华校主要是以东南亚华裔的子弟为教学对象，以传承本族的语言文化及价值观为教学目标的教育体系；而孔子学院则是以东南亚各族裔人士为教学对象，把中文作为一种功能性语言（functional language）来加以推广和传播的平台。因此，前者仍可名之为"华文教育"（Chinese education），而后者或许宜称之为"中文教学"（Chinese language teaching）。因为"教育"一词不能将思想的熏陶抽离出去，也就是说接受某种"教育"者，其精神气质亦必然深受该种"教育"所涵养。但"教学"则未必如此，尤其如果只是一种功能性语言的教学，可以只专注于让学习者掌握语言技能，而不必将该种语言所含摄的价值观亦强加在学习者身上。这一识别很重要。因为绝大部分东南亚国家都属多元种族社会，各族群对自身的语言文化都有强烈的自觉，并希望得到应有的尊重。所以，如果社会各界能清楚地认识到孔子学院的中文教学，其重心在于帮助学员掌握中文作为一种具有高度经济价值的语文，而不在于强推某种价值观或意识形态，这样的认知必将有利于中文的推广，至少亦可以杜绝少数别有居心者有意地模糊视听，同时能为在地原有的华文教育之持续发展守护阵地。因为这一识别能让东南亚广大的非华裔社群了解到，以华族文化之传承为教学重点的当地华校，实以华裔子弟为主要的教学对象，它所推行的"教育"主要是施予自身族群而已。这应有利于为华校争取更大的社会认同。

其次，我们也应当看到，华文教育和中文教学可以相得益彰，既可双线独立各自发展，亦可互为羽翼相互支援，共同为（中国内地和大陆所通称的）汉语、（台港澳地区所通称的）中文，或（新马两地所通称的）华文在东南亚的传播做出贡献。其实，这两支体系之间可以协作的层面和空间非常广阔，比如师资培训即为一例。马来西亚的华小和独中，经数十年的摸索与磨砺之后，可说已发展出一套运作成熟的师训体系。但国小的中文教师之培养，可能应属仍处在起步之中的一个稚嫩的师训体系。马来西亚政府决定在国小正式推出中文选修课之前，即2008年，与中国签约合作，让后者协助培训未来将在国小肩负中文教学任务的师资人才。至今为止，已有逾500名学员在该项计划下，于北京外国语大学接受与语言和文化有关的中文专业培训（Chinese Studies programme）。据悉，每一届的学员须在北外学习五年，取得学位后再回到马来西亚师范学院（Malaysian Institute of Teacher Education，ITE），完成一年的师训课程（Postgraduate Diploma in Education）。这一批在政府奖学金计划下被培训为国小中文教师的团队，其实是一支非华裔的师资队伍。这支年轻的队伍，可说是马来西亚最新的一支中文教师团队，它在专业能力的发展上，可能尚有许多方面可以向经验老道的华校同仁学习取经之处。① 华小、独中多年累积起来的师训经验与教学资源，或许能在提携其姐妹队伍的路程上做出贡献。简而言之，既有的自成一体的华文教育体系，或许应该与新立的本土中文教学体系之间进行更多的对话与接触，增强互信或给予支援，从而拉近彼此的距离。

约而言之，东南亚原有的华文教育体系，比如马来西亚和新加坡的华文文教界，对中文在东南亚的新定位，应给予留意。此外，对新立于当地的中文教学体系，亦应报以乐观其成的善意，并进而予以积极的支持，与之携手并进。其实，东南亚境外的中文教学界，对这一发展或许亦应给予足够的关注。

---

① 学界将参与该项计划的学员，称为"NNCS, non-native Chinese-speaking trainee teachers"。关于这批国小中文教师的招聘、培训及专业能力问题的讨论，马来西亚已有不少学者予以关注。Yap Teng Teng & Chee Siew Lan，"Language Proficiency，Self-efficacy and Challenges Facing Non-native Chinese-Speaking Trainee Teachers"，in Yap Teng Teng（ed.），*Non-Native Chinese Speakers in Malaysia: Perspectives and Challenges*，Kuala Lumpur：Universiti Malaya Press，2023，pp. 147‑166.

The New Positioning of Chinese Language Teaching and Chinese Education in Southeast Asia: An Analysis from the Perspective of an ASEAN Scholar

Peng Fu NEO

Nanyang Technological University

Abstract

Mandarin or standard Chinese，until recently，remains as a community language used exclusively by the Southeast Asians of Chinese descent in the region. This paper observes that in the past two decades，Mandarin has increasingly become a language learned and used by the various communities in Southeast Asia. The change is primarily brought about by greater economic integration between China and ASEAN over the years and made possible by the proliferation of Confucius Institutes (CIs) in the region. In view of this development，this paper argues that the CIs in Southeast Asia should position themselves as institutions providing "Chinese language teaching" (*zhongwen jiaoxue*) whose mission is to teach Mandarin as a functional language，free of cultural or ideological orientation. This is for the purpose of distinguishing themselves from the local Chinese schools (*huaxiao*)，such as those seen in Malaysia，whose mission is to preserve the linguistic and cultural heritages of the Chinese community through offering a "Chinese education" (*huawen jiaoyu*).

Keywords

Chinese；Chinese schools；Chinese education；Chinese language teaching；Hanban；Confucius Institutes；Southeast Asia

国际中文教育第三空间理论研究述评

费燕洪*

提要：第三空间理论是后现代思潮下形成的理论，主张在第一空间和第二空间的基础上构建一个新的第三空间，在此空间内不同文化背景的人士可以摆脱其母文化的束缚进行自由交流，这为国际中文教育提供了新的思路。本文基于学界已有的研究成果，简要介绍了第三空间理论的相关概念及理论内容，梳理了国际中文教育下国内外学者第三空间理论的研究，从教师研究、学习者研究、教学研究、教材研究和文化传播研究五个方面进行述评，以期对国际中文教育未来发展有所启示。

关键词：第三空间；国际中文教育；研究述评

引　言

空间是人类文化得以存在的根本，是社会交际赖以发生的条件之一，任何文

---

*　费燕洪，北京师范大学国际中文教育学院在读博士生，研究方向为国际中文教育。

化都有其特定的空间。① 但空间具体为何? 中国古人以"天地混沌如鸡子""天圆地方"等来表达自己对空间的认知。《现代汉语词典(第7版)》将"空间"定义为"物质存在的一种客观形式,由长度、宽度、高度表现出来,是物质存在的广延性和伸张性的表现"。② 汉典将其定义为:"与时间相对的一种物质存在形式,表现为长度、宽度、高度。也指数字空间、物理空间与宇宙空间。"③上述两种定义都认为空间是一种客观存在,但空间是否就是客观的? 是否可以作为一种主观存在? 答案是肯定的,空间并非仅仅是"几何学与传统地理学的物质概念,而是一个社会关系的重组和社会秩序事件性的建构过程:一个动态的、矛盾的异质性实践过程"。④ 也即空间不仅是客观的物质存在,也是主观的社会关系的建构过程。

一、第三空间理论

1. 雷·奥登伯格(Ray Oldenburg)和"第三空间"

"第三空间"(third place),最早是一个社会学概念,由美国社会学家雷·奥登伯格于1989年在《绝好的地方》(*The Great Good Place: Cafes, Coffee Shops, Bookstores, Bars, Hair Salons, and Other Hangouts at the Heart of a Community*)一书中提出。奥登伯格认为,第一空间是家庭,第二空间是工作单位;第三空间则与非正式的公共生活相关,是家庭与工作单位之外各类公共场所的统称,这些场所会定期举办自愿非正式而又让个人愉悦的聚会,包括咖啡馆、

---

① 雷明珍、费燕洪:《跨文化交际中的空间隐喻》,《海外文摘》2021年第21期,第1页。
② 中国社会科学院语言研究所词典编辑室编:《现代汉语词典(第7版)》,北京:商务印书馆,2016年,第744页。
③ 参见汉典:https://www.zdic.net/hans/%E7%A9%BA%E9%97%B4。
④ 黄继刚:《空间文化理论探析》,《新疆社会科学》2008年第5期,第76页。

书店、理发店、酒吧等场所。① 在他看来,第三空间具有中性(neutral ground)、公平性(a leveler)、便利性(accessibility)、愉悦性(the mood is playful)、低门槛(low profile)等特点,能为顾客提供食宿,使其在场所内自由平等地交谈,某种意义上属于"家之外的另一个家"(a home away from home)。

2. 爱德华·苏贾(Edward W. Soja)和"第三空间"

奥登伯格所提出的第三空间,属社会学概念,实质是真实场景中的一种空间,这与爱德华·苏贾(也译作"索亚")从哲学层面所提出的第三空间在内涵与表述上有所不同。苏贾首次在 1996 年出版的《第三空间:去往洛杉矶和其他真实和想象地方的旅程》(*Third Space: Journeys to Los Angeles and Other Real-and-Imagined Places*)中提出第三空间,并在《后大都市:城市和区域的批判性研究》(*Postmetropolis: Critical Studies of Cities and Regions*,2000)一书中进一步阐释。

在苏贾看来,第一空间是真实的物质世界,第二空间是基于第一空间的想象表征。第一空间是真实世界中可观察的真实客观存在,比如村落、城镇、牌楼、瓦舍等,第二空间是对第一空间这一认识的反驳,是人对客观世界的空间所带有的一种主观看法,比如美丽的乡村、无情的大都市等,在乡村、都市之上,我们冠以"美丽的""无情的"这类修饰语,但客观来讲,无论是乡村还是大都市作为一种客观地理空间形式,是无所谓美丽的、无情的,这种描述来自人的一种主观感受,是人内心观念在乡村、大都市身上的投射。简言之,第一空间倾向于客观的、物质的,而第二空间倾向于主观的、精神的、想象的。第三空间是基于第一空间和第二空间的重新组合和拓展,这种重新组合并非在第一空间、第二空间之外全然地重新构造一个新的空间,而是以二者为基础的一种开放性的解构和重构。这种

---

① 原文为"The third place is a generic designation for a great variety of public places that host the regular, voluntary, informal, and happily anticipated gatherings of individuals beyond the realms of home and work." See Ray Oldenburg, *The great good place: Cafes, coffee shops, bookstores, bars, hair salons, and other hangouts at the heart of a community*, Philadelphia: Da Capo Press, 1999, p. 16.

解构和重构,实际体现的是对固有的二元对立的一种超越,世界并非非此即彼、非黑即白,体现的是苏贾所主张的"他者化、第三者"。这种"他者化、第三者"包含两层要义:坚守边缘化立场,解构和重构并注入新的可能。① 第三空间的这种边缘化的立场,受到了福柯(Michel Foucault)"他者的空间"、贝尔·胡克斯(Bell Hooks)边缘差异空间理论,以及空间女权主义批判理论和后殖民主义批评的影响,更为深刻的是,受到了法国哲学家亨利·列斐伏尔(Henri Lefebvre)空间生产的影响。苏贾在书中说:"列斐伏尔始终坚持十分边缘化的意识,从存在论的角度看,它是一种异端,是反中心的。"② 而解构和重构并注入新的可能,实际就是在打破第一、第二空间的基础上再赋予新的内涵,这也是为什么第三空间是开放性的,它包含了真实和想象、具体和抽象、主体和客体、自然和社会、精神和物质、中心和边缘等极为丰富的内涵。

3. 克莱尔·克拉姆契(Claire Kramsch)和"第三空间"

在奥登伯格和苏贾各自提出"第三空间"理论的同时,受后结现代哲学思潮影响,克莱尔·克拉姆契在 1993 年出版的《语言教学中的语境与文化》(*Context and Culture in Language Teaching*)一书中,从外语教学入手,提出了她对"第三空间"的思考。克拉姆契指出"第三空间"诞生于学习者成长起来的文化与被介绍的新文化之间的空隙中③,也即第三空间诞生于学习者的母文化和目的语文化之间,换句话讲,学习者的母文化即第一空间文化(C1),目的语文化即第二空间文化(C2),而诞生于两者之间的即第三空间文化(C3)。C1 和 C2 在看待对方时,都有各自关于对方的刻板印象,克拉姆契举了美国人和德国人的例子,比如德国人在家或在办公室会关着门,而美国人会开着门。美国人从其文化观念(开

---

① 张志庆、刘佳丽:《爱德华·索亚第三空间理论的渊源与启示》,《现代传播(中国传媒大学学报)》2019 年 12 期,第 19 页。

② 爱德华·苏贾:《第三空间:去往洛杉矶和其他真实和想象地方的旅程》,陆扬等译,上海:上海教育出版社,2005 年,第 36 页。

③ 原文为"…'third place' could be, that grows in the interstices between the cultures the learner grew up with and the new cultures he or she is being introduced to."。See Claire Kramsch, *Context and Culture in Language Teaching*, Oxford: Oxford University Press, 1993, p. 236.

着门是友好的象征）出发，认为德国人这种行为是不友好的，反过来，德国人从其文化观念出发则会认为美国人开着门是无序、无礼的。要达成 C1 和 C2 的互相理解，唯有让两者都培养出一个"第三种视角"，让学习者同时从局内人和局外人的立场来看待 C1 和 C2 这两种文化。那如何才能达成这种跨文化理解？克拉姆契提出了以下四个步骤。

第一，重建：在外文化中重建文本生成和接受的语境（C2，C2´）。

第二，构建：与外国学习者一起构建他们能接受的语境，即在 C1 中找到一个对等的现象，并用它自己的意义网络来构建该现象（C1，C1´）。

第三，审视：审视 C1 和 C2 语境，决定 C1 和 C2 的方式，即每一种文化对另一种文化的看法。

第四，奠基：为可能带来变化的对话奠定基础。

克拉姆契提出第三空间的意义在于，她所主张的第三空间文化是一种"第三种文化"（a culture of third kind），这种文化诞生于拥有相似经历之人的共同记忆，超越时空。在这种文化中，学习者可以自由表达，无须束缚于自身言语社团或目的语言语社团。因而学习者能够超越自身母文化和目的语文化的束缚，产生新的文化体验和理解，进而达成跨文化理解。这种创新的观点，是对以往外语教学中主张将文化间的壁垒转换为桥梁的突破。因为，文化间的壁垒、桥梁，都是二元对立的存在，仍局限于一种非此即彼的二元文化中，而完全忽略了第三种可能。

4. 小结

奥登伯格的第三空间概念属于社会学领域，克拉姆契和苏贾的则是后现代思潮下的产物，两者存在共性，克拉姆契有关第三空间的论述，可以看作苏贾第三空间理论在外语教学中的探讨。苏贾将第三空间视为物质空间和想象空间基础之上的空间，这种空间是对原有第一空间和第二空间的解构和重构，赋予了新的可能，第三空间开放性地允许多样性存在。在某种程度上，母文化属于学习者熟悉的文化，是可感知的文化，目的语文化是不熟悉的文化，是观念中带有想象的文化，学习者对目的语文化的认知更多的来自书本或者影视中，并不像母文化一般可感知可触摸，这两种文化所对应的空间就如同苏贾所提出的第一空间和第二空间,而母文化和目的语文化基础上融合形成的第三文化,就对应了苏贾的第三空间。在第三文化内,学习者的母文化和目的语文化不再是二元对立的分割状态,它们已经彼此融合形成了新的文化,是开放的。

二、第三空间理论在国际中文教育中的应用研究述评

自20世纪90年代第三空间理论提出,迄今为止已有近30年时间,但将第三空间理论运用于国际中文教育的研究却屈指可数。笔者借助中国知网(CNKI),以"第三空间"和"汉语"主题进行高级搜索,并借助谷歌学术(GOOGLE SCHOLAR)以"Third Space in Chinese teaching"或"Third place in Chinese teaching"为关键词进行搜索,剔除重复性文章,两者共计检索到24篇文献(包括论文集中的文献)。发现最早的文献来自王永阳与海雷(Trevor Hay)于2010年发表的论文《迁徙文学:汉语第二语言跨文化教学的"第三空间"?》(Migratory Literature:A 'Third Place' for Intercultural Teaching and Learning of Chinese as a Second Language?),距离克拉姆契和苏贾提出第三空间理论已有15年之久。从图1可知,论文发表最多的年份是2020年,其次是

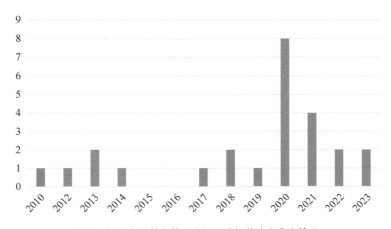

图1 国际中文教育第三空间理论相关论文发文情况

2021年，2015和2016年没有论文发表，其他年份数目在1～2篇。经过对文献的细致阅读，笔者拟从以下五方面进行述评。

1. 教师研究

教师研究主要与国际中文教师身份的构建和认同有关。王永阳以克拉姆契的第三空间理论为基础构建了跨文化交际能力培养的第三空间模式，指出作为跨文化的传播者和教学者，国际中文教师是处于中国文化和学习者母文化空间交汇的第三空间中的跨文化人，国际中文教师就具备了一个第三空间的文化身份。因而王永阳认为国际中文教师不仅需要了解自身中国文化（第一空间文化），还需要了解学习者的母文化（第二空间文化），从中国文化和学习者母文化的视角来看待处理跨文化交际现象和需要。[①] 梁霞主张教师应以开放的态度、博大的胸怀，对学习者母国的语言文化以及他们所熟悉和了解的其他文化持一种尊重、宽容、兼收并蓄的态度，并努力建立更好的互动关系。这种互动关系建立的前提是，国际中文教师需要破除自身对中国文化立场的固守，不能处处从中国文化考虑而忽视学习者的文化。因而，梁霞提出中文教师应该抛弃既有的成见、刻板印象，注重在课堂教学中与学习者的互动。[②] 蒋宇佳以质性研究的范式，对五位从中国移民到加拿大的中文教师进行了半结构访谈和观察，发现这些中文教师在中文教学中会融合中文和中国文化，并结合学生的语言背景和中文水平进行调整，文化内容的难度取决于教学对象是华裔还是非华裔，教学中会将加拿大文化同中国文化进行对比，此外她还发现这些移民中文教师因其远离母语国中国，又因非加拿大本土出生，所以他们的身份认同介于两者之间，会处在一种第三空间的状态，这种第三空间作为一种优势能够帮助他们的

---

① 王永阳：《跨文化交际的第三空间与国际汉语教师跨文化交际能力培养》，世界汉语教学学会秘书处编：《第十一届国际汉语教学研讨会论文集》，北京：高等教育出版社，2012年，第253—258页。
② 梁霞：《国际汉语教师在跨文化交际中的文化立场与态度》，《国际汉语教育》（中英文）2017年第2期，第9—13页。

学生处理不同文化之间的差异。① 从这里我们可以看到作为少数族裔的身份，自身本就是一个他者的视角，因此反而能够更好处理语言教学中的文化教学及相关问题。

国际中文教育包括对外汉语、汉语国际教育和海外华文教育三种类型②，不同类型下的国际中文教师所需要构建的第三空间身份是有所差异的。对外汉语教师身处中国的语言文化环境内，其身份认同无须怀疑是偏向中国文化的，因而在中文教学中，应当是努力克服母文化导致的民族中心主义，改变单向的文化灌输，在了解中国文化和学习者母文化的基础上，重构第三空间文化；对于身处海外的中文教师来讲，教师身处学习者的母文化环境中，在教学中应当避免依附于对方文化；而对于移民他国的中文教师来说，他们在身份认同上介于中国人和异邦人，这种第三空间的游离状态反而会提供他们不一样的视角，有助于他们的语言文化教学。不管是何种类型的国际中文教师，在教学中应当做的是在了解中国文化和学习者母文化的基础上，进行双方文化的解构和重构，创造一个不同于这两种文化的开放、多元的第三空间文化，这是国际中文教师的职责所在。

2. 学习者研究

国际中文教育的目标是培养学习者运用中文进行跨文化交际的能力，这是学界共识。但是，学习者在和中国人进行交际的过程中，是应当依附于中国文化的立场，还是从自身母文化出发强调自身的母文化立场？不论是从哪种立场出发，显然都会产生一种文化间的无形碰撞。面对这种两难的情况，一些学者提出了自己的看法。王永阳认为二语教学和文化传播的重要目标之一是要帮助学习

---

① Yujia Jiang, "Teacher Identity and Culture Teaching in Chinese Language Classrooms: A Case Study in a Canadian University", *International Journal of Chinese language Teaching*, 2023, Vol.4, No.2, pp. 53 - 67.

② 王辉、冯伟娟：《何为"国际中文教育"》，光明网，2021 年 3 月 15 日，https：//m. gmw.cn/baijia/2021-03/15/34688036.html；郭熙、林瑀欢：《明确"国际中文教育的内涵和外延"》，《中国社会科学报》2021 年 3 月 16 日；吴应辉：《国际中文教育新动态、新领域与新方法》，《河南大学学报》（社会科学版）2022 年第 2 期，第 103—110 页。

者建立第三空间知识结构、思维方式和视角。① 卢晨晨进一步指出需要让学习者建立第三空间身份，在两种文化之间平等对话。② 也就是说，学习者不能全然从自身母文化立场出发，以一种抗拒的心理来认识目的语文化，或以居高临下的态度来解读它，而是需要摆脱自身的偏见和刻板形象，但这并不意味着学习者放弃对自身母文化的认可，去依附、完全认可目的语文化，按照母语者的行为习惯进行跨文化交际。简言之，学习者应当是在了解母文化和目的语文化的基础上，形成对双方文化新的理解和认识，形成一种平等、多元的文化态度。此外值得一提的是，张欣提出了"第三空间人格"（Third Space Persona）的概念，这种人格区别于自我表达的人格和他人眼中的人格，为自我与目的语（他者）所共同认同。她认为外语教学的目的不应是将学习者塑造成一个母语者，而应培养其第三空间人格，让学习者能够在共同构建的第三空间中处理各种复杂情况。③ 曾稚妮的研究与以上不同，她以在目的语社团中工作的中文学习者为研究对象进行个案研究，基于此，她对高级中文学习者的培养目标提出了新的看法：发展学习者的多语能力，以便其能够胜任多语言、多文化的情境；向学习者展示语言的多元面貌，使其了解目的语在陌生文化中同样有效；培养学习者成为全球化职业人士的专业能力，而非简单的语言熟练度。④ 另外，也有研究探究了文化体演和文化

---

① 王永阳：《跨文化交际的第三空间与国际汉语教师跨文化交际能力培养的第三空间模式》，《孔子学院》2013 年第 2 期，第 28—33 页。

② 卢晨晨：《跨文化交际"第三空间"理论及其在国际汉语教学中的应用研究综述》，吴中伟主编：《复旦汉学论丛》（第十一辑），上海：复旦大学出版社，2020 年，第 219 页。

③ Xin Zhang, "Native Speaker Effects, C2 Receptivity of Learner and Co-construction of Third-Space Personae：A Pedagogy of Target Culture Expectation", in Xin Zhang & Xiaobin Jian（eds.）, *The Third Space and Chinese Language Pedagogy: Negotiating Intentions and Expectations in Another Culture*, New York：Routledge, 2020, pp. 26 - 44. Xin Zhang, "Negotiating C2 Expectation and Third-Space Personae in Transdisciplinary L2 Learning：Collaboration with Chinese Professionals on Advanced Chinese Language Curricula", Nobuko Chikamatsu & Li Jin（eds.）, *A Transdisciplinary Approach to Chinese and Japanese Language Teaching*, London/New York：Routledge, 2023, pp. 113 - 127.

④ Zhini Zeng, "Striving for the Third Space：A US Professional's Experiences in Chinese Workplaces", *Foreign Language Annals*, 2018, Vol. 53, No. 3, pp. 658 - 684.

体验路径下学习者第三空间的构建,认为运用体演文化教学法反复演练中国文化,能够提升学习者的跨文化交际能力。①

可以看出,学者们都认为第三空间理论有助于培养学习者的跨文化交际能力,所提出的跨文化交际空间模式和第三空间人格等都具有一定程度上的创新,是该理论在国际中文教育领域的积极尝试。但如何将第三空间理论运用于实际的中文教学中,运用何种教学方法策略,学界目前的探讨还不多,仍需进一步探讨研究。

3. 教学研究

第三空间理论为国际中文教育的课堂教学研究提供了新的思路。从现有文献来看,学者们更多是将第三空间理论和教学法相结合,来探讨该理论对语言文化教学的具体作用。保·柯克拉(Paul D. Cockrum)直接提出了"第三空间教学法"(The Third Space Pedagogical Approach)这一名称,认为该教学法有助于解决语言教学排斥文化内容这一问题,中文教学在学生语言学习之初就应该做到语言和文化相融合,而不应将文化视作高级阶段的教学材料。② 同时他主张第三空间教学法应鼓励学生将语言与生活相联系,由此,学生不仅能够学习语言结构、词汇,也能学习文化。简小滨对21世纪的外语教学法进行了新的呼吁,他犀利地指出,构建21世纪的第三空间,应当超越比较文化和跨文化(inter-cultures, cross-cultures),第三空间应当具有多语的特点,在其中每个人都可以协商和共同构建超文化体验(trans-culture experience)。③ 但他并未提及如何构建这样一种第三空间,需要我们在后面作进一步探索。张欣反对在中文课堂上向学习者

---

① 李子晗:《"文化体演+文化体验"路径下的汉语学习者跨文化交际"第三空间"构建研究》,硕士学位论文,济南:山东师范大学,2022年。

② Paul David Cockrum, "The Third Space in Teaching Chinese as a Foreign Language: A Reconceptualization of the Conventional Pedagogical Approach", unpublished Master Thesis at the University of Texas at Austin, 2019.

③ Xiaobin Jian, "Negotiating A Co-constructed Multilingual and Transcultural Third Space", in Xin Zhang & Xiaobin Jian (eds.), *The Third Space and Chinese Language Pedagogy: Negotiating Intentions and Expectations in Another Culture*, New York: Routledge, 2020, pp. 7-25.

提供一刀切的策略，认为教师应该在教学中遵循如下三条原则：提升学习者对目的语文化的期望；提升学习者对目的语文化期望和语言表现形式的意识；帮助学习者基于实际体验和对目的语文化的期望，发展他们第三空间人格下的个性化策略。除以上研究外，也有人探讨了在文学教学中构建第三空间的具体方法①、第三空间理论下传统文化村落中语言景观与中文教学结合的可能性②，以及多模态和第三空间相结合在文化教学中的有效性③。

总的说来，学者们的探讨为中文教学提供了更为多元的思路，从第三空间入手发展学习者的多语能力、职业能力，都显示出与一般教学法全然不同的思考，但另一方面，这样的提法主张都显示出对教师及学习者更高的要求，比如多语能力，这显然并非一般能力的中文学习者能够胜任的，而如果不能形成多语能力，那第三空间的构建，将何以为之？

4. 教材研究

以往的中文教材所提供的语言内容，以中文母语者所说的标准语言为蓝本，所涉及的文化内容多为中国文化，包括中国人的饮食风俗、行为习惯、日常生活、文学艺术、思想观念等，体现的是一种以中国文化为主的文化取向。胡明扬就指出："如果太强调中国文化的独特性和优越性，课文中有意识地加进很多传播中国文化的内容，很可能让外国学生反感，效果并不好。"④换句话讲，我们在设计教材中的文化内容时，应采取平和、务实、超然的心态，而非展示和弘扬的心

---

① 朴祺螺、郭恋东：《论构建对外汉语文学教学中的第三空间》，《汉字文化》2021年第S2期，第99—101页。
② 钟佳利：《基于第三空间理论的语言景观与对外汉语教学初探》，《第十二届中文教学现代化国际研讨会论文集》，胡志明：胡志明市师范大学出版社，2021年，第98—116页。
③ Amily Guenier & Ge Min, "Navigating the Digital World: Teaching Contemporary Chinese Culture via a Third Space with a Multimodal Approach", *International Journal of Computer-Assisted Language Learning and Teaching*（*IJCALLT*），2022, Vol. 12, No. 5, pp. 1‑12.
④ 胡明扬：《对外汉语教学基础教材的编写问题》，《语言教学与研究》1999年第1期，第16页。

态。① 徐婷婷参考借鉴了第三空间理论"平衡目的语文化和学习者母语文化""强调跨文化探索和协商"的理念,尝试打破仅以中文母语者语言为目的语学习标准的做法,以语言的规范性、话题的当代性、对答类型和话轮转换的多样性为语料选取的标准,从主要参与者为中文非母语者的谈话类电视节目中选取筛选教学内容,在教学上获得了学生的积极反馈。② 她的做法很好地融入了第三空间理论的理念,以中文非母语者的谈话节目为教学内容来源,在一定程度上改变了以中文母语者语言和中国文化为主的单一取向,有利于培养学习者的跨文化交际能力。这为教材编写提供了很好的思路。张欣认为在编写教学材料时,应尽可能创造变化,以满足不同背景的学习者对C2(第二空间文化,目的语文化)的不同期望。③ 两位学者的研究启示我们在编写教材时同时关注母语者和学习者双方的文化,在保证教材科学性、系统性等的同时满足双方需求,运用中文教材创设一个跨文化交际的第三空间。但目前还没有成体系的"第三空间"理论指导下的汉语教材④,后续可以参考该理论开发相对应的教材。

5. 文化传播研究

当今之世,中华文化向海外传播是必然的,这是应世界的需要、国际文化发展繁荣的需要和中国提升自身国际影响力的需要⑤,但目前在中华文化传播的过程中,仍然存在诸多问题,包括传播的内容、途径、传播者的素养能力等,这都影响了中华文化海外传播的最终效果。一些学者从第三空间理论出发,探讨了该理

---

① 李泉:《文化内容呈现方式与呈现心态》,《世界汉语教学》2011年第3期,第396页。
② 徐婷婷:《基于跨文化交际第三空间理论的高级汉语视听说教学选材新探》,《华文教学与研究》2018年第4期,第19—24页。
③ Xin Zhang,"Negotiating C2 Expectation and Third-Space Personae in Transdisciplinary L2 Learning:Collaboration with Chinese Professionals in Advanced Chinese Language Curricula",in Nobuko Chikamatsu & Li Jin(eds.),*A Transdisciplinary Approach to Chinese and Japanese Language Teaching*,New York:Routledge,2023,pp. 113–127.
④ 卢晨晨:《跨文化交际"第三空间"理论及其在国际汉语教学中的应用研究综述》,吴中伟主编:《复旦汉学论丛》,上海:复旦大学出版社,2020年,第221页。
⑤ 朱瑞平、张春燕:《汉语国际教育背景下文化传播内容选择的原则》,《云南师范大学学报》(哲学社会科学版)2016年第1期,第47、48页。

论对中华文化海外传播的一些启示。王永阳尝试性地提出了国际汉语教学与传播的第三空间模式,指出二语教学与文化传播的目的之一就是要帮助学习者建立第三空间的知识结构、思维方式和视角。[①] 陈鸿瑶认为达成有效传的关键在于第三空间是否能在不同文化主体间构建出来,由此她主张通过构建共同经历、关注共同情感、聚焦共同价值观、搭设共情桥梁,通过文化产品构筑第三空间来助力文化传播。[②] 可见,第三空间理论给我们进行中华文化海外传播时提供了新的文化视角,这种视角能将文化差异可能带来的阻碍、冲突转换为一种为双方所接受的第三空间文化,这无疑是有所裨益的。除此之外,也有学者探讨了迁徙文学(migratory literature)作为第三空间在中文教学中的应用[③]、语用失误[④]等。

三、余　论

第三空间是介于第一空间和第二空间的中间地带,是一块安全区域[⑤],既是交际者本土文化场域的跨空间延伸,也是交际者文化实践能力、跨文化交际能力的集成[⑥],在此空间内学习者可以从彼此的文化规约、价值取向中脱离出来,与同伴、拥有异文化背景的语言学习者和母语者进行自由交流。不少学者对该理论在国际中文教育中的应用进行了多角度、多层次的探讨,为国际中文教育的发

① 王永阳:《国际汉语教学传播与跨文化交际第三空间模式》,《云南师范大学学报》(对外汉语教学与研究版)2013年第1期,第73—79页。

② 陈鸿瑶:《"第三空间"视角下的文化传播策略》,《传媒》2020年第10期,第90—92页。

③ Trevor Hay & Yongyang Wang, "'Migratory' literature: A 'Third Place' for Intercultural Teaching and Learning of Chinese as a Second Language?", *Proceedings of Intercultural Competence Conference*, 2010, Vol. 1, pp. 124-143.

④ 李璋:《跨文化交际第三空间模式中语用失误浅析》,《学语文》2014年第2期,第62、63页。

⑤ Amily Guenier & Ge Min, "Navigating the Digital World: Teaching Contemporary Chinese Culture via a Third Space with a Multimodal Approach", *International Journal of Computer-Assisted Language Learning and Teaching*(*IJCALLT*), 2022, Vol. 12, No. 5, p. 8.

⑥ 雷明珍、费燕洪:《跨文化交际中的空间隐喻》,《海外文摘》2021年第21期,第2页。

展注入了新的源泉,是有意义的积极尝试,但总体来看,第三空间理论在国际汉语教学中的应用还仅仅停留在理论层面①,缺乏在国际中文教育中应用的具体路径,比如,如何将第三空间理论应用于课堂语言教学、文化教学,如何进行针对性的语言教材、文化教材或其他专门用途中文教材的编写,如何指导某一课程的设置实施,如现当代文学课、中国民俗课、地域文化课,面对留学生和非中文环境下的学习者该如何运用等,这些问题都是具体教学中切实面对的问题。

A Literature Review on the Application of Third Space Theory in International Chinese Language Education

School of International Chinese Language Education, Beijing Normal University

Abstract

The Third Space theory is a theory formed under the postmodernism trend, advocating the construction of a new third space based on the first and second spaces. In this space, people with different cultural backgrounds can free themselves from the constraints of their own culture and communicate freely, which provides new ideas for International Chinese Language Education. Based on the existing academic researches, this article briefly introduces the relevant concepts and theoretical content of the third space theory, sorts out the research which applies third space theory in International Chinese Language Education worldwide, and reviews it from five aspects: teacher research, learner research, teaching research, textbook research, and cultural dissemination research, in order to provide inspiration for the future development of International Chinese Language Education.

Keywords

third space; international Chinese language education; literature review

---

① 卢晨晨:《跨文化交际"第三空间"理论及其在国际汉语教学中的应用研究综述》,吴中伟主编:《复旦汉学论丛》(第十一辑),上海:复旦大学出版社,2020 年,第 221 页。

区域国别中文发展研究

新时代东盟国家本土中文教师职业认同实证分析[*]

李　欣　卢雁玲^{**}

提要： 当前学界对中文教师职业认同研究尚处于起步阶段，且研究主体主要为志愿者教师和公派教师，对本土中文教师职业认同研究较为匮乏。本研究根据本土中文教师工作特质编制问卷，通过对菲律宾、缅甸、泰国、马来西亚、新加坡、印尼6个东盟国家2 065名本土中文教师进行问卷调查发现，中文教师职业认同总体水平较高，职业价值认同处于中等水平；差异性分析表明，中文教师职业认同在性别、学历、教龄、任教国家方面存在显著差异；相关分析结果显示，职业认同与社会支持的各子维度均呈显著正相关；回归分析结果则证实，社会支持维度下的家庭支持和组织支持均对东盟各国本土中文教师的职业认同产生显著影响。鉴于此，本研究建议应关注男女教师心理健康、补足中文教师学历短板、制定个性化师资培养方案以及重视中文教师外部职业发展环境，完善东盟本土中文教师教

* 　本研究为2021年度福建省社会科学基金项目"'一带一路'沿线国家中文教师职业生存状态研究"（项目编号 FJ2021B111）的阶段性成果。

**　李欣，教育学博士，华侨大学华文学院副教授，研究方向为国际中文教育、中文教师专业发展。卢雁玲，华侨大学华文学院硕士研究生，研究方向为国际中文教育。

师社会支持体系,强化其职业认同。

关键词：东盟；本土中文教师；职业认同；社会支持

一、引　言

东盟国家约有 4 000 余万华人①,是海外中文教育的重要阵地。进入 21 世纪后,随着中国国际地位的崛起,东盟各国与中国的经济联系日趋深入,中文成为商业语言的优势凸显,各国民众学习中文、了解中国的热情持续升温。截至 2022 年,东盟十国中,菲律宾、泰国、马来西亚、新加坡、印尼、老挝和越南 7 个国家已将中文纳入国民教育体系。虽然其他 3 个国家还没有明确颁布政策将中文纳入国民教育体系,但是各国的中文教学都取得了不同程度的发展:缅甸、文莱的中文教学主要集中在私立的华文学校;柬埔寨开设孔子学院。② 当前,国际中文教育正处在发展的新时代,需要经历转型升级过程中的诸多挑战,包括海外各国中文教育管理机制缺乏保障、学校助推中文教师成长措施不足、相关从业人员的专业能力欠缺、中文教育经费投入不足等问题。③ 这不仅影响到本土中文教师对中文教师职业的认同和专业发展,也势必影响中文教育质量,制约中文教育的可持续发展。本土中文教师是指在海外各类教育机构中从事中华语言与文化教育的全职或兼职教师,既包括华裔教师也包括非华裔教师。东盟十国中,菲律宾、泰国、马来西亚、新加坡、印尼、缅甸的中文教育历史悠久,整体发展态势较好,对这六国本土中文教师的职业认同进行调查分析有助于深入了解东盟本土中文教师专业发展情况。因此,本文将从东盟六国的研究视角切入,深入了解东

---

① 杨绪明:《民族地区国际中文教育现状及区位语言文化资源开发——以广西壮族自治区为例》,《语言教学与研究》2022 年第 3 期,第 1—12 页。
② 李宝贵、吴晓文:《中文纳入东南亚国家国民教育体系动因机制与推进策略》,《辽宁大学学报》(哲学社会科学版)2021 年第 1 期,第 130—139 页。
③ 李宝贵、刘家宁:《新时代国际中文教育的转型向度、现实挑战及因应对策》,《世界汉语教学》2021 年第 1 期,第 3—13 页。

盟本土中文教师职业认同现状及影响因素。

二、文献回顾

"教师职业认同"源自"职业认同"这一心理学概念,近三十年来职业认同成为中西方教育领域的一个研究主题。沃克曼和安德森(Mark J. Volkmann & Maria A. Anderson)认为,职业认同是人格自我形象和教师必须遵循角色规则之间的复杂平衡过程,与角色、自我、自我形象、自我人格、职业自我存在高度相关。[①] 倍佳德(Douwe Beijaard)认为,教师职业认同不是一个静态的、一劳永逸的概念,而是一个持续的动态过程,在教师的经验中不断发展和完善。[②] 迪拉博(Jo-Anne Dillabough)提出,教师职业认同不是固定或预设的,是其对自身的行为、语言、实践与社会情境交互的解释和归因中引发的,是一种动态平衡过程。[③] 我国学者魏淑华认为,职业认同是教师对其职业及内化的职业角色积极的认知、体验和行为倾向的综合,是在教师的个体与其所处的社会、文化和制度环境的相互建构中形成和发展的。[④] 除了对概念本身,中外学者们对于教师职业认同维度的建构亦存在诸多差异,但大多包括认知、情感和行为倾向这三个主要成分。[⑤] 由此可见,国内外关于教师职业认同的界定强调了三点:一是内容的丰富性,它既包括教师对自己从事该职业的自我评价,也包括对所进行的教育和教

① Mark J. Volkmann & Maria A. Anderson, "Creating Professional Identity: Dilemmas and Metaphors of a First-year Chemistry Teacher", *Science Education*, 1998, Vol. 82, No. 3, pp. 293 - 310.
② Douwe Beijaard, "Teachers' Prior Experiences and Actual Perceptions of Professional Identity", *Teachers and Teaching*, 1995, Vol. 1, No. 2, pp. 281 - 294.
③ Jo-Anne Dillabough, "Gender Politics and Conceptions of the Modern Teacher: Women, Identity and Professionalism", *British Journal of Sociology of Education*, 1999, Vol. 20, No. 3, pp. 373 - 394.
④ 魏淑华:《教师职业认同研究》,博士学位论文,重庆:西南大学,2008 年。
⑤ 李笑樱、闫寒冰:《教师职业认同感的模型建构及量表编制》,《教师教育研究》2018 年第 2 期,第 72—81 页。

学实践的评价；二是过程的动态性，即教师的职业认同是教师主体在自己的经历中逐渐形成的，会根据不同情境而变化；三是情景的交互性，即教师的个体经验会与其所处的社会环境、文化环境和制度环境产生交互作用。教师职业认同的高低，对其是否能积极认知职业角色，用正向的态度克服工作中的不利条件和调节自身心理有着重要作用。[①]

教师职业认同受到多方面的影响，古德森（Ivor. F. Goodson et al）认为教师职业认同的发展建立在个体和职业两者的基础上。在生活和工作时会受到个体因素、学校因素和其他条件的深刻影响。[②] 鉴于此，学者们从影响教师职业认同的内外部因素展开了更为深入的探索，发现性别、教龄、学历、职称、从教动机等个人内部因素[③]，领导支持、人际氛围等学校因素[④]，历史、文化、地位、声望等外部大环境因素[⑤]均会对教师的职业认同发展产生一定影响。诸多研究表明，教师作为社会中的一员，对其自身的职业认同通过社会系统中他人的反应和行为来获得确认。社会支持指个体在社会中能够感受到的物质与情感上的援助，来源包括领导、同事、家庭、朋友等，反映了个人与社会联系的紧密程度，个体通过社会联系获得的心理支持来减轻和缓解心理应激反应、精神紧张和其他不良心理状态的情形。[⑥] 有学者从中微观的层面，依照场域将社会支持分为家庭支持与组织支持。前者来自家庭领域，主要指家庭成员提供生活或经济协助、精神

---

① 罗杰、周瑗、陈维等：《教师职业认同与情感承诺的关系：工作满意度的中介作用》，《心理发展与教育》2014 年第 3 期，第 322—328 页。

② Ivor. F. Goodson & Ardra L. Cole，"Exploring the Teacher's Professional Knowledge：Constructing Identity and Community"，*Teacher Education Quarterly*，1994，Vol. 21，No. 1，pp. 85–105.

③ 宋广文、魏淑华：《影响教师职业认同的相关因素分析》，《心理发展与教育》2006 年第 1 期，第 80—86 页。

④ 武莉莉：《高校教师职业认同、组织认同和工作满意度影响因素分析》，《统计与决策》2017 年第 4 期，第 124—126 页。

⑤ 肖述剑：《高校辅导员职业认同影响因素的实证研究——基于湖北高校的数据分析》，《学校党建与思想教育》2018 年第 20 期，第 68—71 页。

⑥ Sheldon Cohen，"Social relationships and health"，*American Psychologist*，2004，Vol. 59，No. 8，pp. 676–684.

抚慰、信息和评价功能等①,是一种先赋性因素。已有研究证实,家庭支持有利于教师平衡家庭角色与工作角色之间的关系,提高他们个人发展目标和职业发展要求之间的一致性联系,增加他们对自身职业角色的积极评价,进而提升他们对教师职业的认同。② 后者则是一种自获性因素,它来自工作领域,主要包括公平制度、工作资源、工作氛围和领导支持等。③ 当教师获得来自学校组织或其他专业人员有价值的建议、指导、培训或其他支持资源时,对提高他们专业技能和专业素养的可能性更大,从而促进其自我发展和专业成长的同一性,获得职业认同感。④ 在有关工作领域各项支持的研究表明,来源于领导(如校长)的支持被证明是缓解教师职业枯竭最有效的方式⑤,其作用远远大于同事和其他人的支持,来源于同事的支持在教师压力上所起的缓冲作用比来源于家庭和朋友的社会支持作用更大。⑥

　　以上研究考察了不同因素对教师职业认同的影响情况,是海外本土中文教师专业发展的重要理论参考,但东盟本土中文教师所处的工作环境、教学目标、教学对象有其自身特点。与此同时,以"中文教师""汉语教师""华文教师"和"职业认同""身份认同"等为关键词在中国知网进行搜索仅能检索到四十多篇相关

---

①　Lynda A. King, Laura K. Mattimore, Daniel W. King & Gary A. Adams, "Family Support Inventory for Workers: A New Measure of Perceived Social Support from Family Members", *Journal of Organizational Behavior*, 1995, Vol. 16, No. 3, pp. 235 – 258.

②　余鹏、周占武:《工作—家庭冲突对民族地区女性教师职业认同的影响——领悟社会支持的中介作用》,《民族教育研究》2021年第4期,第82—87页。

③　Barbara L. Taylor, Robert G. DelCampo & Donna Maria Blancero, "Work-family Conflict Facilitation and the Role of Workplace Supports for U. S. Hispanic Professionals", *Journal of Organizational Behavior*, 2009, Vol. 30, No. 5, pp. 643 – 664.

④　王姣艳、王雁:《特殊教育教师的职业认同调查研究》,《教育学报》2012年第1期,第90—96页。

⑤　Daniel W. Russell, Elizabeth Altmaier & Dawn V. Velzen, "Job Related Stress, Social Support, and Burnout among Classroom Teachers", *Journal of Applied Psychology*, 1987, Vol. 72, No. 2, pp. 269 – 274.

⑥　Richard L. Schwab, Susan E. Jackson & Randall S. Schuler, "Educator Burnout: Source and Consequence, *Educational Research Quarterly*, 1986, Vol. 10, No. 3, pp. 14 – 30.

论文,且以志愿者教师或公派教师为研究对象。针对本土中文教师这一海外中文教育的主力群体研究不足。因此,本研究针对本土中文教师编制了职业认同量表和社会支持量表,考察本土中文教师的职业认同现状、影响因素及其与社会支持的关系,为今后本土中文教师专业发展和国际中文教育可持续发展提供理论参考与实证经验的支持。

三、研 究 设 计

1. 研究问题

问题一：东盟六国本土中文教师的职业认同现状如何？

问题二：影响东盟六国本土中文教师职业认同的因素有哪些？

问题三：社会支持对东盟六国本土中文教师的职业认同影响效应如何？

2. 研究对象

本次调查采用整群随机抽样的方法,以东盟国家本土中文教师为调查对象,问卷发放主要以电子问卷的形式通过问卷星、谷歌表单、电子邮件等发放,于2022年6月至12月进行问卷的发放和收集。在菲律宾华文教育中心、缅甸汉语教师协会、泰国华文教师公会、马来西亚华校教师会总会、新加坡华文教研中心、印尼华文教育联合总会等多个中文教师团体及个人的帮助下,共回收有效问卷2 065份。

调查样本具有如下特征：一是女性教师人数占压倒性比例(74.4%),基本符合国际中文教育行业的女多男少的教师性别比例特征；二是未婚教师略多于已婚教师；三是六国中,马来西亚、泰国、菲律宾、新加坡的教师人数各占两成左右,印尼和缅甸的教师分别占一成；四是教师的教龄分布呈"橄榄形",21年及以上教龄教师(14%)与2年以下教龄(9.8%)教师位于两端,教龄在6年以上的教师为主力；五是东盟本土中文教师队伍中具有本科学历的教师达55.5%,学历为硕士(22.1%)和大专及以下(19.6%)的教师比例相当,详见表1。

表 1   调查样本信息

基 本 信 息		样 本 数	比 例
性别	男	528	25.6%
	女	1 537	74.4%
婚姻	已婚	893	43.2%
	未婚	1172	56.8%
学历	博士	58	2.8%
	硕士	456	22.1%
	本科	1 146	55.5%
	大专及以下	405	19.6%
教龄	2 年及以下	202	9.8%
	3~5 年	398	19.3%
	6~10 年	551	26.7%
	11~20 年	579	28%
	21 年及以上	290	14%
	缺失值	45	2.2%
年龄	35 岁以下	1 101	53.3%
	36~45 岁	574	27.8%
	46~55 岁	253	12.3%
	55 岁以上	133	6.4%
	缺失值	4	0.2%
任教国家	菲律宾	376	18.2%
	缅甸	155	7.5%
	泰国	502	24.3%
	马来西亚	515	24.9%
	新加坡	341	16.5%
	印尼	176	8.6%

3. 研究工具

　　研究人员结合东盟本土中文教师的实际工作情况进行问卷的个性化改编,分为中文和英文两个版本,供不同中文水平的本土中文教师选择。问卷采用不记名方式,全部数据均作保密处理。正式问卷包含四部分:第一部分为性别、婚姻、学历等人口统计信息;第二部分是东盟本土中文教师职业认同量表,参考由魏淑华、宋广文等人编制的"中小学教师职业认同量表"[①],这是目前国内教师职业认同研究中影响较大且认同程度较高的量化研究工具之一。问卷采用李克特五级计分法,包括非常不符合、比较不符合、一般、比较符合、非常符合五个等级,将职业认同划分为:职业价值认同、职业情感认同、职业行为认同三个维度,共计18个题项。职业价值认同指本土中文教师对教师工作本身所能表现的社会价值的认可;职业情感认同是指中文教师对所从事教师职业具有的积极情感和体验;职业行为认同是指按照中文教师岗位特定的行为标准工作并认同该标准。三个维度的典型题项依次如"薪酬福利符合心理预期""对中文教学工作充满热情""主动在教学中融入中华文化知识"。

　　第三部分是社会支持量表,参考肖水源编制的"社会支持量表"[②],采用李克特五级计分法,包括非常不同意、不同意、一般、同意、非常同意五个等级。按照场域将社会支持划分为组织支持和家庭支持两个维度,共计10个题项。其中,组织支持是指员工感到组织重视其工作贡献和关心其工作是否幸福的程度,是来自员工对组织的知觉和看法。[③] 典型题项如"上级领导给予我很高的工作期待"。家庭支持是教师工作开展的最大动力,能有效减缓生活压力、促进教师身心健康,如家人为其提供精神抚慰、经济物质和生活帮助等。[④] 典型题项如"家

① 魏淑华、宋广文、张大均:《我国中小学教师职业认同的结构与量表》,《教师教育研究》2013年第1期,第55—60、75页。
② 肖水源:《"社会支持评定量表"的理论基础与研究应用》,《临床精神医学杂志》1994年第2期,第98—100页。
③ Florence Stinglhamber & Christian Vandenberghe, "Organizations and Supervisors as Sources of Support and Targets of Commitment:A Longitudinal Study", *Journal of Organizational Behavior*, 2003, No. 3, pp. 251‐270.
④ Lynda A. King, Laura K. Mattimore, Daniel W. King & Gary A. Adams, "Family Support Inventory for Workers:A New Measure of Perceived Social Support from Family Members", *Journal of Organizational Behavior*, 1995, Vol. 16, No. 3, pp. 235‐258.

人非常支持我的中文教学工作"。

四、数据分析结果

(一)信效与效度检验

本研究利用 SPSS 27.0 对东盟本土中文教师问卷量表进行信度检验,结果显示,总量表的 Cronbach's α 系数为 0.898,职业认同下的职业价值认同、职业情感认同、职业行为认同的 Cronbach's α 系数分别为:0.837、0.830、0.900,社会支持下的家庭支持和组织支持的 Cronbach's α 分别为 0.732、0.794,系数均大于 0.7,说明量表具有良好的内部一致性,适用于本研究。采用 AMOS 24.0 验证性因子分析对职业认同和社会支持的子维度进行结构效度检验(见表 2),结果表明,除样本量较大导致各模型的卡方自由度比(cmin/df)偏高外,其他拟合指数均符合参考标准(RMSEA<0.08,GFI、AGFI、NFI、RFI、IFI、CFI 值均在 0.90 以上),职业价值认同、职业情感认同、职业行为认同、家庭支持、组织支持五个子维度具有较好的结构效度。

表 2　职业认同与社会支持各维度区分效度的检验结果(n=2 065)

参考标准	$cmin/df$	GFI	AGFI	RMSEA	NFI	RFI	IFI	CFI
	<5	>0.9	>0.9	<0.08	>0.9	>0.9	>0.9	>0.9
职业价值认同	5.760	0.997	0.984	0.010	0.996	0.987	0.996	0.996
职业情感认同	4.115	0.998	0.988	0.009	0.997	0.991	0.998	0.998
职业行为认同	6.343	0.996	0.978	0.011	0.996	0.987	0.997	0.997
家庭支持	8.686	0.955	0.932	0.041	0.960	0.948	0.965	0.965
组织支持	15.469	0.991	0.955	0.017	0.987	0.962	0.988	0.980

(二)东盟六国本土中文教师职业认同现状及影响因素

1. 职业认同概况

研究将量表得分标准划分为高(>3.5)、中(2.5～3.5)、低(<2.5)三个水平

进行测量。由表3可知,东盟六国本土中文教师的职业认同均值为3.77,处于较高水平(>3.5),其中"职业行为认同"(4.03)和"职业情感认同"(3.82)明显高于"职业价值认同"(3.47)。

六国本土中文教师的职业认同均值从高到低依次为菲律宾(4)、缅甸(3.87)、泰国(3.83),马来西亚(3.7)、新加坡(3.6)、印尼(3.59)。均值最高的国家是菲律宾,最低是印尼。从国别来看,菲律宾、缅甸、泰国、马来西亚、新加坡、印尼六国的中文教育具有不同的历史背景和发展历程,各国的中文教育政策、中文教师社会地位、经济待遇等都对其职业认同产生影响,说明如何促进中文教师认可其职业的价值、提升职业情感,是各国普遍面临的问题。

表3　东盟六国本土中文教师职业认同及子维度的描述性统计(n=2 065)

类　别		职业价值认同	职业情感认同	职业行为认同	职业认同均值
整体描述性统计		3.47	3.82	4.03	3.77
任教国家	菲律宾	3.71	4.04	4.26	4
	缅甸	3.6	3.91	4.08	3.87
	泰国	3.6	3.9	3.98	3.83
	马来西亚	3.3	3.76	4.04	3.7
	新加坡	3.23	3.57	3.99	3.6
	印尼	3.38	3.68	3.71	3.59

2. 职业认同群际差异

通过对样本数据的差异性分析,发现东盟六国本土中文教师的职业认同及认同的各个维度在性别、学历、教龄、任教国家四个方面存在显著性差异。

(1)性别在东盟本土中文教师的职业价值认同上存在显著差异(t值=7.516,p=0.006),在职业情感认同和职业行为认同上的差异不显著(t=1.060,p=0.303;t=3.357,p=0.067)。女性中文教师在职业价值认同维度得分高于男性教师。

（2）学历在东盟本土中文教师职业认同上的差异呈显著水平（F 值＝12.327，p＝0.000），采用最小显著差异法（LSD）进行多重比较发现，博士学历、硕士学历的本土中文教师在职业认同及三个认同子维度均值明显高于学士学历和大专及以下学历的教师。

（3）教龄在东盟本土中文教师职业认同上的差异较为显著（F 值＝13.031，p＝0.000）。采用 LSD 法进行多重比较发现，随着教龄的增加，教师的职业认同感也逐渐增加，21 年及以上教龄的本土中文教师职业认同及认同各维度都远超其他教龄段教师。

（4）不同任教国家的东盟本土中文教师在职业认同上的差异显著（F 值＝12.566，p＝0.000），采用 LSD 法进行多重比较发现，菲律宾的本土中文教师在职业认同及认同三个子维度的均值最高，新加坡本土中文教师在"职业价值认同"和"职业情感认同"低于各国。

表 4 东盟六国本土中文教师职业认同的差异性分析（n＝2 065）

变量类别		职业价值认同 M±SD	职业情感认同 M±SD	职业行为认同 M±SD	职业认同 M±SD
性别	男	3.55±0.827	3.99±0.750	3.84±0.713	3.79±0.610
	女	3.46±0.770	4.10±0.630	3.85±0.698	3.80±0.572
	t 值	7.516	1.062	3.357	0.787
	sig.（双侧）	0.006**	0.303	0.067	0.375
学历	博士	4.07±0.813	4.24±0.763	4.42±0.658	4.24±3.88
	硕士	3.57±0.776	3.96±0.714	4.11±0.681	3.88±0.590
	学士	3.47±0.797	3.77±0.720	4±0.690	3.68±0.630
	大专及以下	3.43±0.760	3.77±0.723	3.97±0.760	3.72±0.614
	F 值	8.797	12.293	5.969	12.327
	sig.（双侧）	0.000***	0.000***	0.000***	0.000***

续　表

变量类别		职业价值认同 M±SD	职业情感认同 M±SD	职业行为认同 M±SD	职业认同 M±SD
教龄	2 年及以下	3.54±0.781	3.77±0.687	3.98±0.769	3.76±0.653
	3~5 年	3.45±0.818	3.67±0.810	3.87±0.772	3.66±0.680
	6~10 年	3.47±0.810	3.76±0.691	4.00±0.648	3.74±0.580
	11~20 年	3.49±0.760	3.86±0.673	4.09±0.638	3.81±0.551
	21 年及以上	3.63±0.777	4.10±0.751	4.28±0.707	4.00±0.618
	F 值	2.408	14.88	14.949	13.031
	sig.（双侧）	0.048*	0.000***	0.000***	0.000***
任教国家	菲律宾	3.71±0.827	4.02±0.730	4.26±0.697	3.99±0.632
	缅甸	3.61±0.671	3.89±0.728	4.08±0.663	3.86±0.562
	泰国	3.60±0.796	3.90±0.708	3.98±0.710	3.83±0.602
	马来西亚	3.27±0.675	3.73±0.659	4.05±0.621	3.68±0.509
	新加坡	3.25±0.818	3.55±0.747	3.99±0.666	3.60±0.617
	印尼	3.39±0.671	3.67±0.737	3.71±0.761	3.59±0.607
	F 值	11.17	11.053	9.572	12.566
	sig.（双侧）	0.000***	0.000***	0.000***	0.000***

※ 符号*** 表示 $p<0.001$，** 表示 $p<0.01$，* 表示 $p<0.05$。

3. 社会支持与职业认同的关系检验

观察各维度的 Pearson 相关系数可知（见表 5），东盟本土中文教师职业认同与社会支持各子维度之间呈显著正相关，相关系数介于 0.352~0.767 之间，属于中高度相关，符合多元线性回归分析的前提。其中，职业认同三个子维度的相关系数介于 0.389~0.695，三个子维度与职业认同的相关系数介于 0.776~0.828。社会支持两个支持子维度的相关系数为：0.414，两个子维度与社会支持的相关系数介于 0.567~0.733。

表5 职业认同与社会支持的相关性矩阵

维　度	1	2	3	4	5	6	7
1 职业价值认同	1						
2 职业情感认同	0.480**	1					
3 职业行为认同	0.389**	0.695**	1				
4 职业认同	0.776**	0.871**	0.828**	1			
5 家庭支持	0.352**	0.509**	0.558**	0.569**	1		
6 组织支持	0.767**	0.570**	0.487**	0.747**	0.414**	1	
7 社会支持	0.508**	0.474**	0.411**	0.567**	0.526**	0.733**	1

※ 符号*** 表示 p<0.001，** 表示 p<0.01，* 表示 p<0.05。

为了进一步验证社会支持对东盟各国本土中文教师职业认同影响效应的大小，研究采用多元线性回归方程分别对六国本土中文教师的数据进行分析。具体回归模型如下：

$$Y_1 = \beta_0 + \beta_1 \sum \text{family support} + \beta_2 \sum \text{organization support} + \varepsilon$$

Y_1 为因变量，即东盟六国本土中文教师职业认同的总体水平，β_0 为常数项，$\beta_1\beta_2$ 为回归系数，$\sum \text{family support}$，$\sum \text{organization support}$ 是自变量，分为家庭支持和组织支持。分析结果显示（见表6），各模型中社会支持维度下的家庭支持均对六国本土中文教师职业认同产生显著正向影响（β 值>0.2，p<0.001），组织支持对本土中文教师职业认同的影响显著（β 值>0.3，p<0.001），社会支持对东盟本土中文教师职业认同的可解释变异量均在可接受范围内。

表6 东盟六国本土中文教师职业认同多元线性回归(n=2 065)

预测变量		菲律宾	缅甸	泰国	马来西亚	新加坡	印尼
社会支持	家庭支持	0.307***	0.334***	0.390***	0.352***	0.305***	0.236***
	组织支持	0.636***	0.562***	0.574***	0.529***	0.657***	0.484***

续　表

预测变量	菲律宾	缅　甸	泰　国	马来西亚	新加坡	印　尼
R^2	0.693***	0.603***	0.706***	0.507***	0.713***	0.374***
adjusted R^2	0.692***	0.599***	0.705***	0.505***	0.711***	0.365***
F 值	419.592***	130.046***	598.345***	263.278***	416.363***	45.334***

※ 符号 *** 表示 $p < 0.001$，** 表示 $p < 0.01$，* 表示 $p < 0.05$。

五、研究结果与讨论

1. 东盟六国本土中文教师的职业认同现状

综合六国样本数据得出，东盟本土中文教师的职业认同均值为 3.77，处于较高水平（>3.5）。在经历了全球新冠疫情期的茫然和慌乱之后，东盟中文教育已经形成了线上与线下相结合的融合教育模式，进入了新时代的平稳发展阶段，本土中文教师对其职业的总体认同处于中等偏上的水平。职业认同子维度均值显示，东盟本土中文教师职业行为认同均值（4.03）最高，职业价值认同均值（3.47）最低。这说明，与对中文教师职业的价值认同相比，本土中文教师在职业行为上表现出了更多的认同感。即虽然他们觉得薪酬待遇等未能体现出他们该有的社会价值，但还是相当积极地在实际的日常教育行动中践行中文教师职责。

国别化分析结果显示，菲律宾本土中文教师的职业认同高于其他国家，印尼则低于各国。为了挖掘造成差异的深层原因，本研究对菲律宾和印尼两国的数据进行详尽对比，发现两国教师分别在年龄、教龄、教学岗位上存在显著差异。菲律宾 45 岁以上中文教师占 46.5%，教龄在 11 年以上的教师占 50.9%。有研究表明，教师教龄随着服务年限的增长，教师的职业认同感知趋向积极。[1] 菲律

---

[1] Douwe Beijaard, "Teachers' Prior Experiences and Actual Perceptions of Professional Identity", *Teachers and Teaching*, 1995, Vol. 1, No. 2, pp. 281 - 294.

宾本土中文教师的情况与该研究结论一致。目前,印尼 35 岁以下中青年教师占主力(85.2%),教龄不足 5 年的教师占半数以上(52.3%),教龄在 11 年以上的教师占比不足两成(16.5%),年龄和教龄呈现"双低"现象,导致职业认同较低。已有研究证实,在职业生涯初期,教师的职业认同程度相对较低,仅是将教师职业看作一份工作,把收入水平摆在首位。① 本研究通过大样本的调查,结论亦支持了这一点。此外调查还发现,菲律宾和印尼本土兼职教师和全职教师比例大为不同,菲律宾兼职教师与全职教师比例约 1∶3,印尼兼职教师与全职教师比例接近 1∶1。有研究发现,兼职教师群体除了在一机构担任暂时性的教学工作之外,还受雇于社会中的其他组织,拥有多重身份,且以外部组织的身份为主,对教师职业认同感不强②,这一结论在本研究中也得到了证实。

　　菲律宾本土中文教师年龄与教龄"双高",也暴露出菲律宾本土中文师资青黄不接的断层现象。依托于中国与东南亚地区之间经济互动的外在推力,菲律宾对精通中文专才的需求随之增多。但是菲律宾中文教师的待遇微薄且地区差距较大,例如棉兰老岛地区中文教师每月底薪约一万菲币(折合人民币约 1 285 元),如果每位教师每月大约给 6～10 名学生进行校内补习,每月能额外收入 5 400～9 000 菲币(折合人民币 900～1 500 元)。即使这样,教师的最高收入也不会超过 4 000 元人民币。③ 部分山顶州府的教师每月只有五六千菲币,某些偏远山区学校校长的月薪不过两万菲币。④ 薪资微薄致使年轻人对从事中文教师工作的热情度不高,现有的中文教师大多介于五六十岁之间,为了缓解师资紧张问题,个别学校还返聘七八十岁老教师回校任教。⑤ 在改善菲律宾中文教育工

---

① Douwe Beijaard, "Teachers' Prior Experiences and Actual Perceptions of Professional Identity", *Teachers and Teaching*, 1995, Vol. 1, No. 2, pp. 281 - 294.

② 温正胞:《高职院校兼职教师的管理困境:根源与对策》,《中国高等教育》2011 年第 9 期,第 48—50 页。

③ 任正:《菲律宾棉兰老岛地区华语教育现状调查研究》,硕士学位论文,成都:四川师范大学,2015 年。

④ 廖宜瑶:《菲律宾华文学校之现状与展望》,《中原华语文学报》2011 年第 9 期 。

⑤ 杨静林、黄飞:《新世纪以来菲律宾华文教育的新发展及其困境》,《八桂侨刊》2017 年第 1 期,第 36—41、72 页。

作者待遇上，中国驻菲律宾大使馆、菲律宾华教中心等华人社团做了大量工作，如将原来的"菲律宾华语教师医疗补助基金"扩大为"菲律宾华语教师福利基金"，对受火灾、地震、水灾等影响的困难教师予以支持和补贴①，如此多措并举的暖心帮扶使中文教师们对自己终身奉献的职业表现出更高的认同。

形成印尼本土中文教师年龄与教龄"双低"、兼职教师占主体的异化现象与本国教师地位有一定关系。当前，印尼的汉语教育已经纳入国民教育轨道，但是目前印尼华文教育还是以普及推广为主，在大多数学校并不是必修课，成绩也不计入学生成绩单，即使计入成绩单，名称也多冠以"第二外语"或"地方特色"等课程名称，学生缺乏外在学习动机。② 此外，各个学校的中文课程设置还呈现出衔接性和科学性不足等现象，如印尼苏拉威西地区的小学六个年级均设有中文课，中学只有一年时间学习中文③，缺乏中文的语言学习环境。这也导致印尼中文课长期处于"被边缘化"位置，中文教师处于"边缘地带"，年轻教师频繁跳槽或转行成为常态。许多学校只能以采取招聘兼职教师的办法维持学校运转，但印尼多数学校在兼职教师聘任与管理上尚未形成合理的管理机制，这些教师在实际的管理中没有太多的人事与福利义务，一般只是按教学实践付酬。④ 在这种人事制度的安排下，兼职教师很难融入常规学校的教学文化，他们与学校的关系只靠并不规范的契约中约定的经济报酬来维系，自然很难认同"中文教师"应有的义务和责任。

新加坡是一个由移民发展而来的多民族国家，华人占新加坡总人口的74%。自新加坡政府推行以"英语为主，母语为辅"的双语教育政策以来，直接定

---

① 人民日报海外版：《菲律宾华文教育界为菲律宾华教事业注入新动力》，中国侨网，2022 年 8 月 19 日，http：//changyan. sohu. com/api/oauth2/nobody/cy-sohu-hack? to_url＝http%3A%2F%2Fwww. chinaqw. com%2Fm%2Fhwjy%2F2022%2F08-19%2F338402. shtml。

② 杨曦、李玮：《印度尼西亚雅加达地区华文教育现状调研及本土化教学资源开发构想》，《世界华文教学》2020 年第 1 期，第 59—68 页。

③ 李静：《印尼苏拉威西地区华文教师反思性教学现状的调查研究》，硕士学位论文，泉州：华侨大学，2020 年。

④ 林奕高：《印尼华文教师现状调查研究》，《华文教学与研究》2011 年第 2 期，第 1—8 页。

位了中文及中文教育在新加坡的从属地位。这也表明虽然中文是使用人口最多的语言,但在以英文为主导语言的双语政策大框架下,中文只是作为新加坡华族母语和华人社会共同语得到重视和发展。[1] 这也使新加坡中文教师对自己的职业产生心理落差,导致职业认同度偏低。

余下三国的本土中文教师职业认同均值相当。缅甸是东盟六国中唯一没有把中文教育纳入国民教育体系的国家,国内中文教育主要依托民办学校,这些学校多是华人社团捐资助学,经济基础良好[2],这也在一定程度上保障了中文教师的薪资权益,提升了他们的社会地位。泰国华侨华人的历史及分布影响着泰国的民族构成,以华人后代为主体的华族占泰国总人口的12%。随着中国经济的持续快速发展和对泰开放的不断深入,泰国政府和社会力量大力兴办中文教学,使之成为仅次于英语的第二外语。[3] 马来西亚是一个以马来人、华人和印度人三大族群为主的多元族群国家,各族群分别占当地人口的 65.1%、26% 和7.7%。华人作为马来西亚第二大族群,在马来西亚的经济发展中具有举足轻重的地位。[4] 得益于华人的影响力和华人社会对中文教育事业的高度重视,马来西亚发展出迄今为止东南亚各国中最为完备的中文教育体系,中文教师从中得到了较高程度的社会尊重。从缅甸、泰国、马来西亚三国的中文教育现状来看,各国政府有意放宽或支持本国中文教育发展,中文教师逐渐得到了社会尊重,进而对其职业产生较为强烈的认同感。

2. 个体因素对东盟六国本土中文教师职业认同的影响

通过对样本数据的差异性分析,发现东盟六国本土中文教师的职业认同及认同的三个维度在性别、学历、教龄、任教国家四个方面存在显著性差异。

---

[1] 戴家毅:《新加坡华文教育政策变迁研究》,《民族教育研究》2022 年第 2 期,第 169—176 页。

[2] 谢晨辰:《缅甸曼德勒云华师范学院本土华文教师培养现状调查研究》,硕士学位论文,昆明:云南大学,2020 年。

[3] 郑通涛:《东南亚汉语教学年度报告之三》,《海外华文教育》2014 年第 3 期。

[4] 廖小健:《马来西亚华人经济:政策、发展与影响》,刘泽彭主编:《互动与创新:多维视野下的华侨华人研究》,桂林:广西师范大学出版社,2009 年,第 10 页。

性别因素上，女性教师在"职业行为认同"和"职业情感认同"两个子维度的得分高于男性教师。即与男性教师相比，女性教师倾向于在中文教育工作中投入更多的时间和精力，对教师工作也更为热爱，这与魏淑华的研究结论基本一致。[①] 性别差异成为影响教师职业认同的原因，即所谓的"职业性别隔离"。从职业特质来看，女性大多从事照顾性、服务性、边缘性、技术性低、无酬或低酬的工作，而男性多从事具有支配性、技术性、有酬或高薪的工作。其次，从性别特质来看，女性被赋予了奉献、细腻、友善、温和等特质，男性被赋予坚强、进取、担当、勇敢、野心等特质。[②] 男女中文教师对自己从事教师职业的认同和体验不免受到这种职业性别隔离的刻板印象所影响，造成职业认同差异。

学历因素上，东盟本土中文教师的职业认同随着教师学历水平的提高而增长。这一结果与张莉等人对学前教育教师的研究发现相似[③]，即职业认同与教师学历呈正相关。博士学历、硕士学历的中文教师在职业认同及三个认同子维度均高于学士学历和大专及以下学历的教师。与学士、大专及以下学历的教师相比，硕博学历的教师拥有更多文化资本，其文化资本转化为经济资本的可能性更高，对中文教育工作的认同也更为强烈。

教龄因素上，东盟本土中文教师随着中文教育工作年限的不断累积，职业适应性日臻完善，他们的职业认同也逐渐增加。21年以上教龄的本土中文教师职业认同及认同各维度都远超其他教龄段的中文教师。表明中文教师工作越久，工作经验日趋丰富，对自己的专业角色和专业价值也会越来越认同。3～5年教龄段的教师职业认同最低，这个教龄段的本土中文教师年龄大多处于25～35岁，专业角色尚未形成，更为关注自身对教学任务的完成，工作目标以在工作环境中的自我生存为主[④]，这个阶段的本土中文教师处于职业生存期或困惑期，因

① 宋广文、魏淑华：《影响教师职业认同的相关因素分析》，《心理发展与教育》2006年第1期，第80—86页。
② 祝平燕、夏玉珍：《性别社会学》，武汉：华中师范大学出版社，2007年。
③ 张莉、叶平枝：《广东省学前教育教师职业认同的结构与特点》，《高教探索》2021年第12期，第110—115、122页。
④ 李欣：《华文教师专业发展概论》，北京：社会科学文献出版社，2021年，第74—75页。

而职业认同水平较低。本研究的结论与该研究结论趋于一致。

任教国家上,各国本土中文教师的职业认同表现出不同水平的差异,具体表现为菲律宾本土中文教师的职业认同及三个认同子维度得分均高于其他五国,新加坡本土中文教师的"职业价值认同"和"职业情感认同"低于其他五国。形成这一现象的原因与其国家语言政策和社会经济制度有一定关联,英语是新加坡的行政语言,占绝对优势地位。中文只是新加坡双语政策中第二语文中的母语教育。根据新加坡人力部发布的《2018 年新加坡劳动力报告》,新加坡 2018 年居民工资中位数为 4 437 新元,而 20%的低收入人群的工资中位数为 2 200 新币。目前新加坡幼儿中文教师平均月薪为 2 500 新币不等,仅略高于低收入人群水平。[1] 由此可见,薪资待遇不足或许在一定程度上降低了新加坡中文教师对中文教师职业的价值认同和情感认同。其次,学校性质、职业动机等也会对中文教师的职业价值认同产生一定影响。[2] 因此,如何提升新加坡本土中文教师职业认同,这一问题有待进一步探索。

3. 外部因素对东盟六国本土中文教师职业认同的影响

在东盟本土中文教师职业生涯中,除了个体因素,外部因素也会影响其职业认同水平。此次研究结果显示,社会支持维度的家庭支持和组织支持维度均对东盟本土中文教师的职业认同产生显著影响。家庭支持对东盟六国中文教师职业认同的影响系数尤为显著($p<0.001$)。诸多研究证明家庭支持在个体职业观念习得、职业选择与发展过程中承担着实质性责任[3],本研究结论亦支持这一点。家庭成员的鼓励、在日常生活和家庭事务上更多的分担、分享信息并提出评价或建议等,都有益于增强本土中文教师的职业认同。

---

① 陈巧芳:《新加坡私立托儿所华文教师专业发展途径调查研究》,硕士学位论文,泉州:华侨大学,2019 年。
② 宋广文、魏淑华:《影响教师职业认同的相关因素分析》,《心理发展与教育》2006 年第 1 期,第 80—86 页。
③ Lauren Lindstrom, Bonnie Doren, Jennifer Metheny, Pam Johnson & Claire Zane, "Transition to Employment: Role of the Family in Career Development Exceptional Children", *Exceptional Children*, 2007, Vol. 73, No. 3, pp. 348‐366.

组织支持亦对六国本土中文教师的职业认同产生显著的正向影响（p＜0.001）。当学校对教师的工作、生活给予必要的关注，为教师提供指导、培训或教学资源，予以教师更多的成长和发展空间时，就能让教师建立其对职业的忠诚度；当他们在专业学习和专业应用中获得有价值的情绪体验时，乐观的意义赋予和情绪状态又能丰富"中文教师"角色内涵，助力职业认同水平的提升。这一研究结论与武莉莉[1]、王姣艳等人[2]关于组织支持可以显著正向预测教师的职业认同相一致。如果教师处在被信任和支持的氛围中，这将使他们更愿意将个人的发展与组织发展相融合，最终成为塑造教师职业认同的有利条件。总体而言，东盟本土中文教师的职业认同需要外部的支持，同时也需要职业本身赋能其个人价值的提升。

六、结 论 及 建 议

本研究根据 2 065 份调查数据的分析结果，得出的研究结论归纳如下：东盟六国中文教师的职业认同处于中等偏上水平，其均值为 3.77，有很大的提升空间。在各子维度上，职业行为认同水平最高，职业价值认同水平最低。由于薪资水平、福利待遇等不高，导致东盟六国中文教师职业价值感较低。在职业认同的国别差异中，菲律宾因中文资深教师较多、职业发展环境较好等原因而居于榜首；在群际差异方面，女性教师的职业价值认同高于男性，其次，学历越高、教龄越长的东盟本土中文教师，其职业认同也越高。在影响因素方面，家庭因素与组织因素对东盟六国中文教师的职业认同产生显著的积极影响。其中，组织因素对东盟本土中文教师的职业认同的影响更为显著。鉴于此，本研究提出如下针对性的改善建议。

---

① 武莉莉：《高校教师职业认同、组织认同和工作满意度影响因素分析》，《统计与决策》2017 年第 4 期，第 124—126 页。
② 王姣艳、王雁：《特殊教育教师的职业认同调查研究》，《教育学报》2012 年第 1 期，第 90—96 页。

1. 关注中文教师心理健康，建立必要疏导机制

此次调查结果显示，东盟本土中文教师中，男女教师在职业价值认同上存在显著差异（$p<0.05$），即女性教师在职业价值认同的自评得分高于男性教师。受到传统性别分工的影响，男性往往被视为家庭工资收入的主要来源，与此同时，男性对于经济刺激的敏感性高于女性。[1] 从男女教师兼职比例来看，男性教师是女性教师的 1.59 倍，这些教师不仅在学校有固定工作，也会到补习班兼职或开办中文补习机构扩充其经济资本。由于社会普遍持有"教师职业更适合女性"的职业定位，教师的角色常常被看作母亲角色在学校中的延伸，而女性担任中小学教师又能够满足女性经济独立与兼顾家庭的诉求[2]，这也就解释了为何男性教师职业价值认同低于女性教师。故此，学校及各类教学机构要从性别的角度出发，在薪资待遇、心理健康上给予东盟本土中文教师人文关怀，让他们感受到组织的关心，与组织一起实现同频发展。

2. 补足中文教师学历短板，持续优化中文师资队伍

本研究结果表明，本科、大专及以下学历的东盟本土中文教师职业认同明显低于硕博学历的教师，需要对这类教师群体给予精准帮扶措施。海外中文教师需要围绕着中华文化和汉语言知识这一核心内容开展教学活动，其拥有的文化资本是决定其专业发展的关键。国际中文教师的文化资本就是专业素质，而学历层次是衡量国际中文教育工作者专业性的重要标志。[3] 各国中文教育组织要强化领导核心作用，当好各类中文学校及补习机构的"轴心"，做好联系当地政府部门、高等院校，甚至中国相关组织或高校的"纽带"，搭建专业发展通道，通过在职教育等方式提高专科及高中学历本土中文教师群体的学历水平。实现东盟中文教师本科学历普及，乃至培养高质量的硕博中文师资，这不仅是提高中文教师职业认同的重要路径，也是东盟中文教育标准化和专业

---

① 劳伦斯·A. 克雷明：《美国教育史第一卷：殖民地时期的历程 1607—1783》，周玉军等译，北京：北京师范大学出版社，2003 年。

② 姚岩：《美国中小学教师性别结构变迁》，《外国中小学教育》2017 年第 1 期，第 56—62 页。

③ 李欣、付梦芸、康青霞：《新时代英国华文教育工作者职业生存状态的社会学分析》，《华侨华人历史研究》2021 年第 3 期，第 11—23 页。

化的必然趋势。

3. 制定个性化师资培养方案，促进各阶段教师专业成长

研究结果显示，3～5 年教龄段的熟手教师的职业认同低于其他教龄段的教师，这个教龄段的教师多处于职业挫折期，职业倦怠较为严重。本次调查中熟手教师占 17.8%，熟手教师作为东盟中文教育事业的有生力量，消除他们的职业倦怠、唤醒其职业激情、提高其职业认同对推进中文教育质量提升、打造高质量中文教育体系至关重要。鉴于此，相关部门和东盟各类中文教育机构应对处于不同发展阶段的教师制定个性化的培养方案，对处于职业生存期的新手中文教师给予关怀与保障，大力培养和提拔优秀的熟手中文教师，充分发挥专家型教师"传帮带"的引领作用，形成梯队合理、具有高度职业认同水平的中文师资队伍，以期实现新时代东盟中文教育的可持续发展。

4. 重视外部职业发展环境，坚定本土教师职业信心

研究结果证实，社会支持对东盟中文教师的职业认同产生显著的正向影响。留任的决策是教师和工作环境互动的良性结果，在组织与家庭支持充分的环境中，教师的心理动力源会启动对工作满意的情绪，减轻工作压力带来的精神紧张。[1] 因此，学校作为教师专业发展的主体场域，需要科学把控场域刺激，引导教师保持良好的心理环境，在现实层面上实现改善工作环境、丰富教学资源、增加晋升渠道、加强对教师个体精神层面的肯定、增值文化资本、扩充社会资本等多种措施。只有切实关注教师外部职业生存环境，才能坚定他们从事中文教育的信心和决心，从而稳定海外中文教育师资队伍。最后，家庭作为教师职业发展的后备保障意义重大，中文教师应与家庭继续建立双向沟通机制，赢得家人的支持和理解，获得职业发展的源动力。

---

[1] Robert A. Karasek & Job Demands，"Job Decision Latitude，and Mental Strain：Implications for Job Redesign"，*Administrative Science Quarterly*，1979，Vol. 24，No. 2，pp. 285 - 308.

An Analysis on the Status Quo of Professional Identity of Native Chinese Teachers in ASEAN Countries in the New Era

LI Xin & LU Yanling

The Academy of Chinese Language and Culture Education of Huaqiao University & Chinese Language and Culture College of Huaqiao University

Abstract

The current academic research on professional identity of native Chinese teachers is still in its infancy, and the research subjects are mainly volunteer teachers and public teachers. Research on professional identity of native Chinese teachers is relatively scarce. This study compiled a questionnaire based on the work characteristics of native Chinese teachers, and conducted a questionnaire survey on 2065 native Chinese teachers from the Philippines, Myanmar, Thailand, Malaysia, Singapore and Indonesia. It was found that the overall level of professional identity of mandarin teachers was high, and their professional value identity was at a medium level. The difference analysis shows that there are significant differences in the professional identity of native Chinese teachers in terms of gender, teaching age, professional level, educational background and teaching country. Through regression analysis, it is found that both family support and organizational support under the dimension of social support have a significant impact on the professional identity of native Chinese teachers in ASEAN countries. In view of this, this study suggests that we should pay attention to the mental health of male and female teachers, make up for the educational shortcomings of native Chinese teachers, develop personalized teacher training programs, attach importance to the external professional development environment of native Chinese teachers, improve the social support system of native Chinese teachers in ASEAN, and strengthen their professional identity.

Keywords

ASEAN; native Chinese teachers; professional identity; social support

《罗马尼亚初高中中文教学大纲》的特征及其修订、推广与应用*

曹瑞红　［罗］白罗米**

提要：基于罗马尼亚中文教育现状和外语教学政策，分析了《罗马尼亚初高中中文教学大纲》(下称《罗纲》)的优点和不足。《罗纲》注重全球化与本土化、语言通用性与中文特殊性的结合，但各年级目标等级与学习内容设置不太合理，忽略了汉字的重要性，缺少各语言要素的量化指标，不能为一线教师提供具体的教学指导。为促进罗马尼亚中文教育的标准建设，并为《国际中文教育中文水平等级标准》(下称《等级标准》)在罗马尼亚的落地研究提供一手资料，本文参照法国、意大利和瑞典三国本土中文教学大纲以及《等级标准》等纲领性

---

*　基金项目：教育部中外语言交流合作中心国际中文教育一般项目"罗马尼亚国民教育体系内中文教学质量提升路径及个案研究"(23YH17C)，起讫时间为 2024 年 1 月—2025 年 12 月，管理单位为中国政法大学；教育部中外语言交流合作中心国际中文教学实践创新项目"罗马尼亚中文教育案例与分析"(YHJXCX22‐113)，起讫时间为 2023 年 1 月—2023 年 11 月，管理单位为中国政法大学。

**　曹瑞红，中国政法大学共建罗马尼亚布加勒斯特大学孔子学院院长助理、中文教师，布加勒斯特大学传播学博士研究生，研究方向为国际中文教育与传播。白罗米(Luminiţa Bălan)，罗马尼亚布加勒斯特大学外国语言与文学学院教授，博士，研究方向为中国文化、现代汉语语法、中国文学翻译。

文件,建议参照《等级标准》重新划分等级框架;中罗专家合作研发与制定"下位大纲";发挥合力作用,助推《罗纲》的推广和应用。

关键词:《罗马尼亚初高中中文教学大纲》;特征;修订;推广;标准建设

引　言

截至 2020 年底,全球共有 506 所孔子学院和 1 030 所孔子课堂在世界 160 个国家和地区运行。① 随着中文学习在世界各地升温,截至 2022 年 12 月,全球共有 180 多个国家和地区开展中文教育,81 个国家将中文纳入国民教育体系。② 在此背景下,越来越多的国家制定了中小学中文教学大纲和课程标准,这些大纲具有明显的区域型特点,体现了当地教育政策的要求和外语教育理念。③

王祖嫘、何洪霞等指出:"在构建国际中文教育标准体系的背景下,研究海外国别中文教学标准的特点与规律殊为重要。"④目前,海外中文教学标准与大纲的区域国别研究主要集中在三方面:第一,海外各国本土化中文教学大纲与原国家汉办通用型大纲《国际汉语教学通用课程大纲》(2014 年修订版)的比较和

---

① 数据来源于中国国际中文教育基金会:《孔子学院年度发展报告(2020)》,2020 年,第 19 页,https://ci.cn/gywm/nb/6ae806ae-448f-47c6-960a-a5884deb8501。
② 参见《孙春兰强调扎实推动国际中文教育高质量发展》,《人民日报》(第 4 版)2022 年 12 月 9 日。
③ 傅由:《区域型与通用型汉语教学大纲比较——以加拿大阿省中小学汉语课程大纲和汉办通用课程大纲为例》,《海外华文教育》2016 年第 5 期,第 606—612 页。
④ 王祖嫘、何洪霞、李晓露、梁宇:《世界主要发达国家中文教学标准研究报告》,《国际中文教育》(中英文)2021 年第 4 期,第 42—51 页。

对接分析，涉及的国家有加拿大①，新西兰②，西班牙、美国③，韩国④等；第二，针对欧洲的洲别中文教学标准——《欧洲汉语能力标准》的研究；⑤第三，对各国别本土中文大纲的介绍与分析，涉及的国家有法国⑥、意大利⑦和瑞典⑧等。目前学界针对罗马尼亚本土中文教学大纲的研究尚未涉及。

罗马尼亚守巴尔干半岛东北，是"一带一路"倡议的重要参与国，地理位置极为重要。2017年，罗马尼亚教育部颁布了《初高中中文教学大纲》（下称《罗纲》），标志着中文正式纳入罗马尼亚基础国民教育体系。《罗纲》作为纲领性文件，对中文教学、课程设置与教材编写都起着引领作用。对《罗纲》的研究，可帮助赴罗中文教师更好地了解罗马尼亚本土中文教学理念与特色，助推罗中文教育可持续、高标准发展。本文基于罗马尼亚中文教育现状和外语教学政策，对

---

① 成波：《汉语能力标准与欧洲及加拿大语言能力标准比较研究》，硕士学位论文，长沙：湖南大学，2011年；傅由：《区域型与通用型汉语教学大纲比较——以加拿大阿省中小学汉语课程大纲和汉办通用课程大纲为例》，《海外华文教育》2016年第5期，第606—612页；傅由：《加拿大阿尔伯塔省中小学汉语课程大纲与国家汉办〈国际汉语教学通用课程大纲〉之文化目标比较》，《国际汉语教学研究》2019年第2期，第65—73页。

② 张悦：《〈国际汉语教学通用课程大纲〉的新西兰本土化研究》，硕士学位论文，长春：吉林大学，2011年。

③ 马佳楠、张彤辉：《试论〈国际汉语教学通用课程大纲〉与海外外语能力标准的对接——以西班牙安达卢西亚大区、美国新泽西州汉语教学大纲制定为例》，《国际汉语教学研究》2019年第2期，第74—79页。

④ 杜瑞增：《韩国汉语教学大纲本土化研究——以〈韩国初中汉语教学大纲〉为例》，《语言教育》2020年第1期，第91—97页。

⑤ 宋连谊：《欧洲语言标准CEFR和欧洲汉语能力基准EBCL》，《国际汉语教学研究》2016年第3期，第60—66页；张新生：《欧洲汉语能力标准再探》，《国际汉语教学研究》2016年第3期，第50—59页；张新生、李明芳：《汉语能力标准比较初探》，《国际汉语教学研究》2019年第1期，第31—47页。

⑥ 白乐桑、张丽：《〈欧洲语言共同参考框架〉新理念对汉语教学的启示与推动——处于抉择关头的汉语教学》，《世界汉语教学》2008年第3期，第58—73页；丁安琪：《论汉语教学大纲本土化——以法国〈初中汉语教学大纲〉为例》，《对外汉语研究》2013年第2期，第24—33页；潘泰、白乐桑、曲抒浩：《法国基础教育汉语教学大纲及其对汉语国际教育本土化的启示》，《华文教学与研究》2021年第1期，第48—54页。

⑦ 金志刚、史宦圣：《〈意大利高中汉语教学大纲〉分析与应用》，《云南师范大学学报》（对外汉语教学与研究版）2018年第3期，第21—28页。

⑧ 宛新政：《瑞典本土化汉语教学大纲的制定及思考》，《云南师范大学学报》（对外汉语教学与研究版）2016第3期，第79—85页。

《罗纲》的优点和不足进行分析。采用全球视野比较研究法，参照法国、意大利和瑞典三国本土中文教学大纲以及《国际中文教育中文水平等级标准》（下称《等级标准》）等纲领性文件，对《罗纲》的修订、推广与应用思路和方法提出建议，以期促进罗马尼亚中文教育的标准建设，并为《等级标准》在罗马尼亚的落地与后续相关研究提供一手资料。

一、《罗马尼亚初高中中文教学大纲》的颁布背景

区域国别研究要求我们，用"当事国视角"①考察和研究"当事国"的中文教育"大环境"，如中文教育整体现状、外语教学政策等，而这也是《罗纲》制定和颁布的背景。

1. 罗马尼亚中文教育现状

罗马尼亚是中东欧最早开始中文教育的国家之一。1956 年，布加勒斯特大学设立中文专业。罗马尼亚现共有六所大学开设中文专业，且高等教育已形成本硕博完整的人才培养体系。② 2006 年，罗马尼亚第一所孔子学院——锡比乌卢奇安·布拉卡大学（Lucian Blaga University of Sibiu）孔子学院设立。在高校和孔子学院的辐射引领下，中文教育规模越来越大。截至 2019 年底，罗马尼亚共有 4 所孔子学院、13 所孔子课堂和分布在 39 个大中小城市的 135 个中文教学点。③ 罗马尼亚各孔子学院（孔子课堂）及下设教学点以中小学居多。随着中文学习对象呈现"低龄化"发展趋势，罗马尼亚教育部于 2017 年将中文纳入国民教育体系，同时颁布《初高中中文教学大纲》。

---

① 李宇明、施春宏：《汉语国际教育"当地化"的若干思考》，《中国语文》2017 年第 2 期，第 245—252、256 页。
② 曹瑞红、李立：《罗马尼亚中文教育发展现状与优化路径》，《世界教育信息》2022 年第 3 期，第 30—35 页。
③ 曹瑞红：《罗马尼亚外语教学政策对当地中小学中文教育的启示与推动研究》，《云南师范大学学报》（对外汉语教学与研究版）2021 年第 5 期，第 64—70 页。

2. 罗马尼亚外语教学政策

《罗马尼亚基础教育第一外语教学政策》和《罗马尼亚基础教育第二外语教学政策》等一系列由教育部颁布的外语教学政策和相关教育部长令，均明确表示，"为了应对当今社会人员流动密切频繁、国际沟通不断增强的需要"，罗马尼亚外语课程大纲"须与欧盟文件接轨，使学生的在校学习与毕业求职之间不需要额外的过渡和调整"。[①] 各外语课程大纲（包括中文教学大纲）的制定"基本上按照《欧洲语言共同参考框架》的写作框架"，课程设计强调沟通技能，而不是特定的语言知识，语言知识被认为是语言技能发展的基础。在此框架内，语言的流利度取代了准确性，互动式小组交流代替了枯燥的口语练习，分级别的单词和语法列表转变为基于功能和技能的教学实践活动。

二、《罗马尼亚初高中中文教学大纲》的基本特征

对《罗纲》的深入分析，有益于助推本土课程设置与评价体系以及师资和教学资源的建设，从而助推中文纳入国民教育体系的深度和广度。

（一）《罗纲》简介

2017 年 2 月 28 日、12 月 29 日，罗马尼亚教育部根据外语教学标准的相关规定，先后颁布了《初中中文教学大纲（5—8 年级）》[②]和《高中中文教学大纲（9—12 年级）》[③]。该大纲的设计参照 1998 年出版、2000 年修订的《欧洲语言共同参考框架：学习、教学、评估》（下称《欧框》），"基于大欧洲共识培养沟通技能，并根据欧盟标准培

---

① 曹瑞红、臧天雄：《罗马尼亚基础教育第一外语教学政策》（译文），李立、曹瑞红主编：《罗马尼亚中文教育本土化建设研究》，北京：中国政法大学出版社，2022 年，第 348—359 页;曹瑞红、臧天雄：《罗马尼亚基础教育第二外语教学政策》（译文），李立、曹瑞红主编：《罗马尼亚中文教育本土化建设研究》，北京：中国政法大学出版社，2022 年，第 360—382 页。
② 罗马尼亚教育部：《第 3393 号教育部长令》之附件二，2017 年 2 月 28 日。
③ 罗马尼亚教育部：《第 5677 号教育部长令》之附件三，2017 年 12 月 19 日。

养八项核心技能中的四项"：(1) 外语交流；(2) 学会学习；(3) 人际、跨文化、社会和公民能力；(4) 文化意识。大纲适用于初高中(5—12年级)将中文作为第二外语的学校课程，建议每周开设两节课，"若学校批准，每周可再增加一节课"。经过初高中八年的学习，学生毕业后达到 HSK3 级水平。

罗马尼亚教育部指定汉学家白罗米(Luminiţa Bălan)教授担任大纲编写组组长，白罗米教授与其他两位分别在初中、高中从事过中文教学的本土教师组成编写团队。他们基于多年教学实践经验，在符合罗马尼亚教育框架与外语教学政策的前提下，最大限度考虑中文的特殊性，自主研发了此大纲。

1. 框架结构

《罗纲》主要有两大部分组成——"纲要总则"和"年级模块"。① "纲要总则"包含五部分内容，学科性质、学科细节、学科目的、学科地位和学科纵向结构及其

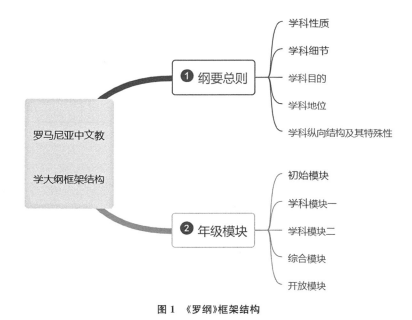

图1 《罗纲》框架结构

① "纲要总则"和"年级模块"两词并非《罗纲》原文中的表述，而是笔者为清晰呈现其框架结构、方便描述所用。

特殊性;"年级模块"介绍了5—12年级各年级的五个模块内容,初始模块、学科模块一、学科模块二、综合模块和开放模块。①

2. 层级目标

罗马尼亚外语教学标准严格,"在基础教育阶段,学生须达到《欧框》中相应的级别标准"。② 大纲在"学科纵向结构及其特殊性"部分,强调"中文作为第二外语纳入语言与交际学领域的国家课程大纲",学生在初中毕业达到A1或HSK1级别,高中毕业达到B1或HSK3级别(详见表1)。由此可见,大纲在制定时,直接将汉语水平考试的1、2、3级对应《欧框》的A1、A2和B1级别。

表1 《罗纲》中中文等级与其他第二外语等级之间的对应关系

	初 中				高中			
					初阶		高阶	
	5年级	6年级	7年级	8年级	9年级	10年级	11年级	12年级
中文	目标等级: A1或HSK1→				目标等级: A2或HSK2→		目标等级: B1或HSK3→	
现代语言2	A1				A2		B1	

3. 核心内容

"年级模块"部分是《罗纲》的核心内容。每个年级共有五个模块:初始模块、学科模块一、学科模块二、综合模块和开放模块。

初始模块是为了激发学生的学习兴趣和动力而设置的,"通过确定与个人和学校项目有关的学习机会,通过简要介绍教学活动、个人或小组活动中可使用的资源,来激发学生的学习兴趣和动机"。

两个学科模块对中文的"学""教""评"提供了参考和指导,分别包含三大块

---

① 十一年级增加学科模块三(备考HSK2)。其余年级均如图1所示,有两个学科模块。
② 曹瑞红:《罗马尼亚外语教学政策对当地中小学中文教育的启示与推动研究》,《云南师范大学学报》(对外汉语教学与研究版)2021年第5期,第64—70页。

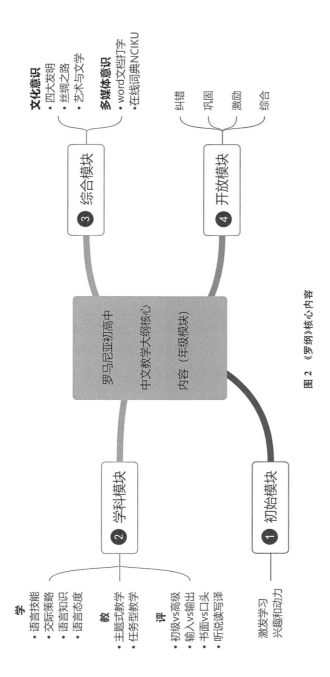

图 2 《罗纲》核心内容

内容：（1）学：各年级中文学习须达到的语言技能、交际策略、语言知识与语言态度；（2）教：建议使用以主题式教学和任务型教学为主的教学方法；（3）评：强调多维度评估学生综合运用语言的两个等级（初级和高级），包含输入与输出，书面语与口头语，听、说、读、写、译各技能。

综合模块旨在培养学生的综合能力。一方面涉及中国文化主题，如四大发明、丝绸之路和文学作品等；另一方面强调多媒体在中文学习中的应用，如要求学生"使用中文知识在微软 word 中输入文本"，使用在线词典 NCIKU 查找词语。

开放模块则充分体现了中文教学的灵活性和开放性。大纲提出，教师"在完成一个或多个模块之后"依据具体的学习内容安排特定的活动，"可以为其预留25%的教学时间"。该模块主要用于纠错、巩固、激励和综合复习。

（二）《罗纲》的优势

1. 全球化与本土化结合

《罗纲》的全球化首先体现在"培养全球公民"的核心宗旨上。大纲注重语言交际功能，侧重中文学习在个人生活、公共领域、教育领域和职场领域的实际运用。"学科细节"部分明确指出，"中学阶段，中文学习的基本目的是让所有学生能够掌握一门国际语言。通过掌握特定的知识、技能和态度，能够在跨文化和多元文化环境中进行充分的、社会可接受的交流，这也是终身学习所必需的，由显著的全球化现象和第三个千年发展目标所决定的"。同时，《罗纲》要求学生"了解中文自由进入劳动力市场的作用及其在世界文化遗产中的角色"。从"国际语言""多元文化""终身学习""全球化现象""世界文化遗产"这些描述可以得知，大纲为课程的丰富性、综合性提供了参考框架，以确保学生通过获得语言知识、技能、态度，交际策略和文化意识等综合能力，提升全球竞争力，从而有效地参与全球多语言社区。其次，重视人的整体发展是《罗纲》全球化的另一个重要体现。《罗纲》"学科细节"指出，青少年的发展取决于日常生活、人际沟通、环境（尤其是课堂环境）和学习活动；强调中文课要为学生提供"学习的连续性"和"智力发展的多样性"。《罗纲》"学科纵向结构及其特殊性"部分规定了中文课程的特点之一是"综合性"，即"让学生在人类知识的不同领域之间建立联系，诸如思想、人和空间之间的联系,事实、事件、国家和全球现象之间的联系"。为了贯彻这一理念,学科模块特别设置了综合模块,培养学生理解多元文化,借助多媒体辅助工具学习中文等意识和能力(见表 2)。大纲的核心内容涉及的诸多元素,如语言和文化知识、态度、技能,交际策略,跨学科意识,多媒体技术运用能力等,正是注重人的全面发展的体现。

表 2　《罗纲》各年级综合模块的主题内容

	综合模块主题内容
五年级	使用中文知识在微软 word 中输入文本
六年级	中国四大发明
七年级	研究中国文学作品的特征
八年级	老师自由选择(基于学生的兴趣)
九年级	使用 NCIKU 在线词典
十年级	东亚语境下的中华文明
十一年级	丝绸之路与中国各历史时期的商业传统
十二年级	中国传统艺术和文学的独特性

　　作为本土自主研发的中文教学大纲,《罗纲》始终都与罗马尼亚本土外语教育体系、政策和理念保持高度一致,而这正是本土化中文大纲成功制定的关键。一方面,为符合外语教学政策要求,《罗纲》明确声明与《欧框》进行了兼容,等级设置也与《欧框》等级相对应。大纲制定的依据是"罗马尼亚初等及中等教育体系"、2013 年 12 月 23 日颁布的"关于批准五至十二年级课程建议"的 5723 号教育部长令以及"欧盟关于初等及中等教育重点学校评估的相关文件"。另一方面,根据罗马尼亚的学制学时、第二外语教学课时,编写组为当地学生量身定制学习内容。大纲建议 12 年级(高中毕业班)不学习新的知识,主要是备考HSK3,"丰富词汇、精炼语言表达"。除此之外,基于中罗语言对比,大纲中为数不多的语言知识清单,重点关注了罗马尼亚语中没有、汉语中特有的语言点。例

如补语：大纲设置六年级学习时间补语，九年级学习程度补语，十年级学习结果补语、趋向补语、可能补语，十一年级学习复合趋向补语，充分体现了本土化特色。最后，大纲强调学生要"识别语法点"、具有文学素养以及关注"中罗互译"等，都和罗马尼亚重视语法教学、罗马尼亚汉学传统中重视文学作品译介有关。

2. 语言通用性与中文特殊性结合

兼顾通用性和本土化的中文教学大纲要求，既要在符合罗马尼亚通用外语教学理念与政策的框架下开展中文教育，又要充分考虑中文语言本体的特殊性，考虑中文作为第二语言教学的规律。

一方面，《罗纲》贯彻语言的通用性，参照《欧框》提倡的"面向行动"（an action-oriented approach）的外语教学理念，以语言交际能力为核心，培养学生综合运用语言的能力。大纲以学生为中心，集"学""教""评"为一体，宏观指导学生学什么、怎么学，教师怎么教、怎么评估。另一方面，考虑到中文与罗马尼亚语在语系上不具有亲缘关系、采用与拉丁字母差别悬殊的汉字书写系统等语言本体特殊性，大纲特别涉及了拼音和汉字部分。白乐桑（Joël Bellassen）、张丽指出，《欧框》的"读音正确能力"并不适用于中文的特点。① 与拼音文字的印欧语言相比，汉语的书写形式与读音之间几乎没有任何关联性和透明度。《罗纲》在五年级初始阶段就提出，"正确运用普通话的发音规范和四种特定声调"；在五年级和九年级的综合模块要求学生"使用字典"和"使用 word 书写中文句子和段落"，这正是出于对汉字、中文语言本体特殊性的充分考量。

（三）《罗纲》的劣势

1. 各年级目标等级与学习内容设置不太合理

《罗纲》在"学科纵向结构及其特殊性"部分指出，中文课程开发的原则有"兼容性"。按照罗马尼亚基础教育体系，五至八年级为初中，九至十二年级为高中。毕业班（八年级和十二年级）整个学年为升学考试做复习准备，很少学习新知识。

---

① 白乐桑、张丽：《〈欧洲语言共同参考框架〉新理念对汉语教学的启示与推动——处于抉择关头的汉语教学》，《世界汉语教学》2008 年第 3 期，第 58—73 页。

因此,《罗纲》安排八年级备考 HSK1,十二年级备考 HSK3。这是为了"兼容"罗马尼亚教育学制,也是为了"兼容"各年级外语学习在《欧框》中对应的目标等级(见表 1)。但是,关于汉语水平考试(HSK)与《欧框》语言等级的匹配与对应关系研究表明,这种简单直接的对应并不科学。[①] 而且,《HSK 标准教程》在前言中建议 HSK1 级和 2 级的学时为 30～45,而达到 3 级所需学时为 60～80。[②] 在罗马尼亚,中文作为第二外语,每周 2～3 课时[③]。以 2021—2022 学年教育部颁发的中小学校历为例,每学年 34 个星期,共计 68～102 学时。由此可见,《罗纲》中各年级目标等级与学习内容设置不太合理。

2. 忽略了汉字的重要性

如上文所述,《罗纲》在制定时已经有考虑中文不同于印欧语系的意识,但是,整个大纲对于汉字的涉及少之又少。只有在五年级综合模块建议教师"教授学生在 word 文档中使用拼音输入法,从而能够用基本的汉字写作"。这和罗马尼亚外语教学主张注重语言功能而非语言知识的理念有一定关系。大纲规定学生高中毕业时要达到 HSK3 级水平,而 HSK3 考试试卷是没有拼音的。作为中文学习与教学的官方指导文件,若不注重汉字的学习,一则会加重学生的应试压力,二则会为学生中文学习的持续性增加负担。法国中文教育著名专家白乐桑教授非常重视汉字教学,为法国初中、高中和中文国际班分别制定了汉字和偏旁学习目标,即法国基础教育中文教学大纲(下称《法纲》)的"识字门槛"。

3. 缺少各语言要素的量化指标,不能为一线教师提供具体的教学指导

不管从文本的篇幅占比,还是从具体的内容来看,学科模块都是《罗纲》内容的

---

① 史迹:《论 HSK 三级与〈欧框〉B1 中级语言能力的对应问题》,世界汉语教学学会秘书处主编:《第十三届国际汉语教学研讨会论文选》,北京:商务印书馆,2018 年,第 102—115 页;邓巧:《〈欧洲语言共同参考框架(CEFR)〉视角下新 HSK 四级和 IGCSE 汉语水平考试对比研究》,硕士学位论文,重庆:重庆大学,2017 年。

② 参见姜丽萍主编:《HSK 标准教程》,北京:北京语言大学出版社,2017 年。

③ 按照罗马尼亚外语教学政策,第二外语每周 2 个课时,《罗纲》在制定时为体现其灵活性,提出"若学校批准,每周可再增加一节课"。

核心。以五年级学科模块二为例，通过提炼主要内容发现，《罗纲》缺少各语言要素的量化指标，不能为一线教师提供具体的教学指导。它意味着该大纲"仅仅是一个语言学习的目标框架体系"，而不是"具有指导和参照作用的语言教学基准文件"。①

表 3　五年级学科模块二：目标技能要求

语言技能	交际策略	语言知识	语言态度
1. 从文本中选择简单信息，完成结构化的学习任务 2. 从真实文本中识别关键信息	1. 询问和提供一般信息 2. 询问和提供个人信息 3. 询问和提供与方向有关的信息	● 使用助词"的"表示所属 ● 使用介词"在"（地点状语） ● 使用数词 1—99 ● 使用量词 ● 使用动词"来"和"去"（表示实际动作） ● 描述特征	1. 以积极的态度理解语言 2. 在思想交流和团队合作中表现出灵活性 3. 意识到语言对他人的影响
1. （口头/书面）描述日常活动、习惯 2. 用构思的方法叙述故事 3. 就感兴趣的话题造句或写段落	1. 写关于日常活动的短文 2. 根据故事主题写出问题和答案 3. 提供有关爱好和兴趣的信息		意识到汉语作为一种接触世界文化的方式所起的作用
对讨论/回复中感兴趣的主题表达想法/意见	1. 写情景对话（机场、商店等，面对面或电话交谈） 2. 写消息，如：通知、电子邮件		对促进与他人的互动表现出渴望和兴趣

三、《罗马尼亚初高中中文教学大纲》的修订、推广与应用

《罗纲》的制定，对于罗马尼亚中文教育意义重大。但这不是终点，而应只是一个起点。《罗纲》后续的修订、推广与应用，迫在眉睫。

在本土中文教学大纲的制定中，要做到既有"兼容"，又有"突破"。实现中文教学大纲本土化的关键是让大纲与当地外语教育政策相"兼容"，而凸显中文与

---

① 姜丽萍、王立、王圆圆：《美国〈21 世纪外语学习标准〉发展研究》，《世界汉语教学》2020 年第 2 期，第 275—286 页。

中文教学特色,则要对其做一定程度的"突破"。①《罗纲》编写组组长白罗米教授表示,这是大纲制定过程中最大的难点。

吴应辉认为,"汉语国际传播需要大量的全球视野比较研究"。② 欧洲国家的外语教育制度相似,本土中文大纲研制难点相通。本文采用全球视野借鉴法,尝试在法国、瑞典、意大利三国本土中文教学大纲中寻找修订《罗纲》的思路与方法:《法纲》是在全世界范围内(包括中国)到目前为止最为系统和成熟的中文非母语教育纲领之一,自 2001 年起开始研制;《瑞典中小学汉语教学大纲》(下称《瑞纲》)于 2014 年颁布,"吸收了欧洲其他一些国家在汉语教学大纲制定方面的经验,如调整能力等级要求、使用电子辅助学习工具、强调发音、使用简化字等,充分体现了欧洲新一代本土化汉语教学大纲的一些特色";③意大利中文教育在欧洲处于领先地位,于 2016 年颁布了《意大利高中汉语教学大纲》(下称《意纲》)。

2021 年,首个面向外国中文学习者,全面描绘、评价学习者中文语言技能和水平的《等级标准》正式发布实施。《等级标准》是中文母语国为全世界中文学习者制定的通用型标准文件,具有重要的应用价值:"有利于其他各国的各种汉语标准的制定"④及修订。

1. 参照《等级标准》重新划分等级框架

参照《等级标准》修订现有《罗纲》,重新划分等级框架。划分等级的过程中,微观领域侧重内容的细化,在"兼容"《欧框》的同时,要有所"突破"。《法纲》和《意纲》对《欧框》在语言能力标准等方面的要求进行了修改和补充,以适当降低难度;《瑞纲》对口语和书面语做了不同的规定。宏观层面,建议彻底打破按照年

---

① 丁安琪:《论汉语教学大纲本土化——以法国〈初中汉语教学大纲〉为例》,《对外汉语研究》2013 年第 2 期,第 24—33 页。
② 吴应辉:《汉语国际传播研究理论与方法》,北京:中央民族大学出版社,2013 年,第187 页。
③ 宛新政:《瑞典本土化汉语教学大纲的制定及思考》,《云南师范大学学报》(对外汉语教学与研究版)2016 年第 3 期,第 79—85 页。
④ 吴勇毅:《汉语母语国的担当和责任——〈国际中文教育中文水平等级标准〉制定的意义》,《国际汉语教学研究》2021 年第 1 期,第 18—20 页。

级分层的做法，而是根据学生的中文水平设置级别。因为任一年级学习者都有可能处于任一水平，初中阶段的学习者可能达到 HSK2 级水平，而高中阶段的学习者也可能刚起步。随着罗马尼亚中文学习者的"低龄化"，越来越多的学生从小学甚至幼儿园就开始学习中文。打破按照年级分层的做法，可以扩大大纲的应用范围，保证中文学习的可持续性。

2. 中罗专家合作研发与制定"下位大纲"

首先，组建中罗专家团队，合作修订大纲。《意纲》的编写团队相当庞大，"由意大利教育部学校制度与国家教育体系考核总办公室总干事帕伦博（Palumbo Carmela）博士牵头组建大纲编委会，罗马大学孔子学院外方院长马西尼（Federico Masini）教授为委员会主席，成员包括意大利教育部外语教育主任朗杰（Langé Gisella）、中国驻意大利大使馆教育处参赞罗平和罗马大学孔子学院中方院长张红等 21 位专家学者"。① 《瑞纲》在制定过程中，"同时向大学、教师组织和广大汉语教师进行咨询"，"对荷兰、挪威等具有类似项目经验的国家进行调研和借鉴"，"历时一年半，其间三易其稿"。② 但是，《罗纲》的研制团队只有罗方教师 3 人，研制时间仅半年。我们建议，组建中罗专家合作的团队，修订现有大纲。

第二，参照《等级标准》，制定音节表、汉字表、词表和话题、语法条目等"下位大纲"。目前的《罗纲》只是从宏观层面引领中文教学的框架标准，对于教育理念、教学方法、教学活动设计和评估方向具有参考价值，但是，因缺少各语言要素的量化指标，不能有针对性地指导中文教学。以《等级标准》和现有《罗纲》为"上位大纲"，制定量化的音节表、字表、词表和话题、语法大纲等"下位大纲"，既可以保障大纲的科学性，又可以增加其实用性和可操作性。尤其是在"没有标准统一的课程设置、没有本土教材、缺乏本土师资"③的现实状况下，具体语言知识的量

① 金志刚、史官圣：《〈意大利高中汉语教学大纲〉分析与应用》，《云南师范大学学报》（对外汉语教学与研究版）2018 年第 3 期，第 21—28 页。
② 宛新政：《瑞典本土化汉语教学大纲的制定及思考》，《云南师范大学学报》（对外汉语教学与研究版）2016 年第 3 期，第 79—85 页。
③ 曹瑞红：《罗马尼亚外语教学政策对当地中小学中文教育的启示与推动研究》，《云南师范大学学报》（对外汉语教学与研究版）2021 年第 5 期，第 64—70 页。

化指标显得尤其重要。

　　修订过程要借鉴欧洲其他各国的成功实践经验，最大程度化解"汉语难"。《法纲》非常重视汉字和语法的教学，提出"读音正确能力""识字门槛""被动认读汉字与主动书写汉字""语文分进""主动语法和被动语法"等理念。① 《法纲》对欧洲很多国家的中文教育都产生了重大的影响。《瑞纲》"强调使用简体字"，对口语和书面语的不同规定，正是"语文分进"的《法纲》精神体现；《意纲》对《欧框》"语音正确能力"的调整，也是受《法纲》影响。《等级标准》"将音节作为重要的等级量化指标之一，是语言标准领域突显中文特征的突破口"。② 在制定《罗纲》"下位大纲"时，建议借鉴以上经验，通过中罗语言对比，最大程度化解"汉语难"。除此之外，还要重点研究《欧框》《等级标准》与《罗纲》的落地与融合。

3. 发挥合力作用，助推《罗纲》的推广与应用

　　《罗纲》于 2017 年颁布至今，应用情况并不理想。深入调研发现，目前《罗纲》使用者和参考者主要还是罗马尼亚中小学本土教师，很多中国外派教师根本不知道、不了解，更别提使用《罗纲》了。而截至 2021 年 2 月底，中小学仅 4 名本土教师曾在孔子学院工作③，2022—2023 学年在职的共 4 名。罗马尼亚中小学中文教育的主力军是孔子学院，师资力量也以中国外派教师为主。因此，《罗纲》的推广和应用首先需要协调多方力量。早在 2008 年，"经过教育部的大力宣传、法国各地汉语教师协会的各种师资培训及推广，已公布的系列汉语大纲已经在全法国得到了一定的普及、应用及实践"。④ 罗马尼亚教育部以及各孔子学院、

---

① 白乐桑、张丽：《〈欧洲语言共同参考框架〉新理念对汉语教学的启示与推动——处于抉择关头的汉语教学》，《世界汉语教学》2008 年第 3 期，第 58—73 页；潘泰、白乐桑、曲抒浩：《法国基础教育汉语教学大纲及其对汉语国际教育本土化的启示》，《华文教学与研究》2021 年第 1 期，第 48—54 页。
② 李亚男、白冰冰、王雪松：《〈国际中文教育中文水平等级标准〉音节表的构建原则及意义》，《国际汉语教学研究》2021 年第 3 期，第 4—11、22 页。
③ 曹瑞红、李立、宋春香：《罗马尼亚中小学数字化中文教材研发的 SWOT 分析与对策》，《国际中文教育》（中英文）2022 年第 4 期，第 103—110 页。
④ 白乐桑、张丽：《〈欧洲语言共同参考框架〉新理念对汉语教学的启示与推动——处于抉择关头的汉语教学》，《世界汉语教学》2008 年第 3 期，第 58—73 页。

中罗友好协会、国际学校、华人社团等开设中文课的机构和一线教师,都是《罗纲》推广和应用的重要力量。其次,借鉴《瑞纲》的做法,在教育部官网上颁布《罗纲》详细的补充说明,为新手教师的使用提供便利。第三,鼓励一线教师及时搜集、整理第一手课堂资料,分别从教师视角和学生视角调研、总结《罗纲》存在的不足,为今后大纲的修订提供翔实具体的意见。

根据《罗纲》制定符合罗马尼亚学制学时、标准统一的课程标准,编写本土中文教材,培训具有本土教学能力的中罗方中文教师,将是大纲应用的重要课题,也是重大课题。中文纳入罗马尼亚国民教育,要求中文的学、教、考都要真正对接罗马尼亚教育部颁布的政策。我们建议循序渐进开展相关工作,组建的相关团队应包含《罗纲》制定组成员、有丰富一线教学经验的中罗方教师、标准建设方面的中国专家。首先,修订教学大纲和制定课程标准可以同步进行;在此基础上,培训中罗方教师,培训内容包含《罗纲》以及配套课程标准的推广和应用,如何在实际教学中将《等级标准》与《罗纲》融合,以及教材编写理论与方法;最后中罗方合作编写配套的本土教材。

Research on the Characteristics of *Chinese Teaching Syllabus for Junior and Senior High Schools in Romania* and Its Revision, Promotion and Application

CAO Ruihong & Luminița BĂLAN

Confucius Institute, University of Bucharest, Romania / Faculty of Foreign Languages and Literatures, University of Bucharest, Romania

Abstract

This article analyzes the advantages and disadvantages of the "*Chinese Syllabus for Junior and Senior High Schools in Romania*" (hereafter referred to as *Romania's*

Teaching Syllabus) based on the current status of Chinese education and foreign language education policies in Romania. Namely, the syllabus pays attention to the combination of globalization and localization, language universality and language characteristics specific to Chinese. However, the syllabus sets unreasonable teaching goals and learning content for each grade, provides inadequate content for Chinese characters, lacks quantitative indicators of each language element, and therefore fails to provide specific guidance to classroom teachers. In order to promote the construction of standards for Chinese education in Romania and provide first-hand materials for the implementation and follow-up research of the "*Chinese Proficiency Grading Standards for International Chinese Language Education*" (hereafter referred to as *Grading Standards*) in Romania, this research refers to guidance documents such as the Chinese syllabuses in France, Italy, and Sweden and *Grading Standards*, puts forward ideas and suggestions for the revision, promotion, and application of *Romania's Syllabus*; refers to the *Grade Standards* to reclassify the grade framework; Chinese and Romanian experts cooperate in the research, development and elaboration of the "subordinate outline" and play a joint role in the promotion and application of *Romania's Syllabus*.

Keywords

Chinese Teaching Syllabus for Romania's Junior and Senior High Schools; characteristics; revision; promotion; construction of standards

非洲来华留学生"中文＋职业"人才培养研究[*]

李　怡^{**}

提要：高校培养非洲来华留学生，为在非中国企业输送"中文＋职业"复合型本土人才，可以满足中国企业高质量本土人力资源需求，助力中非合作行稳致远。非洲来华留学生"懂中文、通文化"的综合素质与在非中国企业用人需求相契合，但同时也存在专业水平不高、职业发展无规则的现实困境。基于对非洲来华留学生培养现状和在非中国企业需求的分析，提出牢固树立质量意识，提高人才培养质量；推动实施"中文＋职业"教育，优化资源供给；深化校企合作机制，畅通人才供需对接三条培养路径。

关键词：非洲来华留学生；"中文＋"；在非中国企业；人才培养

* 基金项目：教育部中外语言交流合作中心国际中文教育研究课题"基于需求调查的来华留学生'中文＋就业'教育产品供给研究"（项目批准号：22YH57C）；教育部中外语言交流合作中心 2022 年度《国际中文教育中文水平等级标准》教学资源建设项目"工科学历来华留学生'中文＋工程力学'数字教学资源建"（项目批准号：YHJC22YB131）；2021 年度北京工业大学"课程思政"示范课程培育项目（项目批准号：KC2021SZ035）；北京工业大学一流本科课程建设项目"汉语国际教育理论与实践"。
** 李怡，北京工业大学国际学院，博士，讲师，研究方向为国际中文教育。

引　言

　　非洲来华留学生是中非人文交往和教育与人力资源开发合作的重要参与者与受益者,也是国际中文教育的重要受众。中国政府高度重视为非洲培养符合本土发展需求的各类人才,中非合作论坛第八届部长级会议发布了《中非合作论坛——达喀尔行动计划(2022—2024)》,专门提到开展"非洲留学生就业直通车"活动,鼓励中国在非企业为当地提供不少于 80 万个就业岗位。[①] 在这一背景下,开展非洲来华留学生"中文＋职业"人才培养研究,对于为非洲培养兼具中文交际能力、中非跨文化理解力和职业能力的复合型本土人才,赋能国际中文教育服务中非命运共同体建设,助力在非中国企业高质量发展具有重要意义。

　　目前,面向海外本土员工的"中文＋职业技能"[②]教育是"中文＋"教育发展前沿,非洲作为中文教育与职业教育融合发展的典型区域,获得了较多关注。[③]如将视角转回在华中文学习者,关于来华留学生,特别是非洲来华留学生"中

---

① 外交部:《中非合作论坛——达喀尔行动计划(2022—2024)》,中非合作论坛官网,2021 年 12 月 2 日,http：//www. focac. org. cn/zywx/zywj/202112/t20211202_10461216. htm。

② 教育项目研究组:《构建"中文＋职业技能"教育高质量发展新体系》,《中国职业技术教育》2021 年第 12 期;宋继华、马箭飞、朱志平等:《职业中文能力等级标准的构建》,《语言文字应用》2022 年第 2 期;孟源、商若凡:《"中文＋职业技能"教育:发展脉络、现实挑战与路径选择》,《中国职业技术教育》2022 年第 29 期;梁宇、刘根芹:《"中文＋职业技能"教学资源建设的现状与展望》,《沈阳师范大学学报》(社会科学版)2024 年第 1 期。

③ 徐雷方、徐丽华:《非洲中文教育与职业教育的合作之道》,《中国职业技术教育》2023 年第 9 期;崔佳兴、王贺、许善成:《新时代非洲中文教育发展的动因、模式与路径——以赞比亚中文教育发展为例》,《比较教育研究》2023 年第 10 期;罗小如:《埃塞俄比亚孔子学院课程体系研究》,《天津职业技术师范大学学报》2023 年第 3 期;翟风杰、高莉莉、江绛:《国别化视域下的埃塞俄比亚中文教育高质量发展研究》,《天津职业技术师范大学学报》2023 年第 2 期;曾广煜:《卢旺达"中文＋职业技能"教育实践与理论探索》,《中国投资》(中英文)2022 年第 Z4 期。

文＋职业"方向的专题性研究虽已起步①,但尚未引起学界足够重视。相较于非洲本土中文、技能"双零基础"的"中文＋职业技能"教学对象,懂中文、具备专业背景的非洲来华留学生在成为中国企业本土人才方面更具潜力②,理论和现实均如此。

　　为此,本文从剖析非洲来华留学生"中文＋职业"教育的内涵出发,阐明非洲来华留学生"中文＋职业"人才培养的重要价值,结合所开展的非洲留学生在非中国企业就业调查,提炼当前人才任用特点,并针对现有培养工作中的不足,从人才需求方即在非中国企业和人才供给方即高校两方面提出对策与建议,以期助力来华留学生"中文＋职业"人才培养实现高质量发展,保障"中文＋"教育的有效实施。

一、概念内涵与理论意蕴

1."中文＋职业"人才培养内涵

　　本文所述非洲来华留学生"中文＋职业"人才培养的目标是帮助来华留学生凭借中文能力和所学专业技能获得就业和职业发展的能力,其本质是以中文能力为基础、以就业为导向、以服务在非中国企业为目的的人才培养模式。同时,该领域的研究将为中非人文交流和教育与人力资源开发合作积累理论和实践上的经验。

　　为更好理解这一概念的内涵,我们将其与典型的,或曰狭义的"中文＋职业技能"教育进行比较,以期精准定位研究议题。来华留学生"中文＋职业"人才培

①　李怡:《来华留学生就业促进与"走出去"企业本土人力资源开发协同机制研究》,《中国职业技术教育》2022 年第 12 期;李怡:《共建"一带一路"视域下非洲来华留学生职业发展》,《神州学人》2023 年第 11 期;李怡:《加强非洲来华留学生"中文＋职业"教育》,《中国社会科学报》(第 7 版)2023 年 4 月 10 日;李怡:《非洲来华留学生:学好中文获更多工作机会》,《人民日报海外版》(第 11 版)2023 年 2 月 3 日。
②　邹雨君、王进杰:《中非教育和培训合作:中国企业的供给与需求双向参与》,《中国非洲学刊》2021 年第 4 期。

养在概念内涵上与"中文＋职业技能"教育既有区别,也有联系。区别之一是培养对象/教学对象不同,狭义的"中文＋职业技能"教学对象通常是中文知识和职业技能"双零基础"①,学习环境是在海外;而来华留学生,特别是汉语授课学历留学生已经具备相当程度的汉语水平(HSK4 级及以上),是在中国境内学习一门专业并获得相应学历证书。区别之二是就业预期,来华留学生普遍对于在华获得学位后找到一份满意工作抱有较高期待,这是来华留学的重要驱动力,对于青年失业率较高的非洲来华留学生来说更是如此;②"中文＋职业技能"教学对象是海外普通民众,可能是无业人士,也可能是职校学生,其所付出的求学成本远低于远赴中国留学多年的来华留学生。

二者相同点之一是均以中文带动职业能力的形成,凸显中文学习的实用性和职业化取向③,满足外国年轻人"职业发展需要和就业创业本领"。④ 相同点之二是均为海外中资企业高质量发展服务,为企业提供"精技术、通汉语、懂文化"⑤的复合型本土人才,形成国际中文教育和产业良性互动,服务中国对外开放新格局。

2. "中文＋职业"人才培养理论意蕴

包括非洲学生在内的来华留学生"中文＋职业"人才培养研究是来华留学教育的较新命题,而如果放眼世界,在世界各国竞相发展留学生教育、争夺全球人才为己所用和劳动力跨境流动的大背景下,学生国际流动、人才回流等话题长久占据学界讨论的重要位置,其学术命题的内核是跨境高等教育与劳动

① 梁宇、刘根芹:《"中文＋职业技能"教学资源建设的现状与展望》,《沈阳师范大学学报》(社会科学版)2024 年第 1 期。
② 李安山:《非洲留学生在中国:历史、现实与思考》,《西亚非洲》2018 年第 5 期。
③ 李怡:《"中文＋":专门用途中文教学的新发展及问题探析》,《国际中文教育》(中英文)2023 年第 3 期。
④ 教育部中外语言交流合作中心:《"中文＋职业技能"教学资源建设行动计划(2021—2025 年)》,语和中心官网,2022 年 12 月 14 日,http://www.chinese.cn/uploads/file/20220125-1643091122329263.pdf.
⑤ 刘建国:《基于工业领域技术技能人才培养的工业汉语国际通用化研究》,《哈尔滨职业技术学院学报》2019 年第 3 期。

力市场关系。① 随着非洲来华留学生数量日益增多（2018 年达到 81 562 人②），中国对非教育援助，特别是中国通过政府奖学金资助非洲青年来华深造对于非洲发展所起到的作用，引发国际学术界兴趣③，其中也有一些质疑的声音④。然而国内学术界目前相关实证研究还不足，因此我们有必要加强这方面的调查研究和分析，为中非教育与人力资源合作、为我国高等教育培养非洲青年对非洲发展所做出的实际贡献正名。

作为中非关系的积极参与者，非洲来华留学生的学习、成长和成才就业等一系列活动深刻塑造着中非人文交流的细节，对其开展"中文 + 职业"人才培养是推动新形势下中非命运共同体建设的重要方面。中非命运共同体建设既有经贸往来"硬实力"合作，近年来又更加强调人力资源开发合作与能力建设等"软实力"交流。中国高校为非洲各国培养"中文 + 职业"人才就是中非教育与人力资源开发合作的生动实践之一。为非洲来华留学生铺设回国就业通道，在当地中资企业发挥"中文 +"多维度优势，既使非洲留学生直接受益，提高自身及家人生活水平，也为中国企业储备了本土人才，解决了本土人力资源短缺的困境，更为非洲工业化、现代化发展带来了中国技术与中国经验，实现了人才回流。因此，新形势下高校非洲来华留学生"中文 + 职业"人才培养在中非经贸往来、人文交

① Gregory K. Armstrong，"Life after Study Abroad：A Survey of Undergraduate Academic and Career Choices"，*The Modern Language Journal*，1984，Vol. 68，No. 1，pp. 1 - 6. Ulrich Teichler，"Research on the Relationships between Higher Education and the World of Work：Past Achievements，Problems and New Challenges"，*Higher Education*，1999，Vol. 38，No. 2，pp. 169 - 190.

② 教育部国际合作与交流司内部资料《2018 来华留学生简明统计》。

③ Lili Dong & David W. Chapman，"The Chinese Government Scholarship Program：An Effective Form of Foreign Assistance?"，*International Review of Education*，2008，Vol. 54，No. 2，pp. 155 - 173. 贺文萍：《中非教育交流与合作概述——发展阶段及未来挑战》，《西亚非洲》2007 年第 3 期。Kenneth King（ed.），*China's Aid and Soft Power in Africa: The Case of Education and Training*，New York：Boydell & Brewer，2013. Jeremy Luedi，"Why African Students are Choosing China Over the West"，*Asia by Africa*，2018.

④ Heidi Østbø Haugen，"China's Recruitment of African University Students Policy Efficacy and Unintended Outcomes"，*Globalisation*，Societies and Education，2013，Vol. 11，No. 3，pp. 315 - 334.

流、民心相通等多方面具有更为鲜明的多赢性质,就业导向应该成为非洲来华留学生教育的特色与亮点。

二、现 状 与 特 征

为了解非洲留学生的就业情况,我们在 2020 至 2022 年三年间以调查问卷和半结构性访谈的形式追踪记录了包括加纳、赞比亚、肯尼亚、埃塞俄比亚、赤道几内亚、刚果(金)、科特迪瓦等在内的 30 个非洲国家的 63 名非洲来华留学生的毕业去向,并结合对部分在非中国企业的访谈,掌握了非洲来华留学生毕业后服务于在非中国企业的情况,具体有如下特征。

1. 中文强专业弱,所用非所学

从主观意愿层面看,受访非洲毕业生普遍表达了将中文能力与就业机会挂钩的想法。从客观就业结果看,获得在非中国企业雇用机会的毕业生也确实因为中文能力而受到青睐。他们担任翻译、助理、外联、公关类岗位较多,而技术、管理类岗位较少。但其实中文并非这些学生在华学习专业,本次调查的 63 名非洲留学生均为学历生,STEM 类专业占比达 83.3%,人数较多的专业包括土木工程、计算机技术、建筑学等。事实上,近年来,随着中非共建"一带一路"不断走深走实,中国政府奖学金对非洲学生的资助力度有所提高,资助方向更为精准,以工科为主逐渐成为现阶段非洲青年来华学习专业分布的重要趋势①,然而受聘岗位情况却反映出"所用非所学"的特点,值得注意。

2. 通用中文强专用中文弱,想用无可用

汉语授课来华留学生普遍具备 HSK4—5 级通用中文水平,然而这一水平能

---

① 邹雨君、王进杰:《中非教育和培训合作:中国企业的供给与需求双向参与》,《中国非洲学刊》2021 年第 4 期。

否顺利实现"用中文学专业"，则因人而异，因专业而异。工科专业难度较高，一方面受限于工科专用中文能力不足，另一方面也因为部分学生学业基础薄弱、学习能力不足①，从而导致专业学习成绩不佳，专业水准低于预期。这一情况在企业调研中也得到了类似反馈，多位在非中国企业中方管理者均表示留华毕业生"学得太浅"。由此我们认识到，服务于专业学习、特别是理工科专业学习的"中文＋专业"仍需进一步加强。②

此外，对于已经走上工作岗位的毕业生来说，参加入职培训和岗上培训也是常态。调研显示，部分企业的相关培训是以中文进行的，对于毕业生的中文书面读写能力造成了较大挑战。此时就需要服务于业务进步和职业成长的"中文＋岗位""中文＋技能"等学习资源，帮助毕业生做好准备，更好满足职业发展的各项要求。

3. 重培养轻就业，职业发展无规划

来华留学生的毕业去向问题长久以来未能成为来华留学教育的重点关注环节，培养院校普遍尚未开展面向来华留学生的专门就业指导工作。③ 这一状况在本次调查中也有所体现，受访毕业生大都表达了没有从学校获得足够就业支持的感受，在学校引导与就业支持缺乏的情况下，有的学生仅能依靠自身关系网络求职，有的学生缺乏中文语境下的应聘能力，有的学生对于未来职业发展缺乏清晰规划。当前，来华留学进入提质增效内涵式发展新阶段，结合非洲发展急需人才的现实情况，我们认为有必要面向非洲来华留学生加强"中文＋求职""中文＋就业"类教育资源供给，响应"非洲留学生就业直通车"举措要求，帮助非洲来华留学生实现家门口的高质量就业。

---

① 林松月、刘进：《来华留学教育为何难以实现趋同管理——基于7所"双一流"高校的访谈分析》，《当代教育论坛》2022年第2期。
② 胡云晚：《国际中文教育之科技汉语研究四十年》，《贵州师范大学学报》（社会科学版）2023年第3期。
③ 李怡：《"一带一路"国际学生"中文＋就业"能力提升研究》，《国际学生教育管理研究》2023年第1期。

三、人才需求方：企业的角色

非洲来华留学生"中文＋职业"人才培养的本质是就业导向，目标是对接行业，服务企业，因此有必要梳理清楚企业在人才培养中的作用和角色，以便更好发挥企业选人、用人和育人作用。

1. 在非中国企业的本土人才需求

作为赢得民心的重要举措，中国企业为当地创造了大量就业岗位，但是存在着"岗位随着工程的完工而消失"[1]和"只吸纳、无产出"的问题[2]。为更好地融入地方社会，树立负责任的国际雇主形象，企业应长远谋划，跳脱出仅雇佣大量普通劳工的低端本土化用工模式，培养、任用本土员工更多担任管理岗位和专业技术岗位[3]，提高属地化用工层次。懂中文、会专业的非洲留华毕业生，是这类中高层本土管理人员、技术人员的优选。企业如能加强对这类"中文＋职业"人才的培养和任用，能够有效发挥当地人管当地人的优势，加强与当地社会各阶层的沟通合作，有利于中国企业在非洲发展行稳致远。

2. 非洲来华留学生：在非中国企业理想的用工人选

具备与企业经营范围相契合的专业背景。近年来，来华学习计算机类、土木类、建筑类、中国语言文学类、经管类专业的非洲学历留学生数量增长迅速，学历层次也有所提升。据《2022 年度中国对外直接投资统计公报》，2022 年末中国对非洲直接投资存量前五位的行业是建筑业（33.3%）、采矿业（23.8%）、制造业（12.4%）、金融业（10.7%）和房地产业（5.3%）。由此可见，作为潜在的本土人

---

[1] 胡洁、武小欣：《新形势下中非基础设施合作面临的挑战及对策》，《全球化》2023 年第 5 期。
[2] 梅金：《加快企业属地化建设 培养海外高阶人才——以中国铁建国际集团阿尔及利亚公司为例》，《国际工程与劳务》2019 年第 5 期。
[3] 杨东升、杨懿：《如何做好非洲人才属地化管理》，《国际工程与劳务》2019 年第 12 期。

力资源，理论上非洲来华留学生的专业背景能够满足在非中国企业对本土员工专业技术背景的要求，既懂中文又掌握企业所需专业技能的非洲青年有望在中国企业实现良好职业发展。

具备跨文化交际能力，可助力企业提升人力资源属地化层次。"走出去"中国企业正尝试将"当地人管理当地人"作为一种更高阶的人力资源属地化模式。① 非洲来华留学生熟悉中非两种文化，精通双方语言和彼此社会文化心理，拥有职场所需的中外跨文化沟通能力，能够在中方管理者和外方员工之间搭建沟通桥梁，正是此类管理人才的理想人选。现实中，企业往往将留华毕业生配置为中方中高层管理岗位的助理，如中方工长助理、人事经理助理、项目经理助理乃至总经理助理，协助中方管理层承担面向本土劳工的一部分管理工作，从而形成一支会语言、通文化、有技术、善管理的高效率属地化管理团队。②

可承担本土员工的培训工作，带动更多本土就业，树立中国企业良好的社会责任形象。履行社会责任是出海企业融入所在国的必然要求，已逐渐成为企业核心竞争力之一。③ 聘用大量本土劳务人员，必须对其进行充分的技能培训。企业受制于语言水平，无法将中文操作手册和技术规范准确地翻译为当地语言，只好采取"一对一"或"一带多"师徒制模式，中国师傅手把手教，外方员工一点点学，效率低下。而中文过关又有专业背景的留华毕业生可胜任培训教材的研发工作、培训资料的开发工作以及培训方式的探索更新工作，用在中国接触到的新模式、新方法，如微课、慕课、教学视频，提升本土员工的培训效率，吸纳更多本地人进入中国企业就业，共享中国企业在当地的建设成果。

3. 缺失的对接机制：就业难与用工难并存

中国企业在非洲的经营活动让非洲青年看到了中国处于相对优势的行业领

---

① 程鹏：《海外工程项目人力资源属地化研究——以中交四航局肯尼亚蒙内铁路项目为例》，《建筑经济》2016 年第 9 期。
② 张建业：《国际工程项目人力资源属地化管理研究——以中土尼日利亚巴达格瑞高速公路项目和拉各斯轻轨项目为例》，《建筑经济》2020 年第 5 期。
③ 李刚：《从"造福"到"造血"——蒙内铁路打造高质量履行社会责任的新样板》，《国际工程与劳务》2019 年第 8 期。

域,也促使他们将家门口的中国企业视作潜在雇主,从而在来华留学的专业选择上更多考虑土木工程、电子信息、计算机等专业。理论上,中非经贸合作和教育与人力资源开发合作互补协作,而现实中,非洲青年赴华留学—学成归国入职中国企业的"双向奔赴"闭环尚未形成。目前无论是毕业生还是企业都苦于没有一个人才供需对接机制和沟通渠道,毕业生的求职行为存在盲目性和随机性,企业的雇佣方式也五花八门,渠道较为分散。这提示我们有必要在企生之间搭建对接机制和沟通渠道。

四、人才供给方：高校的作为

高校作为人才培养主阵地,既是来华留学教育资源的主要供给方,也是实施国际中文教育的重要主体。高校在提升非洲来华留学生人才培养规格、积极开展"中文 ＋ 职业"教育和联手企业赋能毕业生职业发展等方面大有作为。

1. 牢固树立质量意识,提高人才培养质量

丰富培养目标内涵,更新培养理念,将"中文＋"复合型人才作为非洲来华留学生培养的重要导向。教育部 2010 年出台的《留学中国计划》明确提出来华留学教育"培养一大批知华、友华的高素质来华留学毕业生"的目标。在中非命运共同体建设背景下,我们主张,面向非洲来华留学生的教育和培养还应该树立"为中非命运共同体培养合格建设者"的目标维度。也就是说,我国高校培养的非洲毕业生应该对华友好、认同并支持中非发展友好合作关系,具备"中文 ＋ 母语"双语或多语能力,具备对中国文化和本国文化贯通理解基础之上的跨文化交际沟通能力,掌握特定领域内的专业素养和技术技能,不但自我成才,还能为当地培养后备力量。新培养理念有助于非洲青年明确来华留学使命,强化学习动机,端正学习态度,提高学习效能;有助于培养院校重视非洲留学生培养工作,找到非洲留学生培养工作的重点,提高育人育才意识,帮助非洲青年为就业做好准

备；有助于在非中国企业提前布局，将本土用工需求准确传达至培养院校，帮助学生更好地适应就业市场。

健全学业支持系统，提高培养力度，体现培养温度。一是将个性化管理和趋同管理相结合，适当考虑非洲留学生群体的特殊需求。例如，部分院校探索在学科基础课程教学中设立留学生专门班级，配备外语能力好的教师双语授课，建立朋辈帮扶机制，对于难度较大的专业课程组织一对一、一对多学业辅导，及时发现和干预非洲留学生的学业困难情况。我们应该鼓励各校根据自身办学定位和生源条件开展多元培养路径的探索。二是加大对非洲学生的学业帮扶力度。学生在知识储备、语言能力和学习能力方面的差异是客观存在的。相关部门已经注意到部分生源存在的学科专业基础弱、语言能力不足、学习方法不科学等问题，开始从源头——预科教育抓起，部分院校也在预科项目中加大数学、物理、计算机等非语言类课程课时，在通用汉语基础上增设专业汉语课程，并尝试将专业汉语课程延伸至学历教育阶段，旨在确保留学生汉语水平能够支撑其专业学习，"学得好，用得上"。上述体现个性化和精细化培养方略的制定，有赖于高校从顶层设计层面凝聚留学生培养质量意识和品牌意识，避免盲目扩张规模和同质竞争。

2. 推动实施"中文＋职业"教育，优化资源供给

延长中文教学时长，促进学术中文能力形成。传统上，学历留学生在入系学习之前需要接受为期一年的预科教育，对大部分非洲学生来说，这一年时间是实现中文从零基础到 HSK4 级水平跃升的关键阶段，语言课课时多，学习强度大，进步明显。进入专业以后，高校继续为以汉语为授课语言的留学生提供 4～6 学分的中文课程，时间为 1～2 学期，此后便不再提供更多中文课程。实践发现，这种短期集中强化、阶段性的中文教学模式不能满足留学生学业发展需求。一年（实则为 8～9 个月）的中文强化仅能使零基础学习者达到使用中文进行一般交际的程度，难以做到用中文学专业，特别是理工科专业①，而转入专业阶段后的

---

① 　吕耀中、段兴臻：《来华留学生教育服务现状与质量保障策略》，《世界教育信息》2016年第 21 期。

4～6 学分中文课程如果仅是通用中文课程,依旧解决不了用中文"读不懂"专业的问题。为此我们建议,一是延长预科学制到 1.5 年或 2 年,整体加大中文课时并提高学术中文课时比例;二是在学历教育全周期持续提供中文课程,着重学术中文课程和职业中文课程供给,扫清用中文学专业障碍,提升专业学习成绩,为未来求职打下专业技能基础。

优化中文教学资源供给,推动职业导向中文能力升级。开发"中文＋顺利求职"课程资源,提高在中资企业应聘成功的概率。调研在非中国企业本土人才招聘途径和渠道,了解岗位职责和应聘条件,帮助学生撰写中文简历,组织模拟面试,培训中文语境中的面试技巧和沟通技能。开发"中文＋职场应用"课程资源,提高职场中文运用能力。调研在非中国企业对本土人才中文能力的要求,明确中文的典型使用场景和特定交际需求,例如培训材料、技能手册、施工标准等的撰写语言是否为中文,是否有当地语言译本。企业可以参与"中文＋本土就业"教学资源的建设,将一线用工需求反馈给来华留学生培养院校,高校可据此设计适当的中文课程,编写多语工作手册、工作指南等资料,以尽可能地帮助非洲留华毕业生获得职场所必需的中文技能。

3. 深化校企合作机制,畅通人才供需对接

调研中发现,尽管企业求贤若渴,但是尚未与来华留学生培养高校建立密切合作关系。部分企业与能源、电力、水力、矿产等行业特色院校建有一定程度的校企合作关系,但尚未与拥有可观数量非洲来华留学生的综合性工科院校有实质而深入的合作。未来校企合作可从三方面着力。

一是提高企业育人参与度,提高实习实践课程的针对性和实用性。实习实践环节对培养兼具学术能力和动手能力的本土复合型人才至关重要。当前高校在实习环节的普遍处理方式是中外学生趋同,例如安排中外学生进入相同的企业或工程现场见习、参观。未来,在趋同的基础上还应着力提升留学生实习教学的针对性和实用性,以服务中非高质量共建"一带一路"为导向,以配合"走出去"企业本土人才布局为重点,在自愿基础上加以有针对性的引导,尽早将非洲学生接入能更好发挥其独特优势的岗位,通过实习、实践,尽早锁定适合学

生又有利于中非合作的职业领域，提高企业在本土人才培养方面的参与度和贡献度，同时这也是推动中国标准和中国技术国际输出、提高中国企业在海外话语权的重要手段，有利于为中国企业海外发展创设一个更为友好的商业生态环境。

二是建立来华留学生企业实践基地，深化校企战略合作关系。企业实践基地是来华留学生就业能力养成的重要环节，是校企合作人才培养的重要形式，是人才培养主体和用人主体沟通交流的桥梁，也是让留学生和企业相互了解、增信释疑的重要途径。一方面，留学生通过参与企业实习活动，可以将所学知识应用于实践，为自己赢得未来职业出路，避免学校教育与社会现实、就业市场脱节。另一方面，企业可近距离观察留学生，了解其作为国际人力资源的价值和发挥作用的方式，涵养国际人才人脉，为企业海外发展提供切实助力。

三是形成留华毕业生人才库，推荐企业优先聘用有中国留学经历毕业生。一方面，国内院校可利用留华校友会工作机制，对毕业生提供离开学校、离开中国后的持续服务，收集毕业生生源国、专业、学历等信息，向目标用人单位推荐优秀毕业生。另一方面，已经回到海外的毕业生可以通过驻当地中国使领馆、中资企业联合会、华商协会等本地组织，与潜在雇主搭建各种形式的联系与接触，使毕业回国的"中文＋"复合型人才成为各方关注的人力资源。

五、结　　语

本研究聚焦非洲来华留学生这一日益引发关注的群体，探讨其中文学习和职业发展关系议题。研究发现，非洲来华留学生"中文＋职业"培养模式是联结高等教育国际化、人才培养、服务中非合作的核心枢纽，是实现教育与职业对接的重要途径，对于激发高等教育国际化创新动能、更好满足非洲青年全面发展需求、提升国际中文教育服务国家发展战略的贡献能力等均具有重要作用。

Research on the Training of "Chinese ＋ Vocational" Talents for African International Students in China

LI Yi

College of International Education，Beijing University of Technology

Abstract

Colleges and universities cultivate African international students and provide "Chinese + vocational" composite local talents for Chinese enterprises in Africa. This can meet the high-quality local human resource demand of Chinese enterprises，foster the development of Africans studying in China，and help stabilize and achieve long-term cooperation between China and Africa. The source countries of African international students studying in China，popular majors for African international students in China，and comprehensive qualities including Chinese language proficiency are in line with the employment demand of Chinese enterprises in Africa. However，practical difficulties still exist such as insufficient academic level and weak employment ability. Based on the analysis of the current situation of training African international students in China and the needs of Chinese enterprises in Africa，this thesis proposed to strengthen the awareness of quality in studying abroad in China，improve the quality of training African international students，give full play to the supporting role of "Chinese + vocational" education mode to enhance the service capabilities for international students in China，innovate the school enterprise cooperation mechanism and smooth three training paths between talent supply and demand.

Keywords

African international students in China；Chinese＋；Chinese enterprises in Africa；training of talents

学术争鸣

博弈之苦乐

［德］朗宓榭*

最近听了著名的东亚艺术史家雷德侯(Lothar Ledderose)教授的一个报告,题名为"中国——另类的书写",在谈到汉字没有性、数、格和时间的变化时,他形象地把汉字比喻为棋子,本身没有增减,但随着黑先白后,在棋子的移动中,自有风云涌动。

这个比喻,在我看来,不仅十分贴切,也很生动。回想起来,我在学习汉语之初,获知一个名词是没有性别的,感到欣喜不已。毕竟在学习单词时,不需要强记硬背,如德语中,太阳是阴性的,月亮是阳性的。这对于学习德语的中国人来说,一定非常困难,因为这有悖于中国的阴阳观,太阳对中国来说是阳,而月亮则是阴。反之,中国人说天为阳、地为阴,这和德语又十分契合。当然中国的阴阳是说明事物的两种属性,是代表矛盾对立、统一的两个方面。至于德语中名词的性,是一个历史的演变,没有道理可循,至多有几条规则,可帮助记忆。

同样在中国人学习德语纠结于单数和复数的不同呈现形式时,或者不确定复数最后以哪几个字母结束时,我对于"一本书"还是"十本书"总之都是书,不禁拍案叫绝。关键是书,即使是十本叠加在一起。而且妙的是,无论是"书"还是"書",是简体还是繁体,看上去都是多本书。

其实,我们这里涉及的是有形态变化的拼音文字和无形态、音义结合的汉语的根本区别,汉语没有形态的变化,语法内容没有明确的形式上的标记,显性语

---

* 朗宓榭(Michael Lackner),德国国家科学院院士,德国埃尔兰根-纽伦堡大学汉学系资深教授。朗宓榭攻读汉学、哲学、政治学和民俗学,通晓多国文字,学术成就丰硕。

法相对简约,也意味着初学者不必大张旗鼓地背各种语法规则。所以,我觉得汉语还是比较容易掌握的,这至少是我最初的观点。

当然,汉字之难,学习汉字的种种艰辛,汉字笔画顺序无章法可陈,也是每个汉学学者的共同经验。在当今,各种汉字学习的应用程序层出不穷,有些甚至寓乐于教,这多少克服了一些汉字道路上的障碍,但汉字习得是毕生的工作,活到老,学到老,是唯一的途径。"路漫漫其修远兮,吾将上下而求索。"值得宽慰的是这不仅仅是我们老外的问题,我的不少中国朋友也会陷入想不起一个汉字如何写的窘境。

关于显性语法和逻辑思维的关系,是欧洲哲学家,特别是19世纪哲学家钟爱的话题。德国著名哲学家、教育家洪堡(Alexander von Humboldt)就曾对这个问题进行探索。在他看来,汉语中许多语法内容没有获得一定的语法外在表现形式,没有被纳入确定的类别,而依赖思维活动时附加联想上去,需要精神付出更大的劳动。但汉语放弃了所谓严格的语法,而赢得了其他优势,在洪堡看来,这种语言优势正在于概念的简单依次排列,因而赋予精神以崭新的力量和活动的空间。

洪堡本人虽然不懂汉语,但他对法国汉学家雷慕莎的研究进行了细致的分析。他说到了很多要点,汉语的词序确实是汉语核心之一,给汉字挪一个位置,如同博弈,就会"险象丛生"或是"山清水秀"。而这也正是学习汉语的一大挑战。"我吃了饭去大学"和"我去大学吃饭了",这两个句子意思天差地别。这也是我初学汉语时常常犯错的地方。汉语词无定类,或者说汉语中的一部分词可以有多种属性,区分词类的问题要比一般的印欧语复杂些。汉语的简洁性,一方面是"易简而天下之理得矣",另一方面,简洁不是简单,貌似容易,但要掌握行文的精髓却十分不易。

此外,汉语中拥有大量成语,常常是四个字,言简意赅,有些也非常通俗,所以我开始学习时,对成语有着非常浓厚的兴趣,但久而久之,发现成语包含着深刻的思想内涵和丰富的文化背景,要运用得如鱼得水并非易事。但学习和运用成语,也给我带来了很大乐趣,下面举一个我运用成语的简单例子,以飨读者。

2000年10月28日,我离开日内瓦汉学系,转到了德国埃尔兰根的汉学系。

走马上任之初，我的前任李博（Wolfgang Lippert）教授在大学举办了一个活动，欢迎我的到来。都是做汉学研究的，我们惺惺相惜。我做了一个简单的回应，因为参与的还有校领导和其他院系的同事，所以讲话自然是用德语的。但在每一段文字后面，我都用了一个成语加以概括。讲到李博教授的继任反复筛选、几经周折，在我看来，这是"好事多磨"。因为违背规律、一味求快，反而达不到目的，可谓"欲速则不达"，这个成语和德语中的"Eile mit Weile"，如同一个磨子里刻出来的，非常契合。而李博教授在选拔人才时，宁可空缺，也不愿意降低标准，这种"宁缺毋滥"的精神，也说明了他对学术、对中国研究的严肃态度。当然，我当年到埃尔兰根，并非"单刀赴会"，而是带去了一个年轻的学术团组，我是不是"良配"，姑且不论，我那些年轻的博士生，都充满了干劲，也许还缺乏一些经验，但是"三个臭皮匠顶一个诸葛亮"，因为学术在于交流，在于联结，不然，我有再高的学术成就，也是"孤掌难鸣"。当然，李博教授荣休了，他"无官一身轻"，可以周游世界，"读万卷书，行万里路"，当然，我还是希望他能够常常来汉学系"不吝赐教"。李博的妻子，是柏林附近的布兰登堡人，那儿的人以"心长在舌尖上"著称，感觉和北京人的直爽、热情奔放有得一比，"口无遮拦"，我喜欢她这种"心直口快"的性格，也敬佩她当年和丈夫不畏艰险从东德逃往西德，早年曾在难民营居住。当然，对我来说，最重要的是要表达感激之情，感恩就是"饮水思源"。这场讲话，让李博教授很感动，作为语言学家，他当然听懂了我借用每个成语所要表达的意思，而对于汉学专业之外的同事，他们则惊艳于成语的言简意赅，因为德语讲了一大段之后，突然出现了几个字的成语或俗语。李博教授去年离世，享年 90 岁。这段文字，是对他的一个追忆，也是我运用成语的一点心得。对我来说，成语是汉语中一道特别迷人的风景，学会几个，就能用，而且中国听众都会赞不绝口，夸你汉语好，很容易给初学者信心和勇气，不过，随着语言学习的深入，随之而来的，发现成语太多了，绵绵不绝，不知何处是尽头。

汉语说难不难，说易不易，一个个的汉字，像棋子，语序的重要性就像你下围棋时的布局。其实，整个汉语学习就像是博弈，有苦有乐，苦中有乐，因为你在角逐一门古老的语言以及语言背后那博大精深的文化，唯一的办法是埋头耕耘，不问收获。

汉语是否难学

［埃］大　海*

　　作为一位埃及汉学家，我从一个汉语学习者变成一个研究汉语的专家。虽然我的身份发生了变化，但是我始终认为汉语是一门非常有趣和具有挑战性的语言。同时，我也知道许多人对学习汉语感到困难并将其描述为一门难学的语言。这个问题一直存在，也一直困扰着汉语学习者。

　　汉语是全球使用人数最多的语言之一，具有重要的地位和作用。汉语的特点则包括：声音韵律丰富，语法和语义复杂，词汇量庞大，汉字书写独特，篇章结构严谨，等等。这些特点使得汉语学习对外国人而言确实具有一定的挑战性。

　　但是，传统观念中对于汉语过于强调难度，甚至认为除了中国人以外的外国人学不好汉语，这种观念是不合理和错误的。事实上，外国人通过系统的学习，可以掌握汉语的基本技能和能力，而且现代技术的发展也使得汉语学习更加便利。

一、语　　音

　　汉语的音节系统相对复杂，一般包含四个基本声调和纯音节，带声调的音节

---

* 　大海（Hassan Ragab），埃及著名汉学家，中国文化译研网（CCTSS）会员，埃及爱因夏姆斯大学教授，苏伊士运河大学孔子学院外方院长。他曾在北京语言大学获硕士学位，在北京大学获得博士学位，作为埃及高教部及其他单位中国顾问，为埃中教育文化交流做出了突出贡献。

可以使同一汉字产生不同的意义和语境。同时，汉语的声母和韵母结合比较特殊，例如"zh""ch""sh"等音节，对于阿拉伯语的母音体系来说有一定难度。相比之下，阿拉伯语的音节系统较为简单，只有三个基本母音，但是有多个重音变化和辅音。

对于汉语学习者来说，多听、多练、逐渐适应汉语发音的节奏和音调是必要的。在学习过程中，应该注意练习基本的汉语声母和韵母，区分不同的发音和语调，并借助音频和视频资源进行听力和口语练习。

二、汉　　字

阿拉伯语的书写方式也很复杂，但和汉字比起来，还真是"小巫见大巫"。我认为汉语的书写系统确实相对复杂，因为它有许多独特的笔画和规则，需要学习者花费时间和精力来掌握。同时，每个汉字与音节、词汇和语法密不可分，意思和发音可能会因为组合不同而产生变化，这也增加了学习难度。

此外，汉字背后有着丰富的文化、历史和哲学内涵。汉字是中国文化和历史的重要组成部分，在汉语的学习过程中，了解汉字的文化背景和历史渊源对于学生来说是非常有意义的。但同时，学习者需要对这些复杂而深奥的文化和哲学内涵有一定的理解和洞察力，这也加大了学习汉语的难度。

三、词　　汇

汉语词汇量庞大，每个汉字都有自己的意义和用法。除了学习单个汉字的意义与发音外，学生还需要掌握词汇短语的使用方法。我个人觉得汉语词汇中最难的部分是成语、俗语和习语等特殊表达方式。这些词汇有较高的文化内涵，但在日常交流中非常常见，只有在细心了解汉语文化并进行反复学习后才能真正理解和使用它们。因此埃及学生需要花费一定的时间和精力来学习汉语的成语、俗语和习语。此外,汉语词汇中存在大量的同音词、多义词、近义词,如何分辨、辨析和使用它们,对于埃及学习者来说可能是挑战之一。

四、语　　法

汉语和阿拉伯语语法之间的差异非常大,我认为埃及学生在学习汉语语法时,难点在汉语语序、量词和虚词。

汉语语序非常灵活,对于同样的意思,可以通过变换语序来表达不同的情感、语调和时态。在阿拉伯语中,语序非常固定,一般都是主谓宾。动词通常放在句子的第二个位置,主语和宾语的位置可以发生变化,但不会改变基本语序。所以,对于埃及学生来说,适应汉语的灵活性可能是一个挑战。

在汉语中,量词非常重要,因为它们用于描述数量和数量单位。一些常用的量词包括个、件、条、盒等,但它们都是无意义的语素,必须和实际的名词结合使用。在阿拉伯语中,数量单位通常由本身传达,而不需要使用特殊的量词。因此,对于埃及学生来说,学习汉语数量单位的使用和相关的量词可能会有困难。

虚词在汉语中的使用频率非常高,在交际中不仅能够更准确地表达自己的意思,而且能够提高语言交流的效率。然而,虚词虽然小,使用不当很容易给语言带来歧义,甚至会产生误解。

总而言之,作为一门语言,汉语的复杂程度在很大程度上取决于个人的学习能力和努力程度。对于那些具有高度耐心和热情的学生来说,学习汉语不仅是有意义的,而且是一种令人感到充实的挑战。

选择中文,我感到很荣幸,我也感到很有意义。中文改变了我的人生。我相信在未来它会改变更多外国人的人生。

汉语难学的各层面分析[*]

刘英凯^{**}

提要： 汉语被普遍地认为是世界上最难学的语言之一。本文从汉语的语音、汉字、词汇、语义、语法和文化等多维度探讨汉语难学这一命题。

关键词： 语言；汉语；困难

我们这里所说的"汉语难学"要针对两个方面，一是作为母语，二是作为第二语言，这样论述才有全面性。首先我们引证外国学者的观点。

大卫·莫索（David Moser）是在美国密歇根大学得到汉语研究的硕士和博士学位的汉语学者。他在 1987—1989 年是北京大学的访问学者，又是在北京外国语大学任职五年的客座教授。莫索先生就是中央电视台《希望英语》栏目的主持人莫大伟。因此此文就用"莫大伟"这一名字指称大卫·莫索。

中国学者徐书婷在 2016 年所写的文章中提到：到 2016 年为止，莫大伟在中国生活了 30 年，娶了中国人当自己的"媳妇"，他对汉语的精通指数是绝大部

---

* 本文的写作得到了广州暨南大学华文学院周健教授和华中师大外语学院的董方峰副教授的帮助，特致谢意！

** 刘英凯，深圳大学外国语学院教授，研究方向为英汉对比语言学，翻译理论研究，修辞研究。

分学汉语的西方人无可比拟的。① 下面是我为了文章的篇幅不至于过大，重新组织、简化了徐书婷文章的内容，但是我的行文绝对没有不忠实于徐文之处。

西方重要媒体《纽约时报》借莫大伟发新书的时机采访了他，莫大伟直言汉语太难啦，甚至认为，这严重妨碍了中国的软实力！"标准汉语——在中国叫'普通话'——是一种'弗兰肯斯坦式'的混合语言。"这里他所提到的《弗兰肯斯坦》是西方著名科幻恐怖小说，作者是鼎鼎大名的诗人雪莱的妻子。主角弗兰肯斯坦是一个用尸体拼起来的人造怪物。……

随后莫大伟说："你见过这个字，但不一定知道它怎么读。说得出来，不一定会写。会写，不一定知道是什么意思……"莫大伟把汉语比作"认知堵车"，由衷地说："不得不为中国学校里的孩子们感到难过。"

莫大伟上述有关"读""写"等具体而微的评论涉及汉字、语音、词汇和语义等多个方面。下面我们按照语音、汉字、词汇、语义、语法和文化等 6 个维度探讨汉语难学这一命题。

一、语　　音

1. "四声"

汉语是西方人所述的"tonal language"（有四声的语言）。对于西方人而言，"四声"本身就很难掌握，很大一部分西方人学汉语多年，都无法把四声读准。这是我们接触学汉语的西方人时都经常见到的现象。

汉语是声调凸显的语言，因为我们有阴平（第一声）、阳平（第二声）、上声（第三声）、去声（第四声），如拼音 ma 有四个声调，例如：妈、麻、马、骂；拼音 ba 有四个声调，例如：巴、拔、靶、爸。西方人感到四声造成的困难，除了发四个声调的困难之外，也包括：汉字因为有这样标示不同四声的同音和近音汉字，会构成

---

① 徐书婷：《美国汉学家莫大伟称：汉语妨碍中国软实力》，观察者，2016 年 6 月 20 日，https：//www.guancha.cn/politics/2016_06_01_362519.shtml。

书写和语义两方面都毫无关联的词汇。我搜集到的包括"输血""数学","过奖""果酱"以及"反悔""返回"等典型例子。

"四声"之外,汉语普通话里还有一个"轻声"的现象也会给外国人造成学习上的困难。比如"木头""孙子""东西"等词的后半部分的划线字,该读轻声。此外还有所谓"儿化"现象,如语义为"首领"的"头"与"头儿",意为"面粉"的"白面"与意为毒品之一的"白面儿",等等。此外,"名片"与"名片儿"两者之间什么时候需要儿化,国人自己也有困惑。儿化词里的"儿"字往往不出现在文本中,但有时必须读儿化,例如在"她就是个破烂儿"的例子里,"儿"字无论出现与否,"烂"都要读成"儿化音"。还有轻重音、停顿也会改变语义。轻重音的例子如"那个小区有的是大学生"里的"有的是"的语义是"有很多"。再如"我想起来了"里,"想"是需要重读的。这些例子说明:汉字文本并不是自足的,有时还需要借助语音的手段。此外,关于汉语的韵律习惯是:即使本国人也会常常出错。由于四字格成语的"2+2"结构的影响,我们在读出如下例子的时候,常常出错:读"一衣带水",本当是读成"3+1",却错误地读成"2+2";"乐不思蜀",本当是读成"1+3",却读作"2+2"。又如外国地名"Burkina Faso"——布基纳法索,原为"3+2",但我们习惯读成"2+3";"Costa Rica"——哥斯达黎加,不少人把"3+2"结构读作"2+3"。

潘文国教授说:"西方的语言学家至今还在说:Chinese is not really one but several languages held together by a common script(汉语实际上不是一个语言,而是同一文字形式掩盖下的若干种语言),最特殊的是广东方言,对于学习汉语的二语习得者而言,这一方言除了汉字相同之外,跟普通话一样是完全不同的外语。"[①]

潘教授所述的汉语方言众多确实造成在中国各省学习的外国人学习汉语过程中的巨大困难。例如四川方言、湖南方言、河南方言等地的四声彼此之间都有明显的不同。仅浙江一省,境内就分布着吴语、闽语、客家语、徽语、官话、赣语等。莫大伟认为:"方言将中文的语调、内容、发音等方方面面彻底改变了,对外国人来说,每换一种方言都像是换了一种语言一样。"莫大伟还说:"对比汉语,英

---

① 潘文国:《汉字是汉语之魂——语言与文字关系的再思考》,《华东师范大学学报》(哲学社会科学版)2009 年第 2 期。

语口音体现的则比较集中，你去欧洲，他们的英文发音差异不会太大，东南亚国家的也不会太大，西亚各国自成一派。但是差别仍是维持在耳朵能够辨识的范围之内。"

2. 同音异形异义词造成的困难

先说"Homophones"（同音异形异义词），赵元任先生的《施氏食狮史》的著名同音词妙文很说明问题，我们不必讨论他"历时"的用意，只讨论一下"共时"意义上造成的听觉方面无以复加的理解困难：

> 石室诗士施氏，嗜狮，誓食十狮。氏时时适市视狮。十时，适十狮适市，是时，适施氏适市。氏视是十狮，恃失势。使十狮逝世，氏拾是十狮尸，适石室。石室湿，氏使侍拭石室。石室拭，氏始试食是十狮尸。食时，始识是十狮尸，实十石狮尸。试释是事。

我们不必论及这段文字对二语习得者造成的困难，光是对母语学习者，理解上会是易如反掌的吗？这算是极端的例子。但是下面的日常例子，觉得其理解难度如何？

2012 年央视记者询问路人"你幸福吗?"被误解成"你姓符吗?"因此得到的回答是"我不姓符，我姓曾"。这引起了一场小轰动，已经成了全国人都知道的例子。再如在"越剧"和"粤剧"之前如果不加上"上海"和"广东"，无论谁听着都会产生困惑。

1986 年，报纸上有学者指出：著名广告"中国娇子，中国梦想"中的"娇子"是"骄子"之误。人们后来认识到，这个广告的正确写法该是"中国骄子，中国梦想"。形成正式文字的广告都会有这类错误，"同音词"区别之难可以小视吗？有国际影响的大汉学家翟理斯把"渔阳鼙鼓动地来"理解成"鱼阳"，紧接着理解成"鱼皮"，最后翻译成"But suddenly comes the roll of the fish-skin war-drums"。[①]

---

① Herbert Allen Giles, *Gems of Chinese Literature* (*2nd edition*), Shanghai: Kelly & Walsh, 1922, p. 170.

大汉学家尚有类似错误,普通外国人所遭遇的理解困难可以想见。至于单音节词"长"和"常"、"零"和"灵"、"浊"和"镯"之类则更是多如牛毛。门捷列夫周期表里的"锗"和"镁"发音相同,连本国的初级化学工作者都很难跟英语相应词汇区别开来,更遑论普通的汉语母语学者和外国的汉语学习者。

3. 同音同形异义词造成的困难

"同音同形异义词"的英语对应术语叫"Perfect homonym"。

这方面造成的困难主要是对二语习得者而言,例如"抱孩子"和"抱小鸡"里的两个"抱"其实并不是一个词项,在《现代汉语词典》第 7 版(下称《现汉》)的第 50 页,这两个字是分列成两个词项的,一个是"用手臂围住",一个是"孵"。顺便提及的是"抱病"和"这孩子是抱的,不是她生的"涉及本小节主题之外的"一词多义(polysemy)",但也会给语言环境浸淫指数不够的非母语学习者造成困惑,程度确实大同小异。

4. 同形异音异义词造成的困难

"同形异音异义词"的英语对应术语叫"Homograph",这一语言现象被称为"Homography"。外国人很难区分"调门"和"调节"里的"调";"南无阿弥陀佛"里的"南无",即使是作为母语学习者的绝大部分国人来说,他们都不会知道,这两个字是该读成[nā mó],更遑论外国人。网络上人们讨论过的例子包括"切切不可一切一刀切"里斜体的两个例子都发音为第四声,而最后的"切"是动词,发音为第一声。

很多地名也属于同形异音词的范畴,例如孔夫子的故乡山东曲阜被很多国人误读成[qǔ fù],可是正确的读音应该是[qū fù]。此外,浙江的台州[tāi zhōu]、浙江的丽水[lí shuǐ]、河北省蔚县[yù xiàn]都被不少国人误读成[tái zhōu][lì shuǐ][wèi xiàn],原因是这些地名特殊用字跟国人平时对这些常用字的日常读音混为一谈,国人尚且不能正确区分,遑论外国人。

我初中的语文老师还讲过这样的例子:"这人很要强[qiáng],脾气又强[jiàng],你就别勉强[miǎn qiǎng]他了。"这里一个"强"字在同一短句中有三种不同的发音。

这些例子都是讲授这类知识时的优秀例子。可是，我们客观地思考一下：这些例子对于二语习得的外国人，是不是难度指数过高了呢？

下一个例子是给外国人造成理解困难的更典型的例子。"文君当垆"的意思就是：卓文君站在柜台前面卖酒。"当"：发音是阴平声——第一声，词典里的义项是对着。垆，同罏，发音为"炉"，但是，两者语义差距很大，"垆"是古代酒店里安放酒瓮的土墩子。

可是，英国著名汉学家韦利（Arthur Waley，1889—1966）把"文君当垆"译成"Mr. Wen pawned the oven"。这位大汉学家尽管翻译了整本《诗经》，翻译过从《楚辞》到明代陈子龙的诗并进行编年，翻译了《论语》《道德经》等汉语经典，还自己写作，出版了多本著作，介绍中国历史和文化，介绍日本文化，但是他同样对中国文化有些隔膜，因此把"文君"中的"君"理解成类似日语"君"的语义：先生，"文"则误为姓氏，"垆"则误为同音词"炉"；更要指出的是韦利把发音为阴平的"当"字理解成发去声的"当"——典当。因此四个字全部误解，造成译文的全方位错误。① 著名的大汉学家尚且有这样的理解失误，普通外国人如果理解不了或理解发生舛误，你会感到奇怪吗？

二、汉　　字

潘文国教授认为："我们可以肯定地说正是有了汉字，才使汉语成了我们现在所看到的汉语；没有汉字，也就没有今天的汉语。汉字、汉语已融成了一个生命的整体，彼此不可或缺。"潘教授还说，"二十世纪以来在西方语言学影响下，轻视汉字、轻视汉语书面语，带来了中文水平下降的严重后果"②，所以重视汉字的

---

① Arthur Waley, *More Translations from the Chinese*, New York：Alfred A. Knopf, 1919, p. 77.
② 潘文国：《汉字是汉语之魂——语言与文字关系的再思考》，《华东师范大学学报》（哲学社会科学版）2009 年第 2 期。

学习无疑是十分重要的。可是众所周知,汉字学习之难是多方面的。

1. 书写之难

汉字的书写之难是客观存在的。外国人对汉字"复杂的书写系统(the complex writing system)"感到难于掌握。对比英语只有 26 个字母的书写系统,在绝对意义上对汉语太难学的感慨是完全一致的。

美国汉学家约翰·德范克(John DeFrancis,1911—2009)在他的《汉语言:事实与幻想》(*The Chinese Language: Fact and Fantasy*)一书里称:"他的中国同事估计,一个母语为普通话的人需要花费七到八年时间来掌握三千个汉字,而他的法国和西班牙同事估计他们各自国家的学生达到同样的程度只需要那个时间的一半。"他还说:"每个人都听说过汉语之所以难学是因为需要记住大量的汉字,而这是绝对真实的。一些热门的书和文章将此轻描淡写为'……其实你只需要掌握 2 000 个左右就可以阅读报纸了',这是胡说八道。当初我掌握了 2 000 个汉字时,我没法顺利阅读报纸。每一行都有好几个字我得查字典,而且即便是查过了之后,我对文章具体说的什么仍然似懂非懂。"他还对比了学习法语的效益,"学了大约一年法语后,我已经可以大量阅读了。我阅读了常见类型的小说——萨特的《恶心》(*La nausée*),伏尔泰的《老实人》(*Candide*),加缪的《局外人》(*Létranger*)——外加无数的报纸、杂志、漫画书,等等。工作量很大但是不怎么费劲"。[1] 这一对比,很有启发性。

2. 繁体字和简体字造成的学习困难

外国人学习汉语,既要学大陆的简体字,又要学港澳台地区的繁体字。这也是外国人学习汉语遭遇的困难之一。

汉语学者史有为曾经谈到繁体字和简体字。13 亿人都享受到"龟"替代"龜"、"龙"替代"龍"、"才"替代"纔"、"衅"替代"釁"、"丛"替代"叢"、"递"替代"遞"、"响"替代"響"、"牺"替代"犧"、"抑郁"替代"抑鬱"、"呼吁"替代"呼籲"、"裂

---

[1] John DeFrancis,*The Chinese Language: Fact and Fantasy*,Hawaii: University of Hawaii Press,1984.

纹"替代"裂璺"等便利……①

我们的评论是：即使是简化后的词语,其掌握的过程对于二语习得者也艰难！

史有为还谈到："将合并于'复'中的'覆'恢复了,将合并于'余'中的'馀'恢复了。又如：将规范掉或合并掉的异体字'镕'恢复了。再如：'鄱阳湖'曾被确定简化为'波阳湖',但很快就调整了,恢复了传统的用字。"

我们的评论是：语言学界的"官方"自己都在繁简的抉择中犹豫踌躇,那么对于中外学习者而言,造成困惑是毋庸置疑的。

3. 汉字记忆的困难

汉字难学的一个重要方面是记住汉字的书写是很困难的,约翰·德范克谈到：

> 我曾有一次在北京大学中文系的正式午餐上和三个博士生在一起,全是土生土长的中国人(其中一个来自香港)。我那天正好感冒了,要写张便条给一个朋友取消当天的约会。我发现忘了怎么写"打喷嚏"三个字,于是就向这三位朋友请教。令我吃惊的是,所有三人都只是困窘尴尬地耸肩,没一个人能够正确地写出这汉字来。要知道,北京大学可是通常被视为"中国的哈佛"呀。你能想象哈佛的三个英语博士生忘了怎么写英语单词"sneeze"吗?②

"提笔忘字"是教汉语的老师也会经常遇到的难题。史有为提出过"'耆''爨''蘒',完全读不出,也不知其义,常常跳过去接受其形了事"③再如地名里的安徽省亳[bó]州、山西省临汾市隰[xí]县、海南省儋[dān]州、内蒙古的巴彦淖

---

① 史有为：《论汉字再演化》,中文知行,2019 年 10 月 18 日,https://mp. weixin. qq. com/s/3_dZOLMdB_NcGL6RUsnyEW。

② John DeFrancis,*The Chinese Language: Fact and Fantasy*,Hawaii：University of Hawaii Press,1984.

③ 史有为：《论汉字再演化》,中文知行,2019 年 10 月 18 日,https://mp. weixin. qq. com/s/3_dZOLMdB_NcGL6RUsnyEW。

[nào]尔、四川郫[pí]县等地名里的标音字是很大比例的国人都认不出读不出的字,更不要说外国人了。

我曾经提到《三国演义》里的"司马懿",在我教外国留学生汉语的 20 世纪 90 年代,我问过这些留学生,也同时出于好奇和考察的双重目的,调查了我当时正在教的英语本科生,记忆中我问了总数 60 个人次,而写对的仅仅 4 个,占比百分之 0.66,不到百分之一。

4. 汉字偏旁部首缺乏规律

汉字的偏旁部首(Chinese radicals)缺乏规律是汉语学习过程的一大难点。莫大伟谈到:"汉字的读音和字形没有一定的规律,没法从同源字猜出生字的意思。比如'屁股'的屁字,'尸'字头加个'比',这让老外很挠头,难道中国人认为屁股是死的尸体么?"①

我自己遇到的情况是,1990 年前后给外国留学生教授汉语的三年里,他们留给我印象最深刻的是对我教过的"声旁"和"形旁"的感慨:汉字太难学了!

汉语里关于声旁(Phonetic components of Chinese characters)和形旁 (Semantic components of Chinese characters)有一些归纳:"形旁"管字义;"声旁"管发音(发音的"音"并非严格,有提示作用就合格:例如"病"下面的"丙"是第三声,而"病"是第四声)。例如:

(1)左形右声:峥、证、挣;

(2)右形左声:鹆;

(3)上形下声:宵、霄;

(4)下形上声:堡、煲、恚;

(5)外形内声:病、府、扉、阀;

(6)内形外声:辩、辫、辨。

这 6 个种类就已经很难记住了,何况还有太多令人惊讶的例外。我教的留学生中有一对男女学生,他们都能够背下来"百家姓"。他俩拿很多例子告诉我,

---

① 徐书婷:《美国汉学家莫大伟称:汉语妨碍中国软实力》,观察者,2016 年 6 月 20 日,https://www.guancha.cn/politics/2016_06_01_362519.shtml。

违反声旁和形旁如上规律的例子太多，例如："孙"的繁体字里的"系"跟"孙"的发音毫无关系；"木子李"是指"木"跟"子"构成上下结构的"李"字，"李子"是"木"（树木）的一种，符合上面第(3)条所述的"上（管）形"——"形旁管字义"的原则。可是就发音而言，第(3)条里的"下（管）声"——"声旁管发音"，似乎决定着"李"该读成跟这个字下面的"子"相同或相似的音，然而事实上"李"的发音跟"子"的发音毫无关系——违反了"（上形）下声""管发音"的原则！他们还举了同声旁的"猫"和"喵"的发音差别很大的例子；还拿"移"字对我说，"'移'里面的声旁'多'该是管发音的，可是这个字不读'多'，却读[yí]，丝毫没有规律"。

我自己也注意到很多例子。属于"左形右声"范畴的"味"和"妹"，其右部"声旁"是"未"，可是"味"读"未"，合规；而"妹"不读"未"，不合规。说到跟上述[yi]声有关的字，例如译、燚、毅、怡、伊、颐、逸、轶、屹……把繁体字因素也考虑进来之后，我们不妨思索一下，以上例字的左右结构竟然找不出一个例子能帮我们用"左形右声"或用"右形左声"推导出发[yi]声的规律，这是令人沮丧的！再请思考这样的情况：都是带有右部管字义的"声旁""出"的三个字"拙"（见于"拙作"）"绌"（见于"相形见绌"）和"诎"（见于"诎寸信尺"），从字义的角度看，共时解释很难让人明白它们之间有什么共同之处；从右部发音的角度讲，三个字分别读成[zhuō][chù]和[qū]，它们之间毫无共同之处，而跟"出"字发音相关的只有一个"绌"，另外两个字"拙"和"诎"的发音跟"出"则竟然了无相涉。"瞠目结舌"里的"目"字旁是管字义的——跟用"目"来看有关，这符合"形旁管字义"的规律，可是右面的"堂"似乎该提示，这个字应当读出来的语音效果似乎跟"堂"有关才是对的，然而却读成"撑"。至于最简单的字如"己""已"和"巳"，它们各自的发音跟左右结构或者上下结构都搭不上关系，毫无规律性的认识可以做出解释或当成如何发音的提示。汉语作为母语，我学习了几十年，从学童时代就觉得，违反如上6个规定的例子多得令人深感苦楚！这是一个有十足挫败感和切肤之痛的漫长过程。

5. 查词典的困难

另外一个重要的困难是认识汉字需要不断地查词典。但是，如果不是从同音的角度查阅,查词典本身就是十分难于掌握的过程。上述美国学者约翰·德范克在其《汉语言:事实与幻想》里说过:"学习汉语时,最不合情理的困难之一就是:仅仅是学习怎样查词典本身都相当于秘书学校一个学期的课程。我在台湾时,曾听说他们有时在初中举办查词典比赛。想象一下,一种语言,仅仅是查词典本身就被认为是一种类似辩论或打排球的技能!准确地讲,汉语不是一种你可以称之为对使用者友好的语言……摸索出所有的偏旁部首以及它们的变体,再加上应付一些模棱两可的、没有明显偏旁部首(with no obvious radical)的汉字是一个愚蠢而又费时的令人厌烦的活,和其他使用合理的字母型符号的语言相比,把学习的过程减慢了十倍。可以说我耗费了整整一年时间才能够比较可靠地在字典里查到我遇到的生字。查词典的困难是一个'持续不断的挑战(a constant challenge)'!"①

我自己查词典的过程就充满困惑且漫长,例如不知道所查之字的发音,同时亦不知其属于什么偏旁部首,如"芈"字,如何查阅就一直是个令人困惑的难题。

由于以上多方面的困难,在我国有大量文盲。史有为教授谈到中国的文盲率,在 2010 年的绝对数字是 0.546 5 亿人,占当时总人口的 4.08%。而且扫盲后竟然有"复盲率"。让人思索的是作为母语学习者,学习的难度都是这么惊人。外国人学汉语过程中遇到的困难,可以想见:英语只有 26 个字母,学习的难度自然小很多,文盲总数比学汉语的国人中的文盲总数少很多,这是一个不需要统计数字就可以演绎推理得出的结论。中国人用英文写论文、写专著、写文学作品的比比皆是,可是反观全世界,能用汉字自由写作并达到母语者水平的又有几人?这例子足以反证汉语难和汉字学习困难的硬邦邦的事实。

三、构 词 法

我教过的外国留学生对于"救火""救灾""养病""打针""卖钱""打的""打电

---

① John DeFrancis,*The Chinese Language: Fact and Fantasy*,Hawaii:University of Hawaii Press,1984.

话""哭穷""肉夹馍"的构成和特殊的语义都感到困惑。例如对"救火"的第一反应是本该是"灭火"，怎么去"救"它呢？"救"的宾语本该是"国"和"命"之类的宾语，从而形成"救国"和"救命"才对，对"肉夹馍"的反应是，本该是"馍夹肉"才对。

他们对我曾经举过的例子"查查'机动'的动机"①感到惊讶："机"和"动"两个字一调换位置，构成的两个词的意思竟然变得毫不相干！

外国人对于派生法里的"次品""次贫"和"次大陆"里的"次"以及"大陆""大众"和"大爷"里的"大"这类前缀的理解发生困难。他们对后缀"我们""他们"里的"们"表示复数跟"那个小娘们（儿）"表单数的差异难于理解。他们对复合构词法里偏正式复合词中"切面"的语义竟然可以是"切成的面条"，亦可以是"剖面"；②主谓式的"肝硬化"和"心绞痛"以及动宾式的"护膝""伏笔"可以直接当名词用，以及并列式复合词里的"得失"由两个动词性的自由语素组成，最后作为复合词当名词使用，他们对这些语言现象很不理解。他们对名词加形容词的偏正式复合词如"蛋白""口红""体重""韭黄"的功能竟然演变成名词，以及动词加动词的类似自由语素构成的复合词，例如"费用""买办""顾问""留守""传闻"都当成名词来使用，也有理解和使用上的困惑。他们对复合式形容词里的"开心"当形容词用，而同样是动宾结构的"关心"竟然不当形容词用而是当动词用，而且它们的构成成分明是反义的"开"和"关"，可是最终的复合词却根本不是反义词的效应觉得惊讶，无法理解！他们明白，同属复合式的形容词范畴里的形容词加形容词构成的复合形容词如"广阔""伟大""寒冷"等，其形容词的词性十分鲜明。可是与此对照，完全同类的"清楚"和"快乐"可以既当形容词使用，又当动词使用，而效果却不是临时的词类转化（Conversion）这类"言语"类修辞原理所能解释。这个差异的规律是什么，他们无法解释。

外国人对有的语素在当代的变化也认为无法理解："户"在《现汉》（第7版）第553页里的义项是"人家"，可是在当代的语境里，竟有新的义项，单数的个人，例如万元户、冒尖户、贫困户、下放户、动迁户、专业户、关系户、党员联系户——

① 《查查"机动"的动机》，《中国工商报》，1990年1月11日。
② 中国社会科学院语言研究所词典编辑室编：《现代汉语词典（第7版）》，北京：商务印书馆，2016年，第1054页。

他们都可以用在"他是个——"结构之后,明显都是单数名词;"族"的词典义是"家族"和"种族"①,可是当下我们可以随时看到的搭配竟然都可以当成单数的单个人的语义而用,如单身族、打工族、工薪族、啃老族、月光族(月月把钱花光一族)、草莓族(外表光鲜、生活优裕但是极易受伤的人,就像草莓那样,漂亮而很容易被挤烂)、音响族、网络族、刷卡族、下海族、减肥族、私车族、持照族、练摊族、傍款族、外嫁族、超前消费族、热线发烧族等,竟然层出不穷。② 这对于外国人的理解力而言显然是个难题。

四、语　　义

语义学方面的语义贬降(Pejoration of meaning)和语义扬升(英语术语见后)的突发性也会造成二语习得者的困扰。

例如"吃货"一词的语义变化,有如下记录:随着近几年的微博流行,吃货一词被广大美食爱好者广泛传播,用于自称和互称。在 2012 年,随着央视纪录频道推出的美食专题记录片《舌尖上的中国》。该词的传播和应用达到高点。其中,对美食最爱吃和最挑剔的美食爱好者一般自称为最吃货③,我查了我手头的《现汉》的第 172 页,其义项有一个"光会吃不会做事的人(骂人的话)"。看得出来,这是一个不折不扣的贬义词。

而从贬义词过渡到中性词,就可以被称为是词汇的"语义扬升",更何况"吃货"现在已经成了褒义词。

所谓"语义扬升",其英语的语义是"Elevation of meaning",而"elevation"的另一个术语是"amelioration",《现代语言学词典》第 18 页里,编者克里斯特尔给这一术语下的定义是:"历史语言学术语,指一种语义演变类型,即词项失去原来

---

① 中国社会科学院语言研究所词典编辑室编:《现代汉语词典(修订本)》,北京:商务印书馆,1996 年,第 1678 页。
② 贺国伟:《汉语词语的产生与定型》,上海:上海辞书出版社,2003 年。
③ 划线部分是我自己所为——作者按。

的贬损含义，与'词义恶化'①相对。"

可是"吃货"的走红却是社会的"伧俗粗鄙化"负效应的后果，是"伧俗粗鄙化"，是错误价值观的反映。我说过，我的学生具有靠词典决定褒贬义的习惯，这本来是正确的途径。所以，跟词典上的褒贬态度不同，社会上对"吃货"语义的扬升，是他们无法一下子就接受的现象。其他的例子还包括"霸气"。这个词在《现汉》第 22 页里的两个义项都是贬义："1. 名 专横的气势；2. 形 蛮横，不讲道理"，根本没有褒义或者中性的义项。可是近些年里其褒义用法越来越多，甚至在国与国之间关系上也有"某某对某国的霸气回应是……"这样的用法。其语义的扬升让爱查词典的外国人感到是一个很难适应的过程。

语义贬降的例子如：外国人理解的"美女"在词典上的语义是"美貌的年轻女子"②，可是近十年来，"美女"的语义竟然从语义鲜明的褒义词贬降到"女性"这一偏重性别意义的中性词上来了。这也是外国人一时无法理解，感到跟不上语义演变的一个重要例子。这种语义演变的趋势给母语学习者和二语习得者都造成一时无法理解和适应的困惑。

再考虑一下语义变异的情况："不二之选"的原初意义是"独一无二的选择"和"最佳选择"，它跟《现汉》第 107 页的"不二法门"义项为"独一无二的门径"是同一用法。可是我们在网上看到如下的用法："那人智商不高，可是这一次他的选择却一点不傻，是他的不二之选——丝毫都不二的选择！"

这样的语言新现象出现的原因何在？谁都知道，最近的几年里，"二"有了一个新的用法，"那人挺二的！""他二了吧唧！"都是指不精明，有点傻。"二"的这一新的用法即使在上述《现汉》的第 7 版也还没有成为新的义项。这也让爱查词典的外国人产生跟不上潮流、难以适应之感。当然，顺便说一下：这种意为"傻"的新语义用得久了，"功能负荷量（functional load）"指数达到一定程度，最后出现在词典里，成为语言共核，是不可避免的。

---

① 现在通用的译名"语义贬降"似乎更值得使用——作者按。
② 中国社会科学院语言研究所词典编辑室编：《现代汉语词典（第 7 版）》，北京：商务印书馆，2016 年，第 889 页。

五、语　　法

语法造成汉语难学的效应是中外学习汉语者共同的感觉。

1. 宏观意义的语法造成的困难

我国著述卓有影响的学者申小龙先生谈到:"汉语许多虚词都可以实用,实词义又可以虚用。如在'我用一下你的钢笔'句中是实词;在'我能用左手写字'句中就成了虚词;而在'我能左手写字'句中却干脆虚得没影了。"①

这里申小龙先生所说的"虚词"即指介词。汉语介词大多是从动词"借来"的。"用"字在上面例子中的第一个就是动词。王力先生指出:"在所谓欧化的介词当中其实大部分不是真正的介词,只是靠着西文的反映,就显得它们有介词性罢了。"②

传统汉语大多没有介词的应用,例如"云山"可以解读为(1)"clouded mountain"(云罩的山),(2)"mountain like clouds"(如云的山),或(3)"mountains in the clouds"(云中的山)。英语中无法回避的空间关系依靠过去分词(译文(1))或者介词(译文(2)和(3))明示。但是,传统汉语却经常是没有介词使用必要性这一概念的,旧体诗词甚至是从根本上忌讳介词造成的"历历俱足、甚谨甚细、外露巧密"的精细,而这恰恰是汉语古诗的空灵、超逸所赖以存在的妙处。我自己写诗几十年,粗粗计算有 1 000 首以上。客观地讲,对这一点我是十分熟悉的,"诗无达诂"不该受到谴责,而应受到鼓励!"楼雪""空云""涧户""溪午""松风"等不都是"无达诂"的例子吗? 不过,事实是:写诗填词时,"无达诂"是优点,可是日常交际要人们把语义表达清楚!"云山"到底是什么,大部分国人自己也会感到不知所云,何况外国人,这就是我强调的内容:这类现象对于"母语学习者和第二语言习得者"都是困难的!

---

① 申小龙:《汉语人文精神论》,沈阳:辽宁教育出版社,1990 年。
② 王力:《中国语法理论》,上海:商务印书馆,1947 年。

　　再强化一下以上重要观念：在汉语环境里浸淫日久的学习者会在诗里表面相似的结构中立即识别出"青女素娥"和"急管繁弦"是并列结构；而"青楼管弦"和"蕙兰蹊径"却是偏正结构。人们也能立即识别出《三字经》中的《《诗》既往，《春秋》作"的"作"是被动语态；"自李闯，神器灭"中的"神器"，并非李闯的神器，其所属格是指"大明王朝"；而读到结尾处"人遗子，金满籝，我遗子，惟一经。勤有功，戏无益，戒之哉，宜勉力"时也会立即领悟，"戒之哉，宜勉力"的主语，既非首字"人"，也非"我"，而是在文中根本未出现的"学童"。可是作为二语习得的外国人，他们在理解这类现象的时候，常常是不得要领的。

　　一些现代的浅易的口语更能说明汉语的难于掌握的特征，例如，人人都会凭直觉就"了悟"到："吃小灶"和"吃四方"与支配式结构的"吃水果""吃饭""吃素"是不同的结构，前两个包含的是地点状语；"吃包伙"则又不同，它包含的是方式状语；而词组"吃了满嘴油"则更不同，它包含了表结果的补语。未曾接受过语法训练的中国人可能说不清宾语、状语、补语，也道不清它们之间的异同，但是谁都不会误解其深层含义。例如，国人中连文盲也不至于像一个初学汉语的外国留学生那样，把"他吃了满嘴油"这句话误解为同"吃饭"一样的动宾结构：把油当成饮料或食品吃了。中国文盲与外国留学生的差别，就在于前者得益于汉语数千年的"背景"、汉语口耳相传的使用"环境"及与同胞共享的前提信息。所以，初学汉语的外国人会把他们母语环境熏染下的介词等形态标志丰满裸露的母语特点带进汉语，造出这样的句子："如果他去了，我就不去。"而普通中国人却会干脆得多："他去我（就）不去！"王力先生在《中国语法理论》一书中总结这一特点时说："中国语的结构好像天衣无缝……不让它有痕迹。"①

　　我在深圳大学外语系教外国留学生汉语的时候，留学生们就给我提出了"立雪程门"和"囊萤"等都存在着因介词缺失而造成理解困难的问题。

　　分析一下原因：跟英语以显性接应为特点的形合（Hypotactic）恰相对照的是汉语重意合（Parataxis），即注重隐性连贯（Covert coherence）。其特点是重了悟、重以神统形。传统汉语基本上没有英语上述的显性连接手段。

---

① 王力：《中国语法理论》，上海：商务印书馆，1947 年。

对汉语做过深入研究的普通语言学①奠基人洪堡德（Wilhelm von Humboldt）指出，"汉语里，上下文的意思是理解的基础"，"词的语法意义只有我们知道句子中一个或几个词的意思后才能有所了解"，"语法结构常常要从上下文的意思中推导出来"，"在汉语里跟隐藏的语法相比，明示的语法所占的比例是极少的"。② 洪氏上面深刻指出的"靠上下文的意思""理解""推导"揭示了汉语"重了悟"的最大特征。而他指出的"明示的语法"极少，则说明了汉语不是形合的语言。而是以"隐藏的语法"为主要特征的意合语言。王力先生指出："西洋的语言是法治的，中国的语言是人治的。"③这里所说的"法治"即指有一整套显性连接手段。而汉语的"人治"则指汉语要靠人的了悟。王力先生又指出："古人主张不以辞害意，西人的行文却是希望不给读者以辞害意的机会。"④王力先生的这段话正确地指出了精密语法指导下的"法治"语法的优点和"人治"语法的缺点。

汉语作为"人治"语言的缺点之一是不易学习和掌握。对中国人自己如此，对外国人尤其如此。所以吕叔湘先生指出西方"会觉得汉语的语法不可捉摸，不容易掌握，不如以形态为主的语法，把所有的麻烦都摆在面子上，尽管门禁森严，可是进门之后倒比较自由了"。⑤ 汉语的另一缺点是易生误解。原因很简单，富于弹性，过于人治化，则增加了无定解的不严谨性。

下面的例子很有典型性：《论语·里仁第四》首句云："君子怀德，小人怀土；君子怀刑，小人怀惠。"照中国学者们的理解，这只是把"君子"与"小人"进行对比的两组并列。因此译文大都是"君子怀念道德，小人怀念田宅；君子怀念法度，小人怀念恩惠"（其中也有人把"君子"理解成"统治者"，"小人"译成"百姓"）。笔者查阅了十几本书，国内学者的解释都未离开这一模式。但是，一位日本学者却把它理解成各包含条件句的两个并列句，即"（倘）君子怀德，（则）小人怀土；（倘）君

---

① 潘文国先生认为翻译成"总体语言学"更为达意，更为精准。

② 申小龙：《汉语人文精神论》，沈阳：辽宁教育出版社，1990年。

③ 王力：《中国语法理论》，上海：商务印书馆，1947年。

④ 同上。

⑤ 吕叔湘：《语文常谈》，北京：生活·读书·新知三联书店，1980年。

子怀刑,(则)小人怀惠"①。译成现代语则为:"如果为政者心存道德,庶民便安心定居于乡土,热爱土地;如果为政者认为刑罚第一,那么被统治者为了逃避刑罚,便变得卑躬屈膝。央求同情。"只要联想一下汉语中类似的"(倘)种瓜(则)得瓜,(倘)种豆(则)得豆"及"人(若)不犯我,我(则)不犯人"等无数例子,我们不能不伸出拇指钦佩这位译者的独具慧眼和卓有见地。

中国学者们理解成 4 个并列结构的原因是汉语过于人治化,而缺失了避免让人误解的连词。

2. 量词造成的困难

下面我们谈谈量词(Measure word)。

这一讨论我们从"狼"开始。在"百度"上,有对"狼该用什么量词? 一条狼、一只狼、一头狼? 该怎么说?"的解答:"它的量词应该是匹! 是一匹狼!"可是,我自己的评价是:用"匹"谈"狼"是"积非成是"! 请看《现汉》第 7 版第 994 页,它给"匹"下的定义,"用于马、骡等"。这说明,直到并不遥远的最近,学术官方并不认为"匹"可以当成"狼"的量词。

我还想提一下"照相机"的量词搭配问题:我们使用照相机,就存在着是使用"台"还是"部"的困惑。

照相机之外,如下太多的例子里该用什么量词,我们即使作为汉语的母语学习者在选择的时候都常会感到困惑,例如在台灯、手机、书架、书橱、骆驼、脑子、沙发、磨、桶、墙、湖、海、太阳、月亮、雷、亲事、家具、心事、议题、纪律这些词之前用什么量词? 我们尝试的搭配完全可能是错的。

爿、绺、莞、缶、耦都是量词,前面的"爿"现在还在用,我们知道怎么读,怎么用吗?

而一枚炮弹、一枚导弹都会造成从事"二语习得"的外国人的困难。我 20 世纪 90 年代前后教过的外国留学生,说起他们选择量词的无奈,因此他们说"我们

---

① 陈舜臣:《日本人与中国人——"同文同种"观的危险》,李道荣、林文锜译,福州:福建人民出版社,1989 年。

都用'个'！"他们对"枚"既可以搭配小小的"戒指"，又可以搭配巨型的"导弹"感到无法理解！

3. 主谓语安排上的微妙差别造成的理解困难

没有"口而诵，心而惟，朝于斯，夕于斯"的接触和学术训练，从事二语习得的外国人很难辨别"来客人了"里的"客人"是非定指的；而"客人来了"里的"客人"是定指的，是谈话双方都知晓的人。

在饭店，服务员说："炸酱面还没付费呢！"学母语的中国人认为是可以接受，可以理解的句子，可是外国人就会问："'炸酱面'怎么可以做句子的主语呢？"

从事二语习得的外国人会用"没有人骑过这台自行车"，可是他们不知道，"这台自行车没有人骑过"反而更为地道。再比如"这台自行车没有骑过人"的类似句子有时候也会有使用的适当场合，例如在马戏团，这台自行车有大猩猩骑过，却没有人骑过。外国人会循规蹈矩地造这样的句子"很多灰尘落在桌子上"，他们不知道"桌子上落满了灰尘"才是更地道的句子。

现代汉语语法历史上的两个难题"王冕死了父亲"和"台上坐着主席团"里"父亲"和"主席团"到底是主语还是宾语一直争论不休。这对于外国人，是无论如何都无法理解的现象。

4. 助词造成的困难

汉语里强调"的""地""得"这类结构助词的功能分别是"……的"前面的成分是定语，"……地"前面的成分是状语，而"得……"后面的成分是补语。然而让外国人惊讶的是：在纸质出版物上尤其是在在网上，"的"字常常代替"地"和"得"该表达的功能，例如"他美美的吃了一顿"。四大名著以及近代用白话文写作的书籍中，"的"字从来都是能够统一表示今天汉语中"的""得"和"地"三字的含义和使用功能。这样一来，它们对以上三个结构助词使用的无序是有很大负面影响的。《现汉》第 7 版第 273 页也揭示了这类错误频出的原因之一："的"字的第 2 个义项里有"旧同'得'（.de)②③"这一关键性的重要说明！这就是说："的"的用法同"得"的这两个用法是可以不区分的，即《现汉》同页所述的"得"字使用例子里类似"拿得动"以及"写得非常好""天气热得很"……里面的"得"如果换成"的"字，形成"拿的动""写的非常好"以及"天气热的很"……在特殊情况下，同胞之间是可以接受的。可是，外国人掌握不好三者中间的差别，是有可能的，是丝毫都不奇怪的。

汉语里强调"着""了""过"这类时态助词分别用来表示进行时、完成时和过去时。可是外国人无法理解的是中国孩子自己也会说"爸妈，我出去玩了哦。再见！"里面的"了"表达的竟然是将来时。这让外国人感到困惑！

"吗""呀""吧""啊""哪"这类语气助词的使用也显出无序的状态，例如放在辅音结尾的词"干"后面该用"哪"，例如"加油干哪"，很多国人都会错误地写成"加油干啊"，"这花真美呀"会被人误写成"这花真美啊"。"啊"还有一个不同语境下四声发音不同的问题，发第二声表惊讶，发第三声表气愤，发第四声表惊叹和解脱的口气。"啊"还有不少场合读轻声，例如："好啊！就这么办。"这对外国人来讲，掌握的困难难以预料。

六、文　　化

西方人认为，汉语文化跟西方文化在可能性上的文化共同性小到几乎是零（Potentially little culture in common）。

1. 汉语典故造成的学习困难

语言文化学者林大津认为中国人爱用典故是中国文化的特点之一。[1] 典故成为了用历史知识"提前编制好"的共享前提信息。国外学者认为汉语转义的辞藻和成语（tropes and idioms）对于罗曼语系和日耳曼语系里遇到的相同语言现象的熟悉程度无法相比。原因在于汉语里的典故等文史知识跟西方如上两个语

---

[1]　林大津：《跨文化交际研究：与英美人交往指南》，福州：福建人民出版社，1996 年。

系几乎没有同源关系(…has almost no cognates)!① 其实,典故是中华民族"共享的文化因素"。由于中国历史悠久,中国儿童也有着比西方儿童深厚得多的文史知识。中国古代的启蒙读物,如《三字经》《千字文》《龙文鞭影》《今古贤文》都编有大量文史知识。例如,被清朝人誉为"袖里通鉴纲目"、被当代人称为"小型百科全书"的《三字经》就浓缩了二十四史和中国古代学术概要。而以"粗成四字,诲尔童蒙,经书暇日,子史须通"开宗明义的《龙文鞭影》则把二十四史中的人物杂糅成两千多个典故。这些"为加惠幼儿而作""搜罗子史,诱掖儿童"的童蒙读物均以"字句不棘口"为最大特点,为儿童打下了深厚的文史知识基础。另外,父母在家中,老师在学校时时灌输一些有关勤学、友爱、尊师等典故,孩子们在耳濡目染之下从小就掌握了为数可观的文史知识。因此,孔融让梨、司马光砸缸、孙敬头悬梁、苏秦锥刺股以及囊萤、映雪、负薪、挂角等典故,还有"三人行,必有吾师"之类的儒家名言,即使是黄口小儿也都能如数家珍地向人娓娓道来。可是这些典故之类对于学习汉语的外国人造成了学习的极大困难。我教过的外国留学生对于四字格成语、俗语、格言里的典故"买椟还珠""胯下之辱""与可画竹时,成竹已在胸""胜造七级浮屠"等有很多抱怨,觉得永远都是学不完的。

2. 词汇化程度差异造成的理解和学习的困难

美国科学史学者莫顿认为:"占主导地位的价值和思想感情属于那些永远影响着科学发展的文化变量。"②文化学者把这一点当成影响科学与技术发展,影响社会科学包括语言学发展的最主要的价值观因素。英国语言学家帕尔默(Harold E. Palmer)在谈到语言词汇层面时则说:"一种语言的词语与其说是反映了客观世界的现实,还不如说是反映了操这种语言的人们的兴趣所在。"③

---

① John DeFrancis, *The Chinese Language: Fact and Fantasy*,Hawaii:University of Hawaii Press,1984.

② R. K. 莫顿:《十七世纪英国的科学、技术与社会》,范岱年、吴忠、蒋效东译,成都:四川人民出版社,1986 年。

③ Frank Robert Palmer, *Semantics*,Cambridge:Cambridge University Press,1981.

汉语人群在"占主导地位的价值和思想感情"方面表现在传统社会上层的"兴趣所在"之一是"热衷于食不厌精，脍不厌细"，于是汉语有着"煎、炒、烹、炸、溜、涮……"等大量的词汇化程度指数高的单音节单纯词。外国学习者不明白这类词语何必这么细致繁多。在英语里"uncle"一词在汉语中的所指包括伯父、叔叔、舅舅、姑父、姨父、堂伯、堂叔、堂舅、堂姑父、堂姨父、表伯、表叔、表舅、表姑父、表姨父共计15个。这对外国人的学习构成巨大困难。更有甚者，这15个亲属名词中父系的亲属有长幼的区分，如伯父和叔叔、堂伯和堂叔，以及姑姑支系的表伯和表叔。可是，母系的舅舅、姨夫、表舅和表姨夫就没有长幼区分，原因是他们是外姓外亲。这让外国人对中国人"兴趣所在"的细密程度既感到过于难学，也对我们文化里直系和非直系亲属称谓的差异感到惊讶。外国人对于绫、绸、缎、绣、缥、绡、绨、绢、纺、缣、练、纨、缚、缟……丝绸产品等以及几十个表示"玉石"名字的单音节汉字的区分之难都表示惊讶和无奈。

几千年来国人"存天理，灭人欲""克己复礼"，个人不够尊重自己的价值这一传统习惯沉淀在汉语词汇体系中。因此中国人有一大套词汇，例如"寒舍""菲酌""薄酒""拙作""犬子""小女""敝人""贱内"，等等。这让外国人既不理解，也难适应于日常应用。按照中国礼仪习惯，外人对我们表示感谢后，我们又要表示自谦，说一番自贬的话。如上两种情况，西方人名之为"自贬的传统"（tradition of self-depreciation）。这也是跨文化交际过程中，外国人感到难于理解、难于学习掌握的重要文化差异。

法律制度文化在汉语人群中缺乏"占主导地位的价值和思想感情"，因此我们的"借"表面上词汇化程度超高，是单音节单纯词，可是它不是严格意义上的法律义项。英语单纯词"lend"和"borrow"用汉语表现，就得由词汇化程度低一个量级的复合词"借入"和"借出"来表达。没有对英语如上两个词的观照，汉语人群还没有这个区别意识，只能凭借起着语境提示作用的这类额外的词和词组才能避免人际交流的误解，避免法律纠纷。汉语里"借给我十块钱"是借入，"昨天他从我这儿借了十块钱"是借出。没有"借给"后的"给"以及"从我这儿"的"语境"提示，人们就无法理解"借"入和"借"出的关系。

这说明在借贷关系上,在词汇化程度方面,汉语比英语粗疏,这又给学习汉语的外国人增加了表达上的困难,他们会感到必须有足够语境才会有不出舛误的应用,这又是汉语难学的例子之一。

上述"占主导地位的价值和思想感情"导致的汉语词汇下义词变态细致化,这也造成了外国人学习过程的困难。传统汉语"天子死曰崩,诸侯死曰薨,大夫死曰卒,士曰不禄,庶人曰死",这反映了传统社会里严格的等级制度。君王之死,除"崩"外,还有"山陵崩""驾崩""晏驾""千秋"等。一般官员和百姓死亡,则称"殁""殂""千古""殒命""捐生""就木""溘逝""作古""弃世""故""终"等。外国人对于表示"死"这一概念里的词位感到不解之外,也很无奈,他们说在英语里不管是谁都用 die 就行了。他们语言里对于"死"也有讳饰语(Euphemism),但是,因为等级观念而造成的不同,他们不愿意接受。可是他们学语言,就得学文化,想规避也不行,而这种困难使他们感到,克服起来是费时费力的。

汉语的四字格成语、七言诗等不可变更的固定格式也造成了表达上下义关系(hyponymy)的词语选择时的羁勒。上下义关系(hyponymy)又称为"语义包含关系"(semantic inclusion),主要是研究"含蓄的"词汇—语义关系(implicational-lexical relations)。① 其要旨是,语言中,有些词表示"属"的概念(genus),如"人";有些词则表示"种"的概念(species),如教师、农民、工人、作家、官员,等等。"种"的概念是包含在"属"之中的,"属"即是"上义词"(super-ordinate),"种"则为"下义词"(hyponym),例如下面成语中的上义词"人"表达的都是下义词概念:在"授人以柄"中是"别人",可以是单数也可以是复数;在"人言啧啧"中也指别人,却只能是复数。在"人老珠黄"中的"人"指的是女人;在"人中龙虎"中的"人"指的是下义词男人。"人"在"人约黄昏"中又成了相爱的男女二人;在"人去楼空"中是友人或恋人;在"人命危浅"中指的是危重病人;在"人琴俱亡"中是音乐人;在"人浮于事"中指呈语法复数的公职人员;在"人亡政息"中却又变成了有政治权势的人。"仰人鼻息"和"舔痔悦人"中的"人"都用来指上

---

① Geoffrey N. Leech, *Principles of Pragmatics*, London: Longman Group Limited, 1983.

级;相反,"知人善任"和"任人唯亲"中的"人"均是下级。"一人之下,万人之上"中两个数词标示了单数和复数的两种情况。从语义视角上分析,前面的"人"是国君,后面的"人"是别的官员。"吃得苦中苦,方为人上人"中的第一个"人"是复数,是普通人,后面的"人"是单数,是高踞于普通人之上的人。"人饥己饥,人溺己溺"中的"人"如果改成其暗含的下义词"他人",成为"他人饥则感己饥,他人溺则如己溺"。对这些现象,学母语的国人学起来尚且毫不轻松,何况对从事二语习得的外国人呢!

笔者自己曾经用汉语特殊的"横组合"限制解释这类和其他类似现象:"用索绪尔的概念衡量,固定结构的'横组合'中的四字格、五言和七言诗句都画地为牢,造成了不可逾越的限制,这样,在'为他人做嫁衣裳'中,诗人还可以使用复音词'他人',可是落到四字格成语'为人作嫁'中,'纵聚合'的选择就局促到只能使用单音词'人'了。同理,七言句'江山犹是昔人非'中,诗人有使用'定中'结构的复音词'昔人'的自由,可是受到四字格这一横组合有限空间的羁勒,下义词'昔人'只好缩到单音的上义词'人'上去了,于是成了'物是人非'——'昔'只好舍弃……"①这些四字格成语一旦译成英语都必须使用上述"临时下属类别"的下义词。这两类上义词使用习惯确实是汉语特有的。这就构成了对外国人思考和学习汉语的巨大困难。

汉语文化又一大特点是有使用双音节的习惯,郭绍虞教授说过,"偶语易安,奇字难适",指的是双音节(偶语)的使用习惯,他还说"汉语对于音节,比意义更重一些"。② 有学者从文化因素的作用谈论这一使用习惯,例如杨琳认为"华夏民族自古以来对成双成对的现象有着比其他民族更为强烈的崇尚和追求"。③ 词的文化因素所影响的双音节化规律就影响了词的搭配的双音节化。如"骑车"和"开车"这两个搭配都是用上义词做宾语,实际上的情况是:骑的"车"是下义词——自行车,"开"的车是下义词——公共汽车或轿车;如果译成英语,就必须

---

① 刘英凯:《汉语固定结构中"人"的上义词使用传统及其语言学分析》,《深圳大学学报》(人文社会科学版)2010年第6期。
② 潘文国:《汉语的构词法研究》,上海:华东师范大学出版社,2004年。
③ 杨琳:《汉语词汇与华夏文文化》,北京:语文出版社,1996年。

落实到下义词，是"ride a bike"或者"drive a bus（or：a car）"。下面的例子则体现了在双音节化规律支配下的上义词选择习惯：拉琴、探亲、喝酒、弹琴，等等。这些使用上义词做宾语的汉语双音结构如果译成英语，都不得不使用下义词，例如"拉琴"的英译文是："play the accordion（手风琴）/violin（拉小提琴）/Erhu（拉二胡）"，等等。其余"探亲"等汉语双音词宾语各用什么下义词要看具体的语境。刘苗在其《杂糅与会通》一书中对于如上现象有着相当深刻的分析。其中谈到语境对于理解正确有极大作用，外国人在遇到"偶语"这类汉语"双音节搭配"的动宾结构时，当然也需要思考的时间，思考"语境"和理解的关系。① 对于语境依赖程度越高，其语言越是难学，这是很多学者都曾论述过的内容，我们不必赘述。

孙隆基在其《中国文化的深层结构》一书中谈到道家的"身学"对中国文化有着极大的影响，以致中国人对自己、对别人都有人身观念，却缺少人格观念。② 例如涉及生命观念的"明哲保身"及"自身难保"用"身"字外国人表示可以理解，可是涉及人社会地位的"翻身"、涉及人背景的"出身"、涉及知性与领悟力的"体验"和"体会"、涉及道德的"修身"及"三省吾身"、涉及树立榜样的"身教"……都是外民族所无法理解的，因此相同的所指对象和所指意义必须用不同的字面意义去表现，如汉语的"身不由己"字面上用"身"，而英语则必须用"意志（will）去表达：against one's will"。从另一角度讲，表示"人格侮辱"这一所指意义，汉语中用"人身攻击"，又用上了"身"这一字面义。可是如不了解中西方"身"字的不同文化背景，而直译成英语就变成了"physical assault"，其意思竟是对完整形态的人体的攻击，结果可能要伤及体肤。这当然构成了外国人学习汉语词汇过程的困惑和困难。

汉语难学这一事实是全方位的，以上只是在几个主要方面撮其要者，予以简要介绍，深盼有心人深入研究，寻绎更多的侧面和更多的例子，有以教我。

---

① 刘苗：《杂糅与会通——词汇语义学与修辞的交叉研究》，北京：高等教育出版社，2013 年。
② 孙隆基：《中国文化的深层结构》，桂林：广西师范大学出版社，2004 年。

On the Aspects of Difficulties of Learning Chinese

LIU Yingkai

School of Foreign Languages，Shenzhen University

Abstract

The Chinese language is widely considered to be one of the world's most difficult languages to learn. The present paper delves into the aspects of the difficulties of learning Chinese from the perspectives of the language's intonation，characters，vocabulary，semantics，grammar and cultural backgrounds.

Keywords

language；Chinese；difficulty

汉字中文是最易学的文字语言

欧阳贵林 *

提要：易学是汉字的本质特征，主要表现在：常用字少易学，字音少易学，字形的规律性强易学，背诵短句记忆字音字义容易。"汉字难学"论出现于 20 世纪初，中国内忧外患、民族危亡的苦难年代，很快就形成了以"废除汉字，汉语拼音化"为目标的文字改革运动。在一百多年的时间里，"汉字难学"的错误认识，已深刻地改变了中文教学方法，对国内国际中文教学造成了严重的损害。随着中华人民共和国的重建与振兴，又逢信息技术的发展，汉字易学的本质得以呈现。与世界通用语言英语相比，汉字中文更易学。确立汉字中文的最易学地位，充分利用与发挥汉字中文的易学本质，中文教学中的各种问题就可以迎刃而解，国际中文教学大发展就能实现。

关键词：汉字易学；字形；国际中文；中英比较；中文教学法

---

* 欧阳贵林，江西省彭泽县人，计算机程序员。2003 年开始和码汉字字形技术与汉字中文教学法的研究，编写《和码中文》系列教材与软件，提出汉字发音的彩虹模式，建立"和码字形 + 彩虹发音 + 短句背诵"为主要特征的《和码中文教学法》，现从事和码中文教学法的教学与推广。

汉字"易学"：古代几千年的文言文教学法是"整字读写＋经典背诵"的方法，取得了很好的教学效果，创造了灿烂辉煌的汉字文明，形成了东南亚汉字文明圈。

汉字"难学"：1840年鸦片战争以后，中国遭受百年屈辱，国家民族危亡，文化自信崩塌。汉字落后论，汉字难学，废除汉字，汉语拼音化，成为中国知识阶层的主流认识。

"把汉字历史阶段性的（局限于机械化时代、铅字时代的）缺欠当成了汉字与生俱来的固有劣根。把汉字的短暂性（不过百余年）的问题，当成是永恒的、无法解决的难题。"①"解放后那几年，汉字拼音化改革运动已经形成了轰轰烈烈的局面，甚至可以说形成了顺之者昌、逆之者亡的态势。"②

以"汉字难学"为由，以"废除汉字"为目标的文字改革运动，导致了汉字中文教学法的重大改变，使得汉字中文教学的效果下降，"汉字难学"成为世界公认的观点，严重损害了汉字中文的国际声誉与地位，阻碍了国际中文教学的开展。

世界公认汉字"难学"，汉字只有中国人才学得会，华裔子女与外国学生，基本上都学不会汉字读写与中文阅读。中文社会已然成为一个文化孤岛，只有靠外文与外界联系。汉字中文走上了被边缘化，最终被淘汰的末路。

汉字"易学"：中华人民共和国的快速发展振兴，汉字文明重拾信心，信息技术的发展，使得汉字摆脱机械工业时代在技术上的劣势，汉字字形技术迅速发展，使字形的内在规律得到很好的总结，汉字的易学性得以显现。新的中文教学法，在大量的教学实践中，证实了汉字的易学性。

汉字难学与易学，关系到汉字中文教学方法，决定着汉字文明的两种不同的命运前途。

"语文兴亡，匹夫有责"，"文化的问题攸关整个民族的存亡，是关系到每个人的事"，"中文的危机就是这样一种文化危机，它呼唤着每个人的良知与责任心"。③

---

① 许寿椿：《汉字复兴的脚步：从铅字机械打字到电脑打字的跨越》，北京：学苑出版社，2014年，第31页。
② 同上书，第43页。
③ 潘文国：《危机下的中文》，沈阳：辽宁人民出版社，2008年，第219页。

中华民族正处于伟大复兴的新时代,现在是时候重新辨析汉字的难易,为汉字中文教学提供正确的理论基础与行动导向。

一、汉字与西方文字大不相同

任何一种成熟的文字语言,都有数百年乃至数千年的形成发展历史,每一种民族语言都是本民族与世界的宝贵财富。

1. 汉字是原创的象形表意文字

汉字中文有点特殊,是世界上仅存的原地原创的象形表意文字,又称"自源文字"。

古代象形文字有四种:中国的汉字,古埃及的圣书,巴比伦的苏美尔文,古印度的印章字,这四种文字都是原地原创的。在人类蒙昧时期,文字的产生无疑都是伟大的创造,标志着一个文明社会的兴起。只可惜,人类战争的野蛮残酷,除汉字以外的三种文字,都在外族入侵,民族灭亡后消失了。

汉字也经历了无数次的战争,外族入侵,朝代更迭,却幸运地保存延续了下来。从初创至今的三千多年的发展演进历程中,没有中断过,汉字中文收集和保存了认识自然与人类社会的丰富知识与智慧。

2. 西方文字是字母表音文字

现有的西方语言文字都不是原地原创的,又称"他源文字",是在几千年时间里,经历多次战争,在人群的迁徙融合过程中,生与灭、淘汰与替代的结果。古时候文字远不发达,书写工具落后,当一群人融入另一群人时,主要是语音的交汇。要适应或学习新语言,注音符号是最好的工具。用注音符号表示对方语音,也起到了改造与替换对方文字的作用。

例如,1605 年意大利人利玛窦到中国,为方便传教,就编写方案用注音符号替代汉字,其影响之深远,直至 1958 年汉语拼音方案颁布。19 世纪法国人到越南，也编制了越语拼音文字，随后就代替汉字成为了越南的官方文字。

数千年争战、征服与迁徙，使得拼音文字在不断的融会交替中，远离了原地与原创，形成了几套通用的记录语音的字母符号，也形成了多个用字母符号记录语音的语言文字，如英语、德语、阿拉伯语、俄语、印度语，等等。

字母表音文字不是在原创文字上的继承、创新与发展，而是割裂、毁灭与替代的结果。字母文字只是单纯地记录语音，没有表形表意，没有记录人们对自然的认识与思考。

3. 两种文字的大不同

几千年的人类文字的发展结果，不免让人失望，原地原创的象形表意文字只有汉字存留了下来，而通过战争，摧毁、替代、语音融会而形成的字母表音文字，却成了大多数，成为主流。

汉字中文与西方语言文字的不同，表现在形成过程，表意与表音，书写方法，发音方法，词句的组成方式，以及输入方法等方面的显著不同，其教学方法也应不同。

古代的文言文教学以识字为本，方法是：直接读字习音，一字字临摹书写，背诵经典，记忆字音字义。通用入门教材有《三字经》《百家姓》《千字文》等。"整字读写＋经典背诵"的文言文教学法一直持续使用至 20 世纪初。

用表音字母符号记录语音，一种地方语言就形成一种文字。西方拼音文字很多，其特点有：字有多个音节，音节与音节之间、字与字之间要变音连读，且都有疑问语调。教学方法是：以语音为主，以口语带动文字学习，有效的教学方法是交际语言学习法。

二、汉语与汉字中文

汉语是汉民族语言的简称，在不同人的认识中，在不同的语境下，汉语常有两种内涵，一是汉语是包括汉字中文在内的文字语言，一是汉语是独立于汉字中文的口语。

1. 汉语与汉字中文密不可分

汉语口语与汉字中文，从产生初期开始，就是相生相栖、相随相伴、相互促进的。

因为古代没有广播电话、录音留音等设备，语言的传递传播只能是口口相传。中国地域辽阔，地域被山川江河分隔，交通也不发达，就形成了多地不同的方言，如北方方言、吴方言、湘方言、赣方言、客家方言、闽方言、粤方言，等等。秦始皇统一文字后，不同的方言都用统一的文字来表述。汉字中文是全国人学习、交流、考核的标准，影响着各方言的变化，使得各方言之间差别不大。"自从文字产生之后，在汉语漫长的使用过程中，由于书面语和口语的互动作用，书面语对口语的影响要大大多于口语对书面语的影响。"①

中华人民共和国成立后，国家推广普通话，用北京话为基础方言，统一汉字发音。现在的汉语多指普通话汉语。汉语通过汉字中文来表述，依存于汉字中文。

2. 汉语与汉字相分离没有前途

有观点认为，汉语是口语，可以独立于汉字而存在，可以用拼音文来表示。

这一观点是难成立的。首先，汉字是单音节，音素少，只有23个声母，24个韵母，组合成413个音节，有很多同音字。同音字，用拼音去书写表述，就难于分辨。

其次，汉字是一字一音，不宜拼读，拼读不是中文(字词句)的发音方式。字母拼音文字，其发音方法是拼读。采用拼音文表述汉语，读音有很大差别。

第三，采用拼音文表述汉语，字音的拼读过程会降低阅读的速度。

同音字影响意思的分辨，拼读改变汉语的读音，降低阅读的速度。离开汉字的汉语，必然是低效的，错误百出的，是没有生存能力的，很快就会被淘汰的。

因此汉语与汉字相分离，是没有前途的。

---

① 潘文国：《字本位与汉语研究》，上海：华东师范大学出版社，2002年，第144页。

3. 汉字中文

汉字、中文、汉语，文字、语言、语文，每个词都不能包括文字与口语这两个概念。因此人们常用两个词的组合，如：汉语汉字，汉语中文，语文，汉字汉语，汉字中文，语言文字，文字语言，等等。这些词表达的意思不全相同。

本文题目不用"汉语"而用"汉字中文"的理由：

（1）汉字中文的学习，包括字词句的听说读写，包含了汉语口语。

（2）离开汉字的汉语（口语）是低效的，是没有前途的。汉字中文是第一位的，汉语口语是第二位的。

（3）汉字也可以是其他语言的文字，如汉字日语，汉字韩语，汉字越南语，也许以后汉字还可能会是别的语言的通用文字。

（4）汉字中文，顺序是先有汉字再有中文，这也是合理的。

对于字母表音文字，"语言文字"是合理的表述，即先语言后文字。语言存在在先，用通用的表音字母符号来记录语言在后。

相较于其他多种表述，"汉字中文"一词，更能反映原创的象形文字的本原与核心。

三、汉字中文的易学本质

汉字的易学性源于汉字的本质特点，主要体现在以下四个方面。

1. 字少易学：常用字少，学习量小

汉字很多，《康熙字典》收字 47 035 个，2010 年《汉语大字典》收字 60 370 个。1994 年的《中华字海》收字 85 568 个，这是目前收字最多的字典。

但常用字不多，据统计，《红楼梦》用了 4 200 个字，《毛泽东选集》一至四卷也只用了 2 981 个字。

1988 年发布了《现代汉语常用字表》，其中包括常用字 2 500 个，次常用字 1 000 个，共 3 500 个。

多年多种多次的常用字数量与覆盖率的统计数据都很相近。

表 1　常用字数量与覆盖率

	常 用 字 数	覆 盖 率
7	3 800	99.9%
6	2 400	99%
5	1 000	90%
4	900	85%
3	600	70%
2	300	45%
1	的,一,是,了,我	10%

1 000 个常用汉字,在通用文本中的覆盖率达 90%。①

中文的常用字少,但词多。1 000 个汉字能组成 5 000 多个词组,词意是以字义为基础的。学会了 1 000 个常用字的听说读写,也就基本学会了 5 000 多个词组,就可以初通中文,具备中文自学能力,达到中文的中等水平。

2. 字音易学：汉字是单音字,且音素少

汉字是单音字,发音过程简单,且相同。即一张一合,一开一关,中间没有颤抖,没有转折,像一个脉冲,可以用彩虹形"∩"来描述。字词句中每个汉字的音都是完整的,分隔独立的,不变的。

"汉语的音节是外松(音节间清晰)内紧(拼合过程模糊),英语的音节是内松(音素和拼合过程清晰)外紧(音节和单字间界限不清),这两个特点对文字体系的形成有很大的关系。"②

字音音素少,只有 23 个声母,24 个韵母。24 个汉字的字音就可能包括 24 个声母、24 个韵母,以及大部分汉字的发音,因此汉字字音的教学量很小。

---

① 冯志伟:《信息时代汉字的标准化和共通化》,《术语标准化与信息技术》1997 年第 2 期。

② 潘文国:《汉英语对比纲要》,北京:北京语言大学出版社,1997 年,第 155 页。

汉字发音的彩虹模式①，直接读字习音，充分利用人的语音学习能力，简化发音过程与声调的解释，以简驭繁，使字音很易学。

图 1　彩虹发音模式（Rainbow Pattern）

一个声母与一个韵母组成的一个字音，有 4 个声调。4 个声调的音也都是单音，汉字单音的发音过程，都可用彩虹形"∩"描述。

一个字音的 4 个声调的发音，其口型与发音器官的运动是相同的，细微区别是难于比较，难于描述，难于记忆，也难于间接模仿（通过文字描述来学习模仿）的。

但人类天生有很强的语音学习能力，只要直接听音，直接模仿，都可以学会的，多次练习就可以形成肌肉记忆。学习四个声调的发音，直接听音，直接模仿练习，更简单。

3. 字形易学：字形的规律性强，字根不多

汉字很多，字形各异，看起来很复杂。但字形有简单的、系统的内在规律，和码字形技术②对此做了很好的归纳总结。掌握了汉字字形的规律，字形的分析与理解、书写与输入、记忆与不忘，就都简单容易了。

汉字的基本笔画是横竖撇捺（一丨丿丶），平面最基本的符号有"コ匚口凵冂乂"。和码的 25 个字形字母，在字形上互不相同，在字义互不重叠，且容易分辨、书写与记忆，代表了汉字的基本形义信息，是汉字字形知识与技术的起点。

---

① 欧阳贵林：《核心：汉字发音的彩虹模式》，HeChinese 和码中文国际，2022 年 12 月 9 日，https://mp.weixin.qq.com/s/zwIy-bZhXa-Icd-oGC6jPQ。
② 欧阳贵林：《和码横竖加撇捺字形技术与输入法》，2013 年，中华人民共和国专利号：ZL 2013 1 0731020.1。

表 2　和码的 25 个字形字母表

位 ＼ 区	1 -	2 -	3 -	4 -	5 -	区 ＼ 位
1	一	丨	十	丿	丶	1
2	𠃍	凵	土	亻	冫	2
3	匚	门	艹	人	氵	3
4	厂	口	木	女	火	4
5	工	日	米	犭	心	5

以此为起点,再学习扩展字根表,与单字的字形分析与编码方法。3 次课,4～6 小时,外国学生就可以全面掌握汉字字形知识与编码输入技术。以此为基础,汉字的书写与输入,分析与记忆,就都简单易学,汉字字形难的问题就解决了。

4. 字音字义易记:背诵短句记忆字音字义

任何语言,其文字都有"字形、字音、字义"三要素,教学首先是要建立文字"形音义"的直接对应关系,形成条件反射,如:

形→音义:看到字形,能直接读字音、知字义;

音→义字:听到字音,能直接知字义、写字形;

义→音形:想表达字义,能直接说字音、或写字形。

怎样建立单字"形音义"的直接对应关系呢? 有两种方法,一是一字字地分散独立记忆,二是背诵短句记忆。

一字字地,孤立地记忆"字形→字音字义"的对应关系,是以一个个"字形"为线头。但线头多,零散,记忆很难。

表 3　单字表,分散记忆单字的"形音义"

单字	拼音	字　义	词　性	词　组
钟	Zhōng	Clock, time	Noun	时钟,分钟,几点钟
分	Fēn	Minute, separate	Verb	分心,分开,四分之三

单字	拼音	字　义	词　性	词　组
几	Jǐ	Several，a few	Prep，Number	几点？几天？几分钟
间	Jiān	Space，between	Noun，Prep	中间，心间，晚间
时	Shí	Time，hour	Noun	时钟，有时，有时间
呢	Ne	What about	Interjection，particle	谁呢？几点呢？哪里呢？
里	Lǐ	Inside	Adjective	哪里，在心里，爱在心里
哪	Nǎ	Where	Preposition	哪天？哪一天？你在哪？
在	Zài	At，rest with	Preposition	在吗？在前面，在这里
点	Diǎn	Location，point，little	Noun	点心、早点、有一点
地	Dì	Land，field	Noun	地点，天地，在地上

但把上表中的单字，放到一句日常口语中去背诵记忆，就容易了。

时间，几分钟？地点，在哪里？

时间几分钟呢？地点在哪里呀？

这些常用短句在各个语言中都有，句意很常用。熟读与背诵这些词句，就是通过生活场景中的"意"来记忆字音字形，以短句的"意"为线头，线头少，就不零散，且生动形象。

一二三，三二一；上中下，前和后；

谁帮我？我帮你；谁爱谁？我爱你，我们爱你。

从短句的"意"出发，记忆字音字形，是背诵短句的功能特点。

汉字是单音字，很容易组成三字词、四字词、五字词等，有一定韵律，有一定意义的短句，很适合于背诵，这是单音节汉字独有的突出优点。

我国几千年的文言文教学,有《三字经》《百家姓》《千字文》等教材,充分发挥了短句背诵的重要作用,取得了很好的教学效果。

通过背诵短句来记忆汉字的"形音义",是中文特有的高效学习方法。

5. 汉字易学性的实践证明

2022 年,和码中文教学法与上海政法学院合作,开办了 16 期,每期两周、共6 次课的在线和码中文速成班,有超过 3 000 位外国学生参加,约有 500 位认真学习的学生,2 周内 6 次课达到了以下水准:

(1)能写一手好字;

(2)能快速字形输入,每分钟输入 30 字以上;

(3)能用标准普通话认读 60 个汉字,能背诵 10 个 6 字短句;

(4)全面掌握中文快速学习的方法,打下快速学习中文的基础。

通过为期两周共 6 次课的学习,外国学生熟练地掌握字形书写与输入,掌握准确中文发音并背诵短句,这足以证明:

(1)《和码中文教学法》是快速有效的;

(2)汉字中文是非常易学的。

课程的教学方法与效果,得到了学生普遍的肯定,以下是两位学生对课程的反馈意见:

Dana' Comments

I am at beginner level.

My Chinese skills have definitely improved since I joined HeChinese online class. My biggest progress is in pronunciation, writing and typing. I actually enjoy spending time writing and practicing speed typing.

HeInput components system is extremely useful for learning Chinese writing and reading. I would definitely like to continue to use the HeInput system, that is the most efficient way to practice and learn Chinese, as it helps to develop and master all the language skills at the same time.

The Rainbow pattern helped me to pronounce the words accurately and easily With continuous practice and guidance anyone can cross the language border and use the Rainbow pattern when pronouncing the words.

I think HeChinese study method is the best way for learning Chinese language I would highly recommend HeChinese study method to anyone interested in learning Chinese language.

图 2　外国学生对两周《和码中文》课程的反馈意见(1)

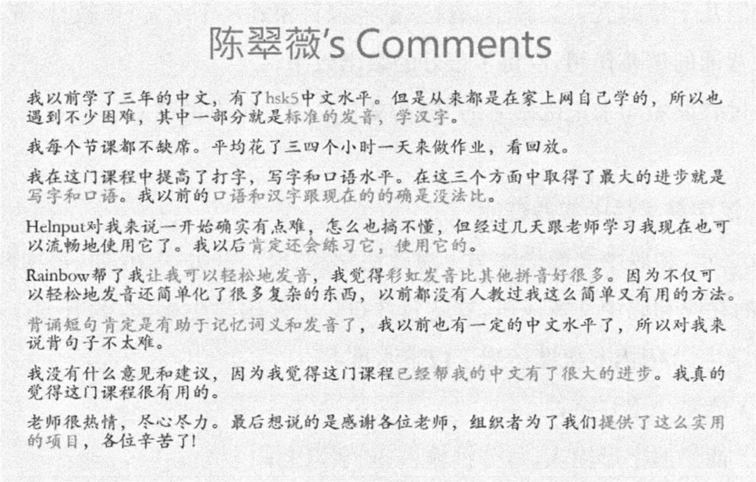

陈翠薇's Comments

我以前学了三年的中文,有了hsk5中文水平。但是从来都是在家上网自己学的,所以也遇到不少困难,其中一部分就是标准的发音,学汉字。

我每个节课都不缺席。平均花了三四个小时一天来做作业,看回放。

我在这门课程中提高了打字,写字和口语水平。在这三个方面中取得了最大的进步就是写字和口语。我以前的口语和汉字跟现在的确是没法比。

Helnput对我来说一开始确实有点难,怎么也搞不懂,但经过几天跟老师学习我现在也可以流畅地使用它了。我以后肯定还会练习它,使用它的。

Rainbow帮了我让我可以轻松地发音,我觉得彩虹发音比其他拼音好很多。因为不仅可以轻松地发音还简单化了很多复杂的东西,以前都没有人教过我这么简单又有用的方法。

背诵短句肯定是有助于记忆词义和发音了,我以前也有一定的中文水平了,所以对我来说背句子不太难。

我没有什么意见和建议,因为我觉得这门课程已经帮我的中文有了很大的进步。我真的觉得这门课程很有用的。

老师很热情,尽心尽力。最后想说的是感谢各位老师,组织者为了我们提供了这么实用的项目,各位辛苦了!

图3　外国学生对两周《和码中文》课程的反馈意见(2)

四、中文与英文难易对比

英文是世界上最通用的语言文字。人们普遍认为,字母英文易学,汉字中文难学。本节试图从学习者的角度来分析,作为第二语言的英文与中文,哪一种文字语言更容易学习。

(一) 怎样评判文字语言的难易

文字语言的难易比较是个很复杂的问题。英文和中文都有几百年与几千年的历史,有过很多的字词与浩瀚的著述,很多字词现在都不用了,很多著述只有少数做专门研究的人看。但从不同的角度,还是可以做一些项目的对此。这里仅以二语学习者的角度,从以下几个方面比较:

(1) 学习内容的多少,内容少就容易学;

(2) 学习内容是否有规律,有规律就容易学;

(3) 记忆是否简单,简单就容易学;

（4）是否有好的学习方法。

以二语学习者的角度，做以下两个项目的比较。

1. 入门的难易

最初几次课，或一两周的学习，学生是否能简单快速掌握基本技能（发音、书写、输入、记忆字音字义），是否能提高学习兴趣，增强学习信心。

2. 完成初等水平学习的难易

国际中文教育中文水平等级标准，分三等九级，初等三级为 HSK1、HSK2、HSK3，初等要求学习 900 个汉字，2 245 个词语，掌握日常听说读写的基本技能，具备自学能力。

学习第二种文字语言，多是因生活、学习、工作的需要。语言能力首先要掌握日常听说读写的基本技能，具备基本的自学能力。

（二）文字语言的难易，文字的本质特征是内因，教学技术是外因

文字语言是否易学要看其本质特点，但也要看教学技术与方法。

技术无处不在，做饭要用水与火，切菜要用刀具，吃饭要用筷子，更不用说我们出行的高铁与飞机了。

语言是一种技能，学习语言与使用语言都不可避免地需要使用技术，如写字技术，输入技术，发音教学技术，字音字义的记忆方法。

对于汉字中文，教学的技术与方法很重要，好的教学方法能充分发挥汉字中文的易学本质，产生好的教学效果，坏的教学法方法会产生坏的甚至破坏性的教学效果。

如机械工业时代形成的拼音汉语教学法，以"废除汉字"为其目标，就对汉字中文教学起了破坏作用，造成世界公认"汉字难学"的结果。

信息时代形成的和码中文教学法，以"字形技术＋彩虹发音＋短句背诵"为特点，从字形入手，以汉字为中心，学习字词句，背诵常用字短句，记忆字音字义，在中文教学实践中取得了很好的教学效果。

拼音汉语教学法与和码中文教学法是本文引用的两种教学方法，代表不同的教学思路，有着不同的教学效果。

五、中文比英文：入门的难易

入门课都是从最简单的知识与技术开始，学习发音、字形辨识、书写，输入与记忆。如果入门难，第一次或几次课，就会让初学者失去学习的兴趣与信心，止步于开始阶段。相反，如果入门容易，就会增强初学者的学习兴趣，激励他们坚持学习，或加快进度。

1. 发音的难易

从 12345 五个数字开始学发音，是简单容易的，且能快速形成中文与英文发音技能。

汉字是单音字，单音的发音过程是简单的，相同的，一张一合，中间没有颤抖，没有转折，可用彩虹"∩"来表示。

每个音都是独立完整且不变的，如：2，22，222，4，44，444 中每个音都是彩虹发音，发音简单。

英文有单音字，也有双音节或多音字。音节之间，字之间要拼读，要连读。字音在疑问句中需要变化。英文的数字 1，2，4 是单音节，3，5 是双音节。2，22，222，5，55，555 发音时，英文不是 2 或 5 音的简单重复，是要有变化的。有变化就有复杂性，就要学习与练习。

采取直接读字学习音的办法，学会准确的 12345 五个音，再练习其组合 11，22，33，44，55，111，222，333，444，555，11，12，13，14，15，21，22，23，…，53，54，55 等。对于初学者，是中文与英文发音练习的好方法。

由于汉字与英文字音节数不同，发音方法不同，对于 12345 五个数字及其组合的发音练习，中文比英文容易些。

汉字是单音字，且每个字音是独立完整且不变的，学会 12345 及其组合的发音,掌握了彩虹发音模式后,就学会了所有字音的发音方法,之后的汉字发音都是同一个模式,就很容易了。

英文字多数都是多音节,音节之间、字之间都要拼读、要连读,单字多音节中有一个音要重读,这些都要一字字地学习练习的。因此英文字的发音比汉字要复杂些。

2. 书写的难易

书写技能,需要从字母开始,需要记忆字母的字形与笔顺。

英文是由 26 个字母组成的,学会并记住 26 个字母的书写,也就学会了英文的书写。

但有些英文字母大小写字形不同,如 Aa, Dd, Gg, Rr 等,不同字形的字母符号有 42 个。另外英文字母没有字形的规律性,前一个字母与后一个字母的形状没有联系,这增加了字母书写记忆的难度。需要经过一段时间的练习才能记住。

汉字的书写方法与英文有很大的不同,汉字都是从"一丨丿丶"四个基本笔画开始,注重横平竖直。25 个字形字母按"一丨十丿丶"分区,同区的 5 个字根在字形或字义上相关,如:十土艹木米,丿亻人女犭,丶氵火心。这使得汉字的 25 个字母形状容易记、容易写。

学会书写和码的 25 个字形字母,再练习一些由这些字母组成简单字,就打好了汉字书写的基础。

图 4　汉字是由字根组成的示意图

外国学生记住和码的 25 个字形字母的字形,只要 30 分钟,学会书写也只要 1~2 小时。以此为基础,再学习汉字的书写就不难。

就入门课而言，汉字的 25 个字形字母，相比于英文的 26 个字母、42 个字形，汉字的书写与记忆要容易些。

3. 输入的难易

信息时代文字的输入技能是不可少的。输入是建立字母或字根与键盘键位的关联，形成条件反射。这一技能的形成难易，与字母与字根的序性有很大的关系，序性好，就简单快速。

英文的 26 个字母，没有自然的字形与字音的顺序，如：H 或 Q 的前后字母是什么？很难直接说出来，借助英文字母歌，通过背诵才能形成 26 个字母的音序。

26 个字母在键盘上的排布是另外一种顺序。记忆 26 个字母在键盘上的位置是难的，只有通过练习建立肌肉记忆，形成条件反射。这是不容易做到的，很多英语国家的人，没有学会盲打，都是看着键盘输入。学会英文盲打，每天 3～4 小时的练习，至少需要两个星期的训练。

图 5　英文字母在键盘是无序排布的

以下两个英文段落是摘自一篇英文盲打练习的研究文章[①]，文章中的数据有普遍性。

Blind ten-finger method of printing for everyday training can be mastered in a month. Do not be afraid，you do not have to write texts for 10 - 12 hours

---

① UNANSEA，"Blind Ten-finger Method of Printing"，retrieved from：https：//en.unansea.com/blind-printing-method-blind-ten-finger-method-of-printing/.

for 30 days. Enough three-hour classes，but regular.（每天训练十指盲打输入，一个月内就可以掌握。不要害怕，你不必在 30 天内每天练习 10～12 个小时。每天练够 3 个小时就可以，但需要每天坚持。）

Often newcomers，having a great desire，seized a blind seal in two or three weeks. This does not mean that after three weeks the printing speed will be 300－400 characters per minute. To achieve this speed，further training is necessary.（通常有很强学习愿望的初学者，两三周就可以学会盲打。但输入速度不一定能达到每分钟 300～400 个字符。达到这个速度，往往需要进一步的训练。）

和码的 25 个字形字母都是按字形字义排布的，有很好的序性，很容易记住"口木女彳"等的前后字母。练习和码的 25 个字形字母的键盘输入也是容易的，因为字母有很好的序性，数字码在键盘上的排布也容易记。

图6　和码 25 个数字码在键盘上按顺序排布

掌握了字根的键盘输入，再学习和码字形技术（HeInput Component system）。一般外国学生通过 4～6 小时的学习，就可以全面掌握和码字形技术，就能输入所有的汉字字词了。每天练习 3～4 小时，一周就可以达到每分钟 40 个汉字以上的输入速度。

采用和码字形输入法，汉字的盲打输入练习，比英文盲打输入更容易学。

4. 文字"形音义"记忆的难易

入门课，需要记忆一些字的"形音义"，需要有效的记忆方法。

每位学生都知道很多字义，但相同的字义在不同的文字语言里却有了不同的字形与字音。学习新的文字语言就要记住这些新的"字形、字音、字义"的组合。

怎样建立单字"形音义"的直接对应关系呢？前面介绍过两种常见的方法，一是分散记忆，一是背诵短句记忆，后者是有效的方法。

汉字中文很适合采用背诵短句记忆汉字"形音义"的方法。

英文不太适合背诵短句记忆。我们从中学到大学，都在背英语单字，即孤立地一字字地记忆，学习效率低。

英文也可以通过背诵短句记忆"形音义"，现在新的英文教学法，鼓励学生背课文。但英文的字是多音节，句子的音节数多，记忆就难些，能坚持背短句的学生就少。

表 4　中英文词组音节数对比举例

中　文	英　文	中文音节数	英文音节数
几分钟？	How many minutes?	3	6
谁帮我？	Who can help me?	3	5
上中下	Upper，middle，down	3	6
早午晚	Morning noon evening	3	6
东西南北	East，west，south，north	4	8
春夏秋冬	Spring，summer，autumn，winter	4	10

汉字是单音字，三字词、四字词，书写整齐，音节少，容易读，容易记。英文字是多音节，三字词、四字词长短不一，音节多，朗读与背诵都要难些。所以文字"形音义"的记忆，汉字中文更容易些。

5. 小结

入门学习阶段，在发音、书写、输入、"形音义"的记忆这四个方面，汉字中文都易于字母英文，列表如下。

表 5　入门阶段中英文学习难度对比表

	12345 的发音	25 个字母的书写	键盘输入	记忆"形音字"	结论
汉字中文	单音字,发音模式统一,字音不变,容易	字形序性好,易记,易写	字形序性好,键位排布有序,容易记忆与输入	单音节字,三字词,四字词,容易背诵记忆	容易
字母英文	多音节字,字音有变,有重读音节,复杂	字形无序,字形难记,难写	字形无序,键位排布也无序,记忆难,练习难	单字孤立分散记忆,难记	难

六、中文比英文：完成初等水平学习的难易

文字语言的初等水平是：掌握日常听说读写的基本技能,具备语言自学能力,这些能力可以细分为：

（1）听力口语：能进行日常口语交流；

（2）阅读能力：能认识文本中 90% 的字,基本上能读懂文意；

（3）书写表达：能书面记录日常生活的事件；

（4）自学能力：具备自学语言的能力与信心。

（一）初等水平需要学多少字？

《国际中文教育中文水平等级标准》将初等分为三级,要求学习 900 个汉字,2 245 个词语。

中文的多年多次的统计数据都支持以下的数据：

（1）1 000 个汉字,在通用文本中的覆盖率为 90%；

（2）2 500 个汉字,在通用文本中的覆盖率达 99%。

英文的单字量与文本覆盖率有多种统计数据,但大致相同。以下 3 段英文摘自一篇研究文章：①

---

① 　I. S. P. Nation，"How Large a Vocabulary is Needed for Reading and Listening?"，*The Canadian Modern Language Review*，2006，Vol. 63，No. 1，pp. 59‑81.

If 98% coverage of a text is needed for unassisted comprehension，then a 8 000 to 9 000 word-family vocabulary is needed for comprehension of written text and a vocabulary of 6 000 to 7 000 for spoken text.（英文 8 000 到 9 000 个字族，才能达到书面文本 98%的覆盖率；6 000 到 7 000 个字族，能达到 98%的口语覆盖率。）

The first 1 000 plus proper nouns cover 78%－81% of written text，and around 85% of spoken text.（常用 1 000 个英文单字加上专有名词，达到书面文本 78%～81%的覆盖率，或 85%的口语覆盖率。）

Combining the novels into one corpus gives very similar figures：2 000 provides coverage of 87.83%，4 000 plus proper nouns － 94.8%，9 000 plus proper nouns － 98.24%，proper nouns 1.53%. A vocabulary of 8 000 to 9 000 words is needed to read a novel.（将这几本小说合并到一个语料库中可以得出（与报刊）非常相似的数字：2 000 个字族的文本覆盖率为 87.83%，4 000 个字族加上专有名词为 94.8%，9 000 个字族加上专有名称为 98.24%，专有名词为 1.53%。阅读一部小说需要 8 000 到 9 000 个字族。）

以下这段英文摘自研究文章：①

We explore the relationship between second language（L2）learners' vocabulary size，lexical text coverage that their vocabulary provides and their reading comprehension. We also conceptualize "adequate reading comprehension" and look for the lexical threshold for such reading in terms of coverage and vocabulary size ... Results show that small increments of vocabulary knowledge contribute to reading comprehension even though they hardly improve text coverage. We suggest two thresholds：an optimal one，which is the knowledge of 8 000 word families yielding the coverage of 98%（including proper nouns）and a minimal one，which is 4 000 － 5 000 word

---

① Batia Laufer，"Lexical Threshold Revisited：Lexical Text Coverage，Learners Vocabulary Size and Reading Comprehension"，*Reading in a Foreign Language*，2010，No. 22，Vol. 1，pp. 15－30.

families resulting in the coverage of 95% (including proper nouns).

(我们探讨了第二语言学习者的词汇量、文本覆盖率和阅读理解程度之间的关系。我们还提出"必要理解程度"阅读的新概念，并探寻这种阅读所需的词汇量与文本覆盖率的阈值……结果表明，词汇量的小幅增长都有助于阅读理解的提高，尽管这种小幅增长几乎不能提高文本覆盖率。我们提出了两个阈值：一个是最优阈值，即 8 000 个词族［包括专有名词］的 98% 的文本覆盖率；另一个是最小阈值，即 4 000～5 000 个词族［包括专有名称］的 95% 文本覆盖率。）

巴蒂亚·劳费尔(Batia Laufer)的研究表明，达到"必要理解程度"英文最少需要 4 000～5 000 个字族(包括专有名称)的 95% 文本覆盖率。

表 6　文本覆盖率对应汉字数与英文字族数对比表

文本覆盖率	中文单字量	英文字族量	英文字族量比汉字量
80%	约 700	1 000	1.4 倍
90%	1 000	2 000～3 000	2～3 倍
95%	2 000	4 000～5 000	2～3 倍
98%	2 400	6 000～8 000	3～4 倍

注：上面统计的是英文的字族，还不是单字。

A word family is a group of words that may share a common root word with different Prefixes and Suffixes in morphology.(字族是指一组单词，这些单词都有一个共同的词根，如：Writer，written，writing，writes，rewrite，都属于同一个字族，统计中只算着一个字族。)

因此 1 000 个字族，应包括多于 2 000 个英文单字；3 000 个字族，应包括多于 5 000 个单字。

从上述的中文与英文的统计数据，可以看到，达到文本覆盖率 90%，中文需要识字 1 000 个单字，单字组成很多的词组，英文需要识 2 000～3 000 字族(4 000～5 000 个单字)。

因此达到初等语言水平，具备自学能力，英文需要学习的单字量是中文的 4 倍多。

（二）文字表意的规律性与记忆的难易比较

当我们看到外文，或听到外语语音时，第一反应是：这是什么意思？我们需要的是字形与字音的意思。如果一种文字的字形与字音能有规律地表示字义，那么这种文字的学习就有规律可循，就容易学。

字形是用来表意的，字音也是用来表意的，不表意的形与音，就是没有意义。那么"形与音"表意，有规律吗？有规律，就好学；没有规律，就只能靠死记硬背，就难学。

1. 中文字母表意

汉字是象形表意文字，汉字的表意功能从字根（字母）就开始了，如：

口：吃喝品味，唱叹哭骂；

土：地坡墙城；

犭：猫狗猪狩；

氵：江河湖海。

看到汉字字形就能知道其部分字意，这是象形文字的本质特征，虽然不是所有的汉字都有这种规律性。

英文（字母表音文字）都没有表意的规律性。

（1）第一个字母相同的英文字，字意不相关：

a：able, apple, away, after, alike, avoid；

d：day, drive, door, difficult, develop；

c：car, card, class, child, couple, cease；

h：half, hand, happen, hall, harry.

（2）同类意义的英文字的发音也不相关：

eat，drink，taste，flavor；

speak，talk，discuss，sing，cry，blame；

car，truck，train，taxi，ambulance；

creek，river，lake，sea，ocean，reservoir.

英文表音字母没有基本的字义，英文的音也没有规律性。

因为英文字表意没有规律性，每个英文字族的字意都要死记硬背，因此英文单字比中文单字难记。

2. 中文词组易学

单音节的汉字很容易组成二字词、三字词。词组的意思通过字基本上能知道：

学：学生，学习，学校，学费，学者，学期，学术，学问，学说，学业，同学，数学；

理：道理，理由，地理，心理，生理，物理，天理，推理、真理，事理，说理，整理，处理，代理，经理，总理，理解，合理，等等。

因此学会了 1 000 个常用汉字的听说读写，也就学会了不少于 5 000 个的词组，就能初通中文，完成初等中文阶段的学习。

英文就不同，中文的很多常用字词组，在英文中都是不同的字，都要逐字地学，如：

学生：student　学习：study　学校：school　学费：tuition

学者：scholar　学期：semester　学术：academic　学问：knowledge

学说：theory　学业：course　同学：classmate　数学：maths

英语也可以把两个字组合在一起，形成词组，但英语的字是多音节，两个或三个字组合在一起,书写与发音就会很长,还不如造一个字简短些。因此英语的新词越来越多。

汉字就充分发挥了单音节的优点,中文常用字少,常用字组成的词组特别多,常用字词组丰富了中文的表述力,这是中文易学的重要特点。

(三) 听力口语能力形成的难易比较

从 20 世纪 80 年代以后,英文成为中国中学的必修课,高考主科,学生都要学英语,但当时英语的语音学习资源少,很多学生阅读能力强,语法好,但听力口语差,开不了口,俗称"哑巴英语"。这一现象很普遍,这也说明,听力口语与文字阅读能力相关性不大。

阅读看到的是文字的形,是"形→音义"的能力,英文的形(字母表音文字),有利于阅读时发音。但阅读能力强,阅读时的发音好,与听力口语能力还是有区别的。

20 世纪八九十年代,我国中学与大学里普遍存在"哑巴英语"现象。

英语听说口语能力形成难的原因有如下 3 个方面。

1. 字母拼音文字对听力口语技能的形成帮助不大

听力口语技能是"音→意","意→音"的直接反应能力,是"音与意"之间的条件反射。如果把文字放在中间,"音→文字→意",经过文字做转换,并形成了习惯,就破坏了"音与意"之间的直接对应(条件反射),反而妨碍了口语能力的形成。

这里介绍一下我学习英语听力口语的经历,我是 20 世纪 80 年代的中学生,那时农村缺少英语教师,英语教师口语也不好,又没有收音机、电视机这样的语音教学设备。听力口语的练习只是通过英语音标(还读不准确)来拼读单字,念课文来进行。这样的学习方式一直到大学毕业都没有改变。

这种学习方式的特点是,练习口语就是读课文,听力也就是听自己念课文。在这听与说的过程中,都经过了文字这个中间环节,这使得我形成了一个坏习惯,即在开口说一句英语之前,脑海里先要显示这个英语句子才肯开口(意→文字→音）。听别人一句英语句子后，先要把这个句子在脑海里写出来（变成文字），再从这个脑海里的（文字）句子得到这句话的意思（音→文字→意）。

这种听力口语的学习方法，妨碍了健康快速的英语语音系统的建立，使我英语听力口语一直很差，口语听力反应速度很慢。而速度快与慢，划分了优与劣。

我上面写的学英语听力口语的经历与体验，不只是我一个人的，20 世纪七八十年代的中学生很多都是这样。那一代人英语文字阅读能力强，听力口语能力差是普遍现象。

现在的学生学习英语听力口语的环境条件就不同了，一是学英语从小学（或幼儿园）开始，二是教师的口语能力好，三是有电视节目、视频教程、网络英文视频等语音训练手段，进行的是语音→语意（听），语意→语音（说）的直接对应训练，不再在中间加文字符号（音标）的过程，这才是真正的听力口语训练。

上面说了那么多，意思是，真正健康快速的语音系统的建立，应该是听力（音→意），口语（意→音）的直接训练，不应该在这个过程中加入文字符号（音标）等中间过程，如果加入了一个文字符号（音标）的转换过程，建立起来的语音系统就不是快速高效的。

外国人学中文的听力口语，也一样，不能通过拼音学习字音。

这说明了不论是什么文字，高效的口语能力形成，应独立于文字，应该避免文字的介入。所以字母拼音文字对听力口语的形成没有优势。

2. 英文的词法句法很多，有很多不规则变化

英文中的 am，is，are，名词的单数复数，动词的第三人单数变化，动词时态，句子时态，使得学生一开口就要考虑很多东西，防范很多的错误。这些都让初学者开口难。

相比较，中文就好很多，你是我是他是，你有我有他有，名词没有复数变化，动词没有时态变化等，这让学生好开口，开口时错误也少。

3. 背诵短句与常用口语句子，对听力口语能力的形成有帮助

英文字是多音节，几个英文字，可能有很多音节，背诵就难很多。汉字是单音节,几个汉字就有几个音节,中文是易于背诵的。

充分利用中文易于背诵的优势,多背诵短句,有利于听力口语能力的快速形成。

(四) 写作能力形成的难易比较

初等水平的基本写作能力,学习者需要会组词造句,文字语言的词法句法的简单很重要。

1. 时间与地点的表述上的序性

中文有序,如:

2023 年 5 月 19 日;

一月,二月,三月,四月,五月,…,十一月,十二月;

星期一,星期二,星期三,…,星期六,星期日;

表示地点:中国深圳市福田区。

英文是倒序或无序,如:

19th May,2023;

January,February,March,April,May,...,November,December;

Monday,Tuesday,...,Saturday,Sunday;

表示地点:Futian District,Shenzhen,China。

2. 人名地名的表达

中文只是字的组合,如:李建国,张爱红,北京,上海,广东,广西,山东,山西,湖南,湖北,等等。

英语都是专有名词(Proper nouns):Dave,Christopher,London,Birmingham,San Francisco,Alabama,California,Florida,Louisiana,Texas,Utah,etc.

3. 词法句法的难易

英文名词有单复数的变化和所有格的变化,动词有第三人称单数变化、时态的变化、所在句子的时态,等等,这些都为英文造句增加了难度。

中文词法句法简单,造句写文章就容易得多。

(五) 小结

初等水平语言学习阶段,在单字量的要求、文字表意的规律性、听力口语、写作能力四个方面,汉字中文都比字母英文明显容易学很多,总结列表如下:

表 7　初等水平阶段,汉字中文、字母英文学习难度对比表

	初等水平要求的单字量	文字表意的规律性	听力口语形成	写作能力的形成	结论
汉字中文	1 000	字形表意规律性好,字词易学	通过背诵短句,形成听力口语能力,容易	时间地点,人名地名构成简单,组词造句容易	容易
字母英文	2 000~3 000 字族	字母文字没有表意的规律性,字意要死记硬背	字母拼音文字对听力口语的形成没有优势,难	时间地点,人名地名,词法句法都复杂	难得多

"很多人从小学到大学毕业,要用五分之一的学习时间学习英语,但结果却是既不能说,也听不懂,更不能写作,这充分说明拼音文字并不比汉字容易学习和掌握。"①英语是世界通用的语言,且被公认为是易学的。但从二语学习者的角度,从"入门的难易"与"完成初等水平的难易"两方面诸多因素分析,汉字中文比字母英文易学很多。因此汉字中文是世界上最易学的文字语言。其核心原因是汉字中文是单音节表意文字,这是字母拼音文字不具备的。

七、"汉字难学"错误认识的成因

目前,几乎全世界的人都认为,汉字中文是"最难学"的文字语言,主要原因有:

---

① 　高玉:《汉字简化理由及其反思》,《中国现代文学论丛》2018 年第 2 期,第 42—73 页。

(一) 每个汉字都是字母

汉字被译为"character"。把每个汉字都说成是字母,3 000 个常用汉字就是 3 000 个字母,对比 26 个字母的英文,中文学习的难度之大,也就不言而喻了。这足以让外国学习者产生恐惧的心理,吓退大多数人。

字母是构成文字的基本符号,是不可再分拆的一个图形,需要整体性地辨识与记忆。

但汉字不是字母,汉字是可拆分的,汉字是由字根组成的,通过字根可以输入汉字。所有的汉字字形技术,都是基于这个基本的概念。参看表 3 与图 4。

汉字是字母,这是明显的错误认识。歪曲了汉字特点,损害中文教学。为什么这么久而得不到更正?

(二) 从拼音入手学习发音

拼音字母与英文字母相同,外国学生多用英语的音读汉字拼音,形成洋腔洋调,很难改变。

拼音教学,要求学生记忆每个汉字的声调,对于不会说拼音标准四声序列的外国学生,是做不到的。

声调 1234 是字音在标准四声序列(吗麻马骂 ma1,ma2,ma3,ma4)中的序列号。

零中文基础的外国学生不会说拼音的标准四声序列,也就是没有声调的参照系,就没有办法去比较、分辨、确定与记忆字的声调;给出序列号(声调)如 "ma2",外国学生是找不到北(那个音)的。

一开始就教声调 1234,对不会说中文的外国学生,是方法上的错误,使得字音教学特别难。

(三) 从拼音入手学习汉字

1. 拼音先入为主,很多外国学生就认为拼音是汉语

外国学生学习了拼音,就会形成对拼音的依赖,形成对汉字的抵触情绪与畏

难心理，导致不愿意学汉字，以至学不会汉字读写与中文阅读。

2. 用汉字音学英文音

20 世纪 80 年代，英语成为中学主课，因为英语教师少，英语学习资料缺乏，学习没有正确的方法，很多中国学生用汉字音学英文音（间接字音学习法）。

Good morning!（古的猫宁）

Good afternoon!（古的阿夫特怒）

Can I help you?（坎挨海尔朴油）

在英文的"形音义"三者之间加入汉字（注音），英文→汉字（注音）→音义，good→古的→音，morning→猫宁→音，"古的猫宁"割裂了英文"形音义"的直接对应关系。"古的猫宁"是不应该花时间去学习的。

用汉字（注音）（古的猫宁）承载英文的音与意，英文字被撇到一边去了，这样英文就难学了，学生花费大量的时间与努力，也学不好英文发音与认读，更难形成高效的英语语言能力。间接字音学习法对英文的学习起着破坏性的作用。

3. 用拼音学汉字音

对于外国学生来说，用拉丁字母的拼音学汉字音，与中国学生用汉字音学英文音是一样的，外国学生的注意力都集中在拼音上：

早上好(zǎo shàng hǎo)

下午好(xià wǔ hǎo)

我来帮你(wǒ lái bāng nǐ)，好吗(hǎo ma)?

在"形音义"之间加入拼音字母串，字形→拼音→音义，如：汉→hàn→音，字→zì→音，借助拼音来认读汉字，这就是拼音间接教学法。

之前"字形承载字音字义"，变成"拼音字母[hàn zì]承载字音字义"，汉字被撇到了一边，不是教学的中心，这样汉字就难学了。拼音汉语间接教学法，对正常的汉字中文教学起着妨碍与破坏性的作用。

（四）拼音输入妨碍了字形的记忆

1. 手在字形练习中的关键作用

不论学习哪种语言文字（或知识技术），只有练习才能掌握，只有使用才会不忘。汉字字形的掌握与不忘，只有靠练习与使用。

怎样练习与使用汉字字形呢？

除大脑外，"口耳手眼"是常用的练习与使用汉字字音与字形的器官，合理的分配应是："口耳"练习与使用字音，"手眼"练习与使用字形。

如果汉字学习者使用拼音输入法（借助字音输入字形），"手"练习使用的就是字音（键盘拼音或手拼音），那么"口耳手"（2 个主动器官"口手"，1 个被动的器官"耳"）都用于练习与使用字音了，只留下"眼"（被动的器官）练习与使用汉字字形。俗话说"眼看十遍，不如手过一遍"，这样字形的练习就减弱了，汉字字形的学习效果就会大大降低。

如果使用字形输入法，"手"练习使用的是汉字字形（键盘写字或手写字），那么"手眼"练习使用字形，"口耳"练习使用字音，字音与字形的教学就能均衡发展，齐头并进了。

字音的学习应是"口耳"的训练，键盘拼音输入（用手练习拼音）不是字音练习的有效方法。而键盘字形输入（键盘写字）却是字形练习的有效方法。

几千年来都是通过"手"书写（练习使用）汉字，也就做到了字音与字形练习与使用上的均衡，即用"口耳"练习使用字音，用"手眼"练习使用字形。

2. 信息时代，字形输入，是巩固字形记忆的最好方法

在信息时代，人们动笔写字少了，使用汉字多数都是输入汉字，输入汉字的方法不外乎字音输入与字形输入两种。但这两种方法决定了关键作用的"手"服务的是字音还是字形。"手"服务于（练习使用）字形，那么字形的学习效果就会好。

用"手"进行字形输入（键盘写字）或手握笔书写，思维过程是一样的，每次输入与书写，都是对汉字字形结构、组成笔画与字根的一次刷新回顾，能起到同样的练习字形知识与巩固字形记忆的作用。

汉字字形的练习与使用方法,是用"手"进行字形输入(手写字),而不是拼音输入(手拼音)。字形输入对字形学习与使用的关键性作用,是毋庸置疑的。

提高汉字字形教学效率,很简单,就是在字形教学中,强调并采用汉字字根分析与字形输入,除此之外别无他法。

八、"汉字难学"错误认识的危害

"汉字难学"被国际公认后的危害很多,包括以下几个方面。

其一,"汉字难学",成为外国学生不学汉字的理由。

"汉字难学",一个"难"字,足以浇灭千千万万的外国学生学习汉字中文的愿望,吓阻外国学生学习中文的行动与决心。

很多外国学生,据此就只学汉语听说(口语),不学汉字读写与中文阅读。因此这些学生学习汉语时,就不会有精通中文的打算,也不会有长期学习与使用中文的计划。

其二,"汉字难学",成为所有人学不好汉字最好的借口。

"汉字难学"被看作汉字中文的原罪。几十年来,外国学生学不好汉字,都理直气壮地把原因归罪到"汉字难学"上。

"汉字难学"的原罪,也成为汉语老师教不好汉字,不教汉字的理由,很多教育机构,都以教拼音,教口语为主。

因为有"汉字难学"的共识,整个国际中文教学界都是敷衍塞责,都感到汉字教了也是白教,学了也是白学,到头来都是一个结果:学不会,暂时学会了也留不住。

海外的第一代移民,很多都不愿意让子女学习中文了,因为花费大量时间,还是学不会。

其三,鼓噪"汉字难学",会导致汉字文明的消亡。

"汉字难学"不是汉字的本质特征,是拼音汉语教学法长期推广应用造成的后果。拼音汉语教学法是在特定的历史时期产生的,以"废除汉字"为目标的策略手段。

鼓噪"汉字难学"的共识，其实质，就是置汉字中文教学于绝境。

"汉字难学"留给汉字中文的只会是排挤、打压、诟病、诋毁、污名化、被替代、被消亡的末路。

九、汉字中文教学简单化、快速化、大众化

易学是汉字的本质特点，明辨实事，确立汉字中文的最易学地位，充分利用与发挥汉字中文的易学本质，中文教学中的各种问题就可以迎刃而解。

（一）教学简单化

之前"汉字难学"当头，汉字中文教学被逼无奈，不断强调本土化、多样化与个性化，如：

（1）教学方法多样化，教学过程精细化；

（2）教材对不同的学生群体有针对性，差异化；

（3）课堂教学要生动活泼，加入才艺的内容；

（4）甚至对一个学生要制定一个教学方案。

以多样化的教学方法去适应不同的国家与人群，用不断精细化、个性化的教学内容去适应不同的学生，这是舍本逐末，劳神费劲的，且不会有好的教学效果。

汉字中文与西方语言文字起源不同，在书写、发音、组词造句，思维方式等方面都存在明显的差别，有明显的语言边界。本土化模糊了语言边界，用学生母语的知识、习惯与思维方法去学习中文，用扩展母语的方式去学习汉字中文，只会损害教学效果。

与本土化相反，中文教学应强调语言的边界，要求学生避免用母语的习惯与思维学习中文，应从零开始，建立一套有别于西方语言的听说读写技能。而不是为了适应外国学生的母语习惯与思维，去改变中文的教学内容与教学方法。

"汉字易学"了，才能大幅度地简单化汉字中文教学：

（1）字形、字音、字义都有固定的教学方法、内容与过程；

（2）统一教材，统一课程安排，统一教学软件，统一测试标准；

（3）学生应主动学习，主动适应，学生对自己的学习效果负责。

这样就能大大地简单化汉字中文教学，就会大幅度提高教学效率与质量。

（二）教学快速化

之前"汉字难学"，课程时间长，学习速度慢，多年都达不到 HSK4 级，不能形成自主学习与阅读能力。

学习文字语言，学生都希望快点。学习时间拖长了，学习进度慢了，学习效率就会大幅下降，会影响学生学习的积极性与信心。

现在"汉字易学"了，采用《和码中文教学法》，外国学生用 3～6 个月，就可以初通中文，掌握中文日常应用能力，具备中文自学能力。

（三）教学大众化

"汉字易学"了，国际中文教学的大众化发展条件就更成熟了：

1. 学习汉字中文，已成为国际大众化的需求

中国已是世界第二大经济体，汉字中文是世界上使用人数最多的文字语言，中国的国际地位不断地提升，想学习中文的外国人越来越多。学习汉字中文，提高中文水平，在很多国家已经是大众化的需求，如在越南、韩国、日本，新加坡，印尼等国家。

2. 汉字中文教学，已实现简单化、快速化，效果好，见效快

"汉字易学"了，学习内容与过程简单固定，容易学，见效快。外国学生可以在短时间内，轻松快速地掌握中文，达到 HSK4，具备初等中文应用水平。

3. 教学资料与软件，容易获取，方便使用

国际中文教学，现已有丰富的免费学习资料、教学视频与软件，方便学习者

获取与使用。

（四）国际中文教学的大发展前景好

之前"汉字难学"，让外国人感到接近中文、走进中国都不容易，汉字文明的大门总是难于打开。

现在"汉字易学"，给古老的文明添加了新的生气，会增加外国人学习与探究汉字的兴趣。学习汉字中文，能开发智力，发掘个人潜能，激发创新思维。

从"汉字难学"到"汉字易学"，带来语言观与世界观的大转变，引导人们对汉字文明的再认识，对中国走向世界，对中华文明的复兴都有促进作用。

用 3～6 个月，学会世界上使用人数最多的语言，达到中等中文水平，能与 14 亿中国人进行口语对话或文字交流，这是一个多么令人激动的学习活动。

国际中文教学大发展的前景有：

（1）简单易学高效的中文教学法得到全面推广应用；

（2）国际中文教学实现简单化、快速化与大众化；

（3）很多外国人通过网络，轻松快速地掌握汉字中文，达到中等水平；

（4）精通中文的人越来越多，汉字中文的国际化程度不断提升；

（5）汉字中文成为世界上最易学的、大众化的文字语言。

Chinese Is the Easiest Language to Learn

OUYANG Guilin

HeChinese Technology Academy at Shenzhen

Abstract

"Easy to learn" is the overall feature of the Chinese characters，it is based on several features：1000 frequently used characters which cover 90% usage are easy to learn；Chinese mono-syllable sounds are easy to learn；simply regulated words' structures are easy to learn；reciting short sentences to memorize the sounds and meanings of words is effective and easy. The saying of "Chinese words are inferior and difficult" appeared at the beginning of the 20th century, when China was suffering from serious domestic crises and foreign invasions at the crucial moment of national existence. Soon, the Chinese language reform movement characterizing "Abolishing Chinese characters and Latinizing Chinese" was formed. Since then, in over 100 years, the misconception of "Chinese characters are inferior and difficult" has deeply changed Chinese teaching methods, causing serious damage to domestic and international Chinese teaching. With the reconstruction and revitalization of China since 1949, and with rapid development of information technology since 1980, the "easy to learn" feature of the Chinese language has been discovered and demonstrated more and more. Comparing with English, Chinese is much easier to learn. We need to realize the facts and establish the status that Chinese is the easiest language to learn, if we fully utilize this status' advantage and benefits, most problems in Chinese language teaching can be solved easily, and international Chinese teaching can develop quickly.

Keywords

Chinese characters; easy to learn; writing structure; international Chinese teaching; comparison between Chinese and English; Chinese teaching method

汉学家专栏

意大利汉学家白佐良的传奇人生

——白龙先生忆父亲*

张　红**

提要： 本文通过对《意大利与中国》这一中意关系史杰作的作者，意大利汉学家白佐良之子的采访带读者走进这个伟大的学者的生活和生涯、治学和家庭教育理念。作为外交官，白佐良曾为中意建交做出卓越贡献；作为教育家，他培养出成果卓著并具有奉献精神的意大利当代汉学家；作为收藏海量文献的学者，他把珍贵藏书都捐给了罗马大学；作为家长，他鼓励孩子学习中文的同时，也为其创造古典教育和多语言学习的机会。白佐良学识渊博，能将《古文观止》所有文章倒背如流，也能随时诵读《浮士德》的各个篇章。白佐良专注于中国的精神世界并深受中国的悠久历史与传统所影响，白佐良以《意大利与中国》这一史著被习近平主席誉为助力亚平宁半岛"汉学热"长盛不衰之人。

关键词： 意大利；汉学家；学识；精神世界；育人之道

*　　感谢白龙先生提供的珍贵回忆和史料，感谢罗马大学教师张彤冰的介绍安排，感谢罗马大学博士后高昌旭的资料提供和宝贵建议。

**　张红，北京外国语大学副教授，2013—2022 曾任意大利罗马大学示范孔子学院中方院长，研究方向为国别中文教育与汉学家养成等，采访意大利汉语教育家马西尼的《语言教育改变世界》一文的作者。

一、汉学家的传奇人生

相比其他汉学家，以撰写《意大利与中国》向意大利读者介绍中国和欧洲（特别是意大利）文明交流史以及从事中国文学史研究而闻名遐迩的意大利当代汉学家白佐良（Giuliano Bertuccioli，1923—2001）的经历格外具有传奇性。白佐良先生在其事业的黄金三十年供职于意大利外交部，1952—1981 年在中国、日本、韩国、菲律宾等国担任外交官，1970 年中意两国正式建立外交关系之前的若干年，他作为意大利外交部谈判专家之一，为促成中意两国建交进行了大量的工作，而 1970 年中意两国正式建立外交关系这一历史事件实现了白先生的把两个他所珍爱的国家紧密结合在一起的梦想。

2004 年中意两国建立全面战略合作伙伴关系，2019 年两国又发表了《关于加强全面战略合作伙伴关系的联合公报》，2019 年作为 G7 核心国家的意大利加入"一带一路"计划。国家主席习近平在 2019 年春对意大利进行国事访问之际，在意大利发行量最大的《晚邮报》上发表《东西交往传佳话，中意友谊续新篇》的署名文章中写道："意大利汉学家层出不穷，为中欧交往架起桥梁。从编写西方第一部中文语法书的卫匡国，到撰写《意大利与中国》的白佐良和马西尼，助力亚平宁半岛上的"汉学热"长盛不衰。"[①]更增加了白佐良先生的传奇性。

20 世纪 80 年代初，白佐良先生回到他的母校意大利罗马大学（Sapienza-Università di Roma）担任汉学教授。白佐良先生在罗马大学法学院就读期间，受到意大利数学家、汉学家和科学史学家华嘉（Giovanni Vacca，1872—1953）的汉学启蒙。白先生精通拉丁语、汉语等十数种语言，著作等身，贡献卓越。"由于有深厚的汉语功底以及他对欧洲历史和语言的深刻了解，收集并掌握了大量的有关意大利和中国交往史方面的大量一手资料，其中有用中文写的有关意大利的中国古代文献，也有用希腊文、拉丁文、早期意大利语写的有关中国的历史资

---

① 参见《东西交往传佳话，中意友谊续新篇》，《人民日报》，2019 年 3 月 21 日。

料,在四十多年中,他写了一系列有关意中关系史的文章"①,尤其以《意大利与中国》和《中国文学史》最为中国读者所熟知。

白佐良先生的弟子众多,仅在罗马大学就有大名鼎鼎的意大利汉学家、汉语教育家马西尼(Federico Masini),古汉语研究专家德保罗(Paolo De Troia),中国现代文学研究专家、曾经的乌尔比诺大学汉学专业创始人柏艾丽(Alessandra Brezzi)等。本文以作者采访白佐良先生之子白龙(Bruno Berrtuccoli 1953—2023)的笔录为基础重新形成文章,以第一人称的叙述视角展开白佐良先生的人生画卷——他的育人之道,他深厚的世界文化底蕴,他的精神世界如何专注于中国。

二、阅读记诵与"先苦后甜"

我是白佐良先生的独生子,意大利文名字是"Bruno Bertuccioli",中文名字叫"白龙"。在我看来,"白(Bai)"显然与我父亲选择的中文名字的"姓氏"有关,在英语中是"白色的"(white)意思,在发音上也与我的意大利姓氏的第一个音节匹配得很好(Bai-Ber)。"龙"作为一个重要的中文符号,寓意着吉祥。我的名字凸显了我意大利父亲和中国母亲双重文化的涵义。

我父亲在他年轻时,通过海量阅读和反复记诵,掌握了拉丁语、古希腊语、英语、法语和德语,对日语和俄语等也有相当的了解。父亲也用同样的方式学习中文,他阅读所有他能找到的中国古典文字和诗歌。举个例子,1695 年成书的《古文观止》里面有从东周(前 770—前 256)到明朝(1368—1644)的两百多篇长短不一的各式文章,都是他的精选读物,随便一篇文章他都能从头背到尾,完全记住了里面的内容。父亲精通汉语到这个地步,让所有人都佩服不已。

父亲显然认为对他行之有效的"经典"学习方法肯定对他的儿子也有用,我的母亲则对我的学习进行无微不至的关怀,确保我每天都会书写汉字,背诵古

① 白佐良、马西尼:《意大利与中国》,萧晓玲、白玉昆译,北京:商务印书馆,2002 年,第 1 页。

文。不过孩子的成长有他自己的轨迹，我也许没有达到父母的期望，也许辜负了母亲当时陪我学习所花的时间，不过父亲曾布置我学习、背诵和默写《唐诗三百首》中的名篇，在我过了耳顺之年，我都记得其中的许多首诗歌。所以当我看到2021年罗马大学孔子学院的《诗与四季》（*Poesie e Stagioni*）中意双语台历时，一下子就发现了我当年记诵过的王维和李白的五首诗歌。我父母坚信反复记诵是幼年的我能说流利的中文的关键。事实证明，投入足够的时间学习是真的有效，先苦后甜，生活不就是这么"教训"人们吗？

三、半世纪前的素质教育

除了记诵和反复书写，遵循20世纪50年代的意大利"先吃苦后享受"的人生哲学和我父母的教育理念，我作为他们唯一的孩子，从外语学习到参加体育活动，再到文化学习欣赏，很小就必须严格要求自己。在父母经济可以负担的范围内，我进行各种各样的类似今天素质教育的学习实践。拿语言学习来举例，我四岁就能够用意大利语、中文、英语和德语来表达自己。意大利语和中文学习自然有爸爸妈妈督导。英语和德语是我跟身为外交官的父亲住在香港时上英国和德国的预备小学（Prep School）时学的，照顾我的德国阿姨也一直用德语和我进行日常生活对话。

父母不遗余力地保证我在人生的初级阶段就能得到尽可能好的教育，这样我最终可以比大多数学生更早上大学，更早开启我的职业生涯，使我能够更好地追求自己的事业。我比同龄的孩子早一年上小学，父母为我选择了罗马一个教育质量很好的小学，第44任意大利共和国总理也曾是该校的一名学生。父母对子女的爱有不同形态，通过教育为我的人生打一个好的基础，是我父母表达他们对我的爱的重要方式。

再比如中小学阶段，除了学校的体育课，我学过游泳、网球、骑马、武术、滑雪等运动，其中大部分都成了我的终生爱好；我定期要陪爷爷奶奶去听古典音乐会，欣赏歌剧。我还学过钢琴和吉他，这两种乐器至今都是意大利男孩子乐器学习的首选项目。另外,除了学校组织参观之外,我还和长辈们一起又去过很多次罗马大大小小的博物馆,我也继承了父亲的艺术天赋,素描画得得心应手。现在看来,所有这些当年父母要求我参加的活动培养了我的毅力、耐力、信心和勇气,充实和丰富了我的精神生活。

四、我们一家的中文秘境

由于中文书写系统的特殊性,即使现在中国小学生也要用几年的时间学习汉字部首检索,练习书写。在我小时候,每一个汉字,父母都要求我抄写很多页,直到我完全掌握它们。重复和记忆,这种延续几千年的经典方式曾是我的中文学习秘籍。这种不断的训练确实产生了效果,就像今天的一万小时学习理论提及的肌肉记忆或自动化能力的形成。

所有的努力都是有回报的。我现在还记得,无论走在罗马的路上,或是拥挤的公交车上,我和父母说话又不想让其他人听懂时,我们就说汉语,用这种"神秘语言"在意大利人面前堂而皇之地拥有我们三人的秘密。有时候我仿佛还看到,当年在罗马拥挤的公交车上,乘客听我们三人说中文时,一脸错愕的表情。对那个岁数的我来说还是很骄傲的。还有就是,对一个好动的小男孩来说,时不时会淘气或有"举止不当"的行为,母亲会用中文说"没面子",提醒我要举止得体,要有教养。就像古罗马教育家昆体良(Marco Fabio Quintiliano,35—96)说过的,"希腊人用言语教我们如何生活,罗马人则以身示范如何生活"①。

五、语言与思想同行

中国读者和学者比较了解作为汉学家的父亲。我在此"揭秘",我父亲对拉

---

① R. W. 利文斯通:《保卫古典教育》,朱镜人译,北京:人民教育出版社,2017年,第89页。

丁语、英语、德语和法语的掌握与汉语同样出色。他还能够用日语表达自己，也掌握了相当的韩语和俄语的知识。我父亲学识渊博，因为他通读了所有自己能找到的意大利古典名著，西班牙和俄罗斯的名著，他也通读古希腊语和拉丁文典籍以及许多法语、德语和英语的世界名著。

父亲学习非常努力并拥有出色的记忆力。他除了能将《古文观止》倒背如流，也能背诵很多拉丁文名著，他自学了英语，能够书写和表达，为了可以阅读法语原文的伏尔泰（M. de Voltaire，1694—1778）和德语原文的歌德（Johann Wolfgang von Goethe，1749—1832）作品，他掌握了法语和德语。直到他生命的晚期，他都像年轻时一样可以引用这些古典文字，歌德《浮士德》的原版德语段落也依然出口成章。

20 世纪 40 年代，我父亲在他的第一位汉语导师华嘉教授的课上，他接触到第一批汉语文本之一是由耶稣会士晁德莅（Angelo Zottoli，1826—1902）编著而成的 5 卷本《中国文学教程》（*Cursus Litteraturae Sinicae neo missionariis accomodatus*）。这是采用汉语—拉丁语双语对照的形式选取了一些包括戏曲文本在内的中国文学的代表性作品。

尽管我父亲精通拉丁语，但他发现部分翻译成拉丁语的中国古典作家的作品是绝对无法理解的，这种学习经历对任何想了解中国文学的人来说无疑是一场噩梦。现在回想，这很可能就是我父亲最终在 20 世纪 50 年代完成《中国文学史》（*La letteratura cinese*）这部巨著的初始动机，它被世界汉学界誉为是一部出色、独特和新颖的研究著作，而这一领域之前从未得到过很好的解释。经过三版之后，它仍然是意大利大学（汉语专业）的首选教科书。

我父亲对中国典籍如数家珍，他通过学习中国古代的经典著作，掌握了现代汉语并且精通古汉语。除了开始告诉你们的《古文观止》之外，还有道家经典如《庄子》和《道德经》，儒家代表作"四书五经"——《论语》《孟子》《大学》《中庸》《诗经》《尚书》《礼记》《周易》《春秋》，还有明朝和清朝时期的史学典籍和文学著作。他将他学习中文的方法应用到大学自己的教学中，希望自己的学生也能牢牢掌握不同的中国散文和诗歌中的精选文本。罗马大学东方学系的德保罗教授2013 年重新编辑我父亲在 20 世纪 80 年代出版的大学教科书《白佐良翻译和注释：中国古代文学读本·散文卷》(*Testi di letteratura cinese scelti，tradotti e commentati da Giuliano Bertuccioli. Prosa*)和《白佐良翻译和注释：中国古代文学读本·诗歌卷》(*Testi di letteratura cinese. Poesia*)，并交由罗马的东方书局出版社出版。

在 20 世纪中叶，航运交通都远不如现在便利的情况下，父亲通过学习各国的语言，了解和学习欧洲和中国的思想。更重要的是父亲是慈父般的老师，罗马大学的马西尼、德保罗或柏艾丽教授等，都继承了父亲对中国语言和文化的研究热情和奉献精神，像父亲一样打造出意大利汉学研究和汉语教育的天地，并且像父亲当年那样，培养新一代的汉学人才。

六、他的精神专注于中国

父亲在年轻时读了很多欧洲古典文学著作，掌握了拉丁语、德语、法语和英语。不过自从接触到中国语言和文化之后，他对中国的一切都再没放下过，虽然他也会感到遗憾，没能在意中建交后再被派往中国工作，但是他在日本、韩国、越南和菲律宾担任外交官工作期间，不仅对当地的文化进行了解，同时还继续进行中国研究，例如中国和这些亚洲国家之间文化的互相影响等。父亲职业形成的"特权"让他不仅可以从内部更可以从外部研究中国，从"外部"观察和审视中国，运用其他受中国影响的文化本身所能提供的理解和观点开展研究，这无疑形成了他研究的特质。中国研究是他人生的使命，是他魂牵梦绕之所归。

也许是没有机缘和时间去拉丁美洲、非洲、中东和斯堪的纳维亚，父亲对这些地区文化的兴趣要小一些。不过我相信，即使他有机会访问那些国家，他也会继续寻找那里与中国文化的联系和中国研究的史料和记录。我清楚地记得，有一年，父亲正在写一篇关于《身见录》①的论文，而我要从美国到巴西东北的巴伊

① 《身见录》是清朝使者樊守义(1682—1753)根据其二十多年的欧洲见闻编写而成的一部著作。——笔者注

亚州的萨尔瓦多出差，父亲知道我要去巴西公干，他让我务必查一查 17 世纪中国清朝康熙皇帝使者樊守义（Luigi Fan，1682—1753）在前往会见教皇途中的地点，在南美小镇停留时提到并列出的地点，以一如既往地严格确保他提供了准确的参考资料。还有许多次类似的例子，比如当他来美国纽约看我期间，他总是把时间都花在图书馆、博物馆、档案馆或书店，查询搜集中国和东亚的研究资料，美国现代艺术和流行文化从来都不是他的菜，无法吸引到他。他的注意力、兴趣、思想和精神无论何时何地都专注于中国！

也许作为一种孩子和家长之间的反应机制，我没有给自己设置任何固定的目标，希望发展不受限制。如果非要把我与父亲相比，我的职业生涯偏重企业管理和开拓，不同于他那么侧重研究。对包括中国在内的任何特定的文化，我也没进行过系统和深入的研究。如果时间可以回到过去，我一定会在他的指导下进行明智的研究。不过父亲所有的私人信件、外交生涯的档案和中国古籍，他和他最好的朋友，法国的外交官、汉学家安德烈·保罗·特拉维尔（Andre Paul Travert，1921—1993）之间的通信，以及同样与他关系密切的，和中国现代著名的作家徐讦（1908—1980）之间的通信，我都仔细地保存起来。

不过，在父母的影响下，中国文学也是我生命中的一部分，像空气一样自然而又没被时时察觉。高中毕业会考时，我要就中学期间学过的一首诗篇进行描述和解释。在 50 年前，这首诗一定是意大利诗篇，比如意大利著名诗人贾科莫·莱奥帕尔迪（Giacomo Leopardi，1798—1837）的诗作《无限》（l'infinito）或其他。我却认认真真地选了唐朝诗人张祜（约 785—849）的《何满子》来分析"故国三千里"的思绪和乡愁。当时父母远在日本，我在罗马和爷爷奶奶一起生活。考完试我告诉爷爷奶奶我分析了一首中国古诗，他们十分震惊并担心我会因此无法通过考试。不过判卷的老师们对这样一篇选题别致、分析独特的论文印象非常深刻，并给了很高的分数！这一切都是我父母的恩赐，也是我认识到父母耐心灌输给我的中国传统和文化在我生命的各个阶段都对我有益并打上了无法磨灭的烙印。

七、人文与古典主义教育

人文与古典主义教育包含了文明史上重要的发展，通过文学与艺术反映人类社会取得的成就。对古典的激情，无疑是父亲传递给我的最深沉的情感之一。我父亲非常喜爱和珍视古典文学和古代文明主题的书籍，作为意大利人，他对古罗马的艺术、历史、语言和文化都异常着迷，并由此达到能背诵多部文学名著的程度。

除了要求我记忆和背诵古典篇章，父亲更是讲故事的高手。从 5 000 年前的古埃及、3 000 年前的古希腊和 2 000 年前的古罗马再到 19 世纪时拿破仑的著名战役、历史地标和传奇人物故事。父亲总是一边开车一边讲故事来排遣长途公路旅行的沉闷单调，我在头脑里把他的语言转化成一个男孩的想象，公元两百年前古罗马海军木制的舰船，他们的乌鸦吊桥，让擅长陆地作战的罗马军团在海战上获取了优势。在父亲的故事声中，不知不觉我们就到达了目的地，我和父亲的共同回忆也更加丰富多彩，充满细节。其他和父母一起生活的孩子每天的睡前故事，于我则是在长途旅行中补全的。

青少年时期我和母亲或和祖父母生活在罗马。作为外交官，父亲常年在海外生活，通过一封又一封穿越时空的书信，父亲把他对我的爱送到我手边。除了问候和关心，富有艺术天赋和造诣的父亲在信中，总是通过文字和一幅幅精美的素描配图，把他研究中的发现分享给我：中国雄伟的万里长城、自然与建筑融为一体的中式园林，融汇中西特色的南京中山陵；欧洲的城堡、古代的战船、现代的潜艇或飞机。

由于父亲的影响，我对历史和过去的一切更感兴趣。"温故而知新"是我父母挂在嘴边的一句话，也是我最喜欢的一句中国成语。了解过去，才能知晓现在，我还想补充一句："未来总有时间！"

我曾经经历了所有的"古典"式的全神贯注的头脑风暴。比如，有一年的暑假，作为一个听话的好孩子，我每天跟母亲一起上中文课，同时要跟父亲学习希腊文学史。在父亲的督促下，我背诵出了 780 行《荷马史诗》中的《伊利亚特》。又比如，意大利有语言、科学、艺术、体育、古典等多个方向的高中学部。虽然我很早就掌握了多门语言，本可以轻轻松松地上语言高中，或我可以上理科高中，因我对自然科学的科目十分感兴趣，最终我还是上了古典高中，继续学习古希腊语和拉丁语以及古希腊和古罗马的经典著作。

对中国古代文学和世界上任何古老和经典的事物，我都有着巨大的热情与热爱。无论是当年我"高考"用中国唐诗"故国三千里"替换意大利诗歌或是在罗马大学孔子学院 2021 年《诗与四季》的中意双语台历中看到"桃花依旧笑春风"，心中都会涌出绵长的回忆。

很高兴的是罗马大学孔子学院 2022 年的中意双语台历标题是《子曰》，孔院中方院长向我征询意见时，我说用《论语》中的金句也许是不错的主意。当我拿到 2022 年中意双语《子曰》台历时，我用孔子的"见贤思齐焉，见不贤而内自省也"来说明父亲和我对人文和古典教育的赞美。

八、意大利、中国和世界

当我父亲还是个孩子的时候，他特别喜欢意大利作家埃米利奥·萨尔加里（Emilio Salgari，1862—1911）的作品。萨尔加里自己从不曾远行，但是他以描写亚洲、美国西部和南美等不少遥远国度的冒险故事闻名遐迩，至今也是意大利书店青少年图书区域的畅销书之一。我猜父亲潜意识一定受到萨尔加里作品的影响，所以穷其一生孜孜不倦地探索和研究遥远的中国的一切。也许这是我和父亲共同阅读的唯一真正的普通读物，我也很喜欢这个作家。

20 世纪 70 年代，意大利的华人不多，华人社区也比现在的规模小。在我自己的祖国意大利，由于我的一半中国血统和长相，意大利人总会盯着我和妈妈，在学校我也经常被人指指点点。曾几何时，作为青少年的我会由于人们的闲言碎语而莫名苦恼，不过我一旦意识到自己的混血背景赋予我独特的力量，我就不再羞怯而是骄傲地挺直腰板！

因为父亲常年驻外,祖父母住在罗马,他们照顾我上学。在寒暑假里,我就被接到香港、东京或首尔等地与父母团聚。由此,我不仅有了国家,也有了世界的概念。除了意大利语,从小我就会汉语、英语和德语,中学时代学了古希腊语和拉丁语,后来由于工作原因,我又学了法语和西班牙语。这些语言汇集了我对意大利和中国两个祖国的热爱,汇集了我对古典主义的致敬,以及作为职业人士对工作的尊重。

和父亲一样,我也在罗马大学法学院学习法律并顺利获得了行政法法学学位,我的毕业论文是关于对《建立欧洲经济共同体条约》第四条制定共同竞争规则的理解和诠释。大学期间,我对 20 世纪 70 年代在意大利和欧美占据主要市场的能源巨头埃尼集团(ENI, Ente Nazionale Idrocaburi)持某种批评态度。上天也是会开玩笑的,在我获得法学学位并在意大利外交部担任自由经济分析撰稿人之后,埃尼公司提供了一份公司国际拓展的工作机会。从小到大我的学习成绩一直很好,我掌握的包括英语在内的多种语言一定引起了面试官的注意,何况我还有汉语这张宝贵的"名片",被当时一心要拓展国际业务的埃尼公司录用也就顺理成章了。

我从此一直在埃尼美国公司工作直到退休。从煤炭贸易到石化产品等业务我都曾涉足。我从初级助理开始,后来负责中美洲和拉丁美洲地区业务,并担任过 6 年的美国东海岸一家埃尼分公司的总裁和首席执行官。退休前,我同时一直负责美国和委内瑞拉的几家埃尼分公司的审计工作。

我作为一个出生就有深深跨文化印记的人想告诉大家,跨文化并不神秘,首先一定要学习当地的语言,其次尽量保持开放的心态,第三最好具有人文主义和古典主义的文化基础。第四,除了保持好奇和永不停息的学习之外,还要设定自己的一生目标。最后是讲诚信,无论是忠实于你所爱的人或是追求职业的提升,讲诚信是最重要的。

九、身处两个如此亲密的世界

在某种程度上,我父亲一定觉得自己有点像马可・波罗和利玛窦:一个成为探险家和文化学者的机会，这种文化对他产生了巨大的吸引力，以至于在 20 世纪 40 年代就远渡重洋前往中国，50 年代他娶了心爱的中国女人为妻。父亲自己的思想和精神一直沉浸在中国的思维方式中，他的精神气质深受中国悠久历史与传统的影响，与中国文化融于一体。于少年时的我，每次归家的父亲都仿佛是从墙上中国古典绘画中跃出并再次走入我的生活。

作为一个罗马人，父亲当然也为自己的意大利传统感到自豪，他喜欢把中国文化和意大利文化进行比较，他觉得中国文化和意大利文化在社会、饮食、艺术、历史和文化等各个方面都有高度的相似性。1970 年意大利和中国建立了正式的外交关系，作为一个 20 世纪 40 年代就从事意大利与中国外交工作的资深外交官，他的梦想终于实现：他身处的两个如此亲密的世界如今在他和意中两国外交人员的共同努力下，两个古老国家的关系从此日新月异。

20 世纪 50 年代的欧洲各国都在进行战后重建，中国和意大利尚未正式建立外交关系。作为一个意中混血并不轻松，无论走到哪里，都有人会对我这张"中国面孔"投来异样的目光。

青年时期的我希望远离这两个世界，埃尼公司把我派到美国工作，在这里再没人关注我的"跨文化外貌"。

从意大利父亲和中国母亲，再到年少时跟着父母辗转中国和亚洲国家，后来又在纽约成家立业并有了一儿一女。中年之后，我渐渐适应并接受了我跨越两个国家的身世，并愈发想了解我母亲所属的那个世界。目前我了解到一些我中国祖辈的信息，我的外祖父英勇地抵抗日军，参加了 1937 年的南京保卫战并在战争中英勇牺牲，他们一家饱受战争之苦，但我为有这样的外祖父感到无比自豪。

父亲在他三十余年的亚洲外交生涯期间，"收集了大量极具价值的中文文献书籍，其中的不少文献在欧洲其他的图书馆不曾出现"①。按照父亲的心愿，我把他大部分的藏书都捐给了我和父亲的母校——罗马大学。罗马大学东方学系和罗马大学孔子学院联合将这批文献资料进行整理、分类、编目并上架，使这批

---

① 张红：《白佐良图书馆落成》，《孔子学院》（中意双语）2018 年 3 月刊。

文献资料重新投入意大利和中国的学术交流和研究当中。2018 年 2 月我带着当时还在高中上学的两个孩子参加了罗马大学的白佐良图书馆的落成典礼,通过这种方式,孩子们也对他们的祖父有了新的认识,开始了解自己祖辈的精神遗产。

父亲离开外交部转到罗马大学当教授的时候,也是我本人开始追求自己命运的那一刻。我们在时空中不断错开而又时常交集。即使现在,我最爱的藏书有:法国作家禄是遒(Henri Dore)1938 年出版的一套 18 本插图版的中国悬疑小说,1736 年出版的杜赫(J. B. Du Halde)一套共 4 本的英文书籍,是我父亲在伦敦拍卖会上得到的,卫匡国(Martino Martini1614—1661)的一部珍本书《中国与鞑靼的交往》(*Regni Sinensis a Tartaris*,1661)①,1696 年出版的由康熙皇帝题诗的《御制耕织图》②,还有高罗佩(Robert Hans van Gulik 1910—1967)的一系列杰作。这些书都烙有父亲治学的印记,也是我继续与父亲精神对话的媒介。

因为职业的原因,我的父亲在曾经遥远的亚洲从事外交工作,促进欧亚国家之间的交往,通过书信感受我童年的喜乐和成长的点滴细节,他对自己孩子的爱是独一无二的,当我阅读他留给我的书籍时,我仿佛走入了他的世界。我父亲同时无疑是一位伟大的慈父般的老师,他对学生们有着深厚的奉献精神,毫无保留地传授给自己的学生所有的知识、经验,教育与治学之道,并且总是无比期盼学生们像他那样再造出意大利汉学研究的新传奇,他希望中国语言和文化文学能得到继续研究,希望学习中文能惠及更多探索世界文明文化的好学者,欣赏中国文化从而加深意大利人对自己文化的理解。父亲的传奇虽已开始,但远未结束。

---

① *Regni Sinensis a Tartaris* 拉丁语书名为 *Regni Sinensis à Tartaris Tyrannicè evastati depopulatique concinna enarratio*,汉语为《中国与鞑靼的交往》。

② 笔者注:康熙皇帝题诗焦秉贞绘制《御制耕织图》(*An Imperial Approved Edition 1696 of xilogragraphic illustrations on rice culture and silk production and textiling*)。

A Glimpse into Bertuccioli's Extraordinary Life

ZHANG Hong

School of Chinese Language and Literature，Beijing Foreign Studies University

Abstrct

This work embarks on the captivating journey of Giuliano Bertuccioli（1923 – 2001），the renowned Italian sinologist behind *Italia e Cina*，the masterpiece unveiling cultural，religious，and diplomatic influences from Roman times to 1911 of the two ancient countries. It offers a glimpse into Bertuccioli's extraordinary life. Guided by the perspective of Bruno Bertuccoli，his beloved son，Giuliano not only shaped contemporary Italian sinologists but also generously gifted his precious book collections to the University of Rome. Beyond academia，Bertuccioli's legacy extends to nurturing future generations. As a devoted father，he inspired his son Bruno to embrace the beauty of the Chinese language，fostering a multilingual and intellectually vibrant upbringing. This paper delves into the allure of Bertuccioli's life—a tapestry woven with cultural richness，diplomatic endeavors，and a deep connection to China's spiritual world，and discovers the profound impact of a man whose influence reached far beyond the pages of scholarly works，leaving an indelible mark on the cultural landscape.

Key words

Italy；sinologist；knowledge；spiritual world；education

《全球中文发展研究》征稿启事

　　《全球中文发展研究》是华东师范大学国际汉语文化学院、匈牙利罗兰大学及丹麦奥胡斯大学全球研究与中国研究学系联合主办的刊物，旨在为从事全球中文发展研究学者、国际中文教育工作者和中文爱好者搭建学术研究成果的交流平台。发行范围涉及该领域研究人员、国内外各大高校及相关教育部门，期刊为半年刊。为响应二十大，推动新时代国家语言文字事业高质量发展，提升中华文明传播力影响力，本刊热诚欢迎海内外从事语言研究工作的专家、教师以及相关学科的学界同仁为本刊赐稿！

一、期　刊　宗　旨

　　本刊以全球中文发展研究为特色，关注全球中文学习的政策与方略、全球中文发展的话语创新与舆情研判、全球中文语言生活调查、国家通用语言文字推广普及等方面的研究，同时积极搭建跨学科交流平台，更好地服务于国家语言文字事业，推进中华优秀语言文化传承传播与创新发展，增强中华文明的国际传播力和影响力。

二、主　要　栏　目

　　《全球中文发展研究》以"全球""中文""发展"为关键词，重点关注以下几个方面：（1）全球中文教育研究，（2）全球中文教材教法研究，（3）全球中文发展事业的中文思维研究，（4）全球中文发展的翻译研究，（5）汉学家的养成研究，（6）全球中文使用的个案研究，（7）语言对比研究，（8）中国境内语文改革、语言政策研究等。

《全球中文发展研究》设有多个栏目，并会根据形势需要及来稿情况做出相应调整，如：

1. 区域国别中文发展研究

2. 全球语言政策研究

3. 国家通用语言文字推广普及研究

4. 中国境内语文教育、语文改革、语言政策

5. 全球/国际中文教育研究

6. 全球中文教材教法研究

7. 全球中文使用研究

8. 语言对比研究

9. 翻译研究

10. 资讯

11. 学术争鸣

三、投 稿 细 则

1. 稿件以不少于 8 000 字为宜。

2. 投稿需提供打印稿（一式两份）或电子文档。为方便匿名评审，正文中应注意避免出现与作者身份有关的信息，打印本请另纸注明文章题目、作者姓名与联系方式。

3. 电子文档请用 WORD 排版，以附件形式发送到编辑部的邮箱。文件名格式为"姓名-文章名-单位名称-日期"；邮件主题格式为"《全球中文发展研究》投稿-姓名-文章名-单位名称"。

4. 本集刊接收原创研究论文、综述、实践研究和案例分析等稿件,均需为中文或英文撰写。稿件应具有一定的学术价值和研究意义,符合本刊的出版范围和方向,请遵循学术规范与投稿要求,勿一稿多投,且文责自负。

5. 请在稿件中注明作者电话、通讯地址、邮箱,以便栏目责任编辑与作者及时沟通。本刊实现三审三校制度,审稿周期一般为两个月。来稿一经录用,编辑部会在出版后寄奉样本。两个月后如未接到审稿结果通知,投稿人可自行处理。来稿恕不退还,请自留底稿。

6. 本刊对作者原稿所进行的技术上的编辑删改加工,将不另行通知作者。如需要保留修改权的作者,请来稿时特别注明,否则视同全权委托本社编辑部编辑加工。特此声明。

7. 稿件一旦被本刊备用,文章的著作版权(包括光盘版版权、网络版版权)即属本刊所有,如不能接受请在投稿时说明。

四、联 系 方 式

地址:上海市普陀区中山北路 3663 号华东师范大学格致楼(物理楼)306 室《全球中文发展研究》编辑部;邮编:200062

邮箱:globalchinese@ecnu.edu.cn

《全球中文发展研究》杂志刊例

1．稿件内容和格式

整篇稿件相关部分的内容及其序次为：标题，作者，中文提要（限 300 字内），中文关键词（限 5 个），正文，参考文献，附录（如需要），作者简介，通信地址。英文题目、作者（汉语拼音名或英文名）、英文单位名、英文提要（限 100～200 词）、英文关键词（与中文关键词对应）以及作者姓名、通信地址、电话、传真及电子邮件请另页提供。

用英文撰写的论文须提供中文提要和关键词。

如论文属省部级以上科研立项的成果，请在正文第 1 页加题注说明项目名称、项目编号、起讫时间、管理单位等。

稿件须提供详细准确的参考文献信息，引用以页下注的格式标注，如作者姓名（多名作者，姓名请全部列出）、出版年、著作名、出版地、出版单位、文章名、期刊名、出版时间及页码等。

2．正文格式要求

正文中所有的标题均需独占一行，序号使用格式为：一级标题用汉字"一、二、……"，居中排列；二级标题用"（一）……"，三级标题用"1."，若只有两个级别的标题，则二级标题用"1."，依此类推，均前空两汉字格，跟行文同。例句编号采用（1）（2）……的形式编排，全文所有例句连续编号。例句首行前空 2 字格，回行文字跟首行文字上下对齐。注释用页下注。

3．文中参引

正文中引述文献、转述文献均以页下注形式标注，页下注符号采用"①②

③……",设置每页重新编号,页下注格式同以下参考文献格式。

4. 随文圆括号夹注

随文圆括号夹注主要用于简短的说明、译文的原文、全名的缩写或全称的简称等。外国人名在正文中要翻译为汉语,并加括注,例如:在亨普尔(Carl G. Hempel)的渡鸦悖论中,如果背景假定是世界上渡鸦的数量远远少于非黑色的东西;那么观察到一只白色的鞋子是无关乎所有渡鸦都是黑色的。

5. 参考文献

参考文献以页下注格式标注。

中文作者按照"姓 + 名"顺序给出全名,两人以上姓名之间加顿号。英文作者按照"名 + 姓"顺序给出,两个姓名之间加"&",前后各空一格;三个及以上姓名之间加英文逗号,逗号后面空一格,最后一处间隔用"&"连接,前后各空一格。

外文论文(包括学位论文)的篇名以正体书写,前后加双引号,外文书名以斜体书写。篇名及书名的首词、尾词以及其他实词的首字母大写。

参考文献页下注格式:

(1)独著

姓名:《书名》,出版地:出版社,出版年,页码。

吕叔湘:《吕叔湘语文论集》,北京:商务印书馆,1983 年,第 10 页。

Renford Bambrough,*The Philosophy of Aristotle*,New York:The New American Library,1963,p. 10.

注意:外文引述文献作者两人或两人以上,用符号"&"连接。单页用"p.",多页用"pp.",后面用"–"连接。

(2)编著

姓名主编(编著):《书名》,出版地:出版社,出版年,页码。

赵世举(主编):《语言与国家》,北京:商务印书馆,2015 年,第 10 — 11 页。

Paula R. Feldman(ed.),*British Women Poets of the Romantic Era*,Baltimore:Johns Hopkins University Press,1997,pp. 10 – 11.

Theres Grüter & Johanne Paradis(eds.),*Input and Experience in Bilingual Development*,Amsterdam:John Benjamins Publishing Company,2014,p. 11.

注意：外文单人编著用"（ed.）"，二人及两人以上编著用"（eds.）"。出版地精确到城市，不需要写州的名称。外文引述文献作者两人或两人以上，用符号"&"连接。单页用"p."，多页用"pp."，后面用"-"连接。

（3）译著

原作者姓名：《书名》，译者姓名，出版地：出版社，出版年，页码。

让-雅克·卢梭：《爱弥儿》，李平沤译，北京：商务印书馆，1996 年，第10 页。

Jacques Lacan，*Ecrits: A Selection*，Trans. Alan Sheridan，New York：Norton，1977，p.10.

注意：外文引述文献作者两人或两人以上，用符号"&"连接。单页用"p."，多页用"pp."，后面用"-"连接。

（4）论文集中的文章

文章作者姓名：《文章标题》，《论文集名称》，论文集编者姓名，出版地：出版社，出版年，页码。

陈章太：《语言资源与语言问题》，《语言规划与语言政策：理论与国别研究（续）》，王辉、周玉忠主编，北京：商务印书馆，2009 年，第 13 — 24 页。

Hannah More，"The black slave trade：A poem"，in Paula R. Feldman（ed.），*British Women Poets of the Romantic Era*，Baltimore：Johns Hopkins University Press，1997，p.468.

Colette Grinevald & Michel Bert，"Speakers and communities"，in Peter K. Austin & Julia Sallabank（eds.），*The Cambridge Handbook of Endangered Languages*，Cambridge：Cambridge University Press，2011，pp.1-17.

注意：外文单人编著用"（ed.）"，二人及两人以上编著用"（eds.）"。外文引述文献作者两人或两人以上，用符号"&"连接。单页用"p."，多页用"pp."，后面用"-"连接。

（5）期刊中的文章

文章作者姓名：《文章标题》，《杂志名称》，出版年，期数，页码。

周芬芬：《论微语言的社会语用平衡》，《湖南科技大学学报》（社会科学版）

2014 年第 2 期,第 124—127 页。

Maria Carreira,"Seeking explanatory adequacy:A dual approach to understanding the term 'heritage language learner'",*Heritage Language Journal*,2004,Vol. 2,No. 1,pp. 1 - 25.

Kendall A. King,Lyn Fogle & Aubrey Logan-Terry,"Family language policy",*Language and Linguistics Compass*,2008,Vol. 2,No. 5,pp. 907 - 922.

注意:外文引述文献作者两人或两人以上,用符号"&"连接。单页用"p.",多页用"pp.",后面用"-"连接。

(6)报纸文章

文章作者姓名:《文章标题》,《报纸名称》(版),出版年月日。

彭聃龄:《理论研究须根植基础研究》,《人民日报》(第 7 版)2015 年 9 月 17 日。

Manning A.,"Curriculum battles from left and right",*USA Today*,2 Mar. 1994,5D.

(7)网络作品

作者(机构,政府):《网页标题》,网站名,网页制作时间,访问路径。

教育部语信司:《〈普通话异读词审音表〉修订初见成效》,中国语言文字网,2015 年 9 月 14 日,http://www.china-language.gov.cn/14/2015_9_14/1_14_6100_0_1442210891046.html。

Johndan Johnson-Eilola,"Little machines:Rearticulating hypertext users",1994,Retrieved from ftp://ftp.daedalus.com/pub/CCCC95/john-eilol.

National Heritage Language Resource Center(NHLRC),"Tenth heritage language research institute". Retrieved from http://www.nhlrc.ucla.edu.

(8)学位论文

作者姓名:《论文标题》,硕士/博士学位论文,大学所在地:大学名,出版年。

赵健:《学习共同体——关于学习的社会文化分析》,博士学位论文,上海:

华东师范大学,2005 年。

Namhee Suk，"Impact of extensive reading in a Korean EFL university setting：A mixed methods study"，PHD thesis，Flagstaff：Northern Arizona University，2015.